第1巻序文

塩沢由典

『経済思想』全11巻の最初の二巻＝第Ⅰ部は、「経済学の現在」が主題である。第Ⅱ部六巻が、対象とすべき具体的な思想家・経済学者をもつのに対し、第Ⅰ部の二巻は依拠すべき対象をもっていない。この叢書の編集者は、第Ⅲ部の三巻に日本と非西洋社会の経済思想を置いたこととともに、なぜ第Ⅰ部にこのような二巻を置いたかについて説明する義務を負うであろう。

経済思想は、過去の思想のたんなる点検であってはならない。経済理論や経済思想を学ぶ意義は、現在の歴史的課題に応えるためにある。これがこの叢書を企画した編集者たちの共通の考えである。そのためには、過去の偉大なる思想家の苦闘に学ぶこととともに、経済学の現場で、いまなにが考えられ、どういう展望が語られているかを知ってもらう必要があるだろう。第Ⅰ部は、そうした必要に応えるためのものである。

もちろん、第Ⅰ部の諸章で現在の経済学の多様な領域のすべてを覆えているわけではない。主流の経済学ともいうべきミクロ経済学やマクロ経済学、さらにはそれらの発展形態というべきいくつもの経済学は取り上げられていない。すでに多くの教科書や単行書のあるものは、読者の触れる機会も多く、あえて取り上げる必要はないと考えた。したがって、第Ⅰ部の二巻で取り上げられた主題と領域が現在の経済学の全体像を示しているということはできない。

ここに取り上げられた主題と領域は、標準的なもの・既成のものではなく、新しい挑戦への試みである。それが現在の挑戦である以上、既成の論文の紹介に終わることができないことは当然である。研究プログラムや将来への展望を論ずるには、著者の強い主張が表面に現れざるをえない。現在のとらえ方にも、論者により大きな差異が生ずるのは仕方ない。標準的・標準的で平板な展望より、著者がいま苦闘して切り開こうとしている領域について語ってもらうこと。現在の歴史的課題に応えるのに必要なことはこれであろう。

第I部の多くの章には、著者の主張・主観がいやおうなく刻みこまれている。最初の二巻を読まれる読者は、それらが確定した事実のまとめというより、むしろ読者への挑発であることを忘れないでほしい。反論・異論を巻きおこし、次の時代の経済思想の形成にひとつの捨石となることが、この二巻の役割である。

このような構成をとることになった背景には、現在の標準理論であるミクロ経済学・マクロ経済学に対する編集者たちの共通した思いがある。ミクロ経済学・マクロ経済学は使い慣れた道具になってはいるが、熱い心と挑戦の意思が失われているのではないか。それをどう表現するかはともかく、こういう強い思いが編集に加わった各人にある。かつてマーシャルは、経済学者に必要なものは熱い心と冷静な頭脳であるといった。スタニスラフ・アンドレスキーは、社会に対する認識は、よりよい社会を求める熱い情熱家とそれに疑いをいだく冷静な保守派との熾烈な討論によって深まったと指摘している。

ミクロ経済学やマクロ経済学も、かつては熱い思いをもって構成されてきたものに違いない。しかし、それらが思考装置として権威の座に着くと、その装置に当てはまるもののみを経済学の問題、ひいては経済の問題と考える風潮が生まれた。現在の経済学は、論理的には緻密であるが、既成の理論を超えるものへの挑戦という熱い心が失われている。少なくとも私にはそのように感じられる。

この思いは、冷静な頭脳より熱い心を優先することではない。社会に対する認識を深めたいという熱い思いが冷え切るとき、冷静な頭脳も働くなるのではないだろうか。

こう書くときいつも想い起こされるのは、シュービックやモンブリアールなども取り上げ、わたしもなんどか紹介しているアラブに起源をもつというひとつの寓話である。この寓話は、次のように語られている。

夜、公園のある街灯の下でものを探している酔っ払いがいる。通りかかりの人が声を掛けると、酔っ払いは家の鍵を落としたので探しているという。通りかかりの人は同情して一緒になって鍵を探す。しかし、しばらく探しても鍵はみつからない。そこで通りかかりの人は酔っ払いに、鍵を落としたのはほんとうにここなのかと問いただす。すると酔っ払いは、「鍵を落としたのはあっちの方だ。しかし、あそこは暗くてなにも見えない。だから光の当たっているここを探しているのだ」と答えたという。

経済学は、分析の光が当たっている問題には取り組んでいるが、本当の問題は分析の光のあたらない別の場所にあるというのがこの寓話の意味である。経済学者の多くは暗に陽にこのことに気が付いているが、暗い場所で鍵を探すという危険の多い冒険に乗り出すことを躊躇している。光の当たらない問題に取り組むには、困難を伴う。成功の確率は少ない。それでも、小さな可能性を信じて挑戦する人がいなければ、学問は進歩しない。現在において、新しい挑戦はどのように試みられているのであろうか。そういう目で第Ⅰ部の各章を読んでいただきたい。

第1巻各章の解説はあまり必要ないであろうが、簡単に紹介しておこう。

第1章「環境経済学の現在」は、環境経済学の全般にわたる解説ではない。環境問題に関する現在の経済分析は、基本的には新古典派の理論を前提にしている。吉田文和は、このような状況を踏まえて、そこにおける政治経済学的分析の意義を示そうとしている。環境問題は、単なる外部不経済の問題ではなく、それを効率よく除去しようとする立場からは捕らえられないさまざまな問題が具体的な事例において論じられている。

第2章「複雑系経済学の現在」は、複雑な環境における経済行動という視点から経済学の基礎的枠組みを再構成しようとする試みの提示である。新古典派の経済学に代わる新しい分析枠組みを提出しようとするものだが、複雑系経済学の全体像を提示しようとして、それぞれの話題の掘り下げが浅くなっているかもしれない。

第3章「社会経済学の現在」は、一九七〇年代以降、日本において独自の展開を遂げた社会経済学の紹介である。その構想者たちへの注釈を通して、著者は新古典派経済学の現実離れを批判するとともに、主流のイデオロギーとしての「構造改革」を相対化する視点を確保しようとしている。従来、経済思想（に関する著作）は、欧米で注目された思想の紹介を主な作業としてきたが、社会にかんする思想が特定の言語の中での熾烈な討論を通して深められることを考えれば、一方的な紹介だけでは不十分である。松原隆一郎は、日本における思想家たちとの架空の対話により、将来へ向けた共通の議題設定を試みている。経済において日本が真に独自の思想をもつためには、このような試みは、今後、われわれが習慣とすべきものである。

第4章「レギュラシオンの経済学」は、すでに三〇年を数えるレギュラシオン・アプローチの全貌をとらえた紹介の上に、今後、この学派が向かおうとする方向を展望している。レギュラシオン理論は、フォーディズムと名づける経済体制＝蓄積体制の全体像を示すところから始まった。それは資本・賃労働関係に重点をおくものであったが、現在はフォーディズムに代わる金融主導型成長体制ともいえるものが出現しており、その解釈をめぐって第一世代に分裂がある。第二世代の経済学者は、これに対し「社会的イノベーション・生産システム」の概念により理論の再構成を図っているという。

第5章「マルチ・エージェント・ベースの経済学」は、エージェント・ベースのモデル分析の現状報告ではない。著者は、エージェント・ベースの経済学が新古典派とはことなる社会経済像をもつと主張し、ケインズの再解釈を例にとりその主張を裏づけている。それは従来の経済学を再解釈・再構成しようとする強固な意志の表出である。マルチ・エージェント・モデルの構成方法にとどまらない学説史への独自の切り込みが吉田雅明ならではの貢献である。

第6章「実験経済学の現在」は、この領域の考え方の詳細な紹介である。実験経済学が被験者の選好を統制すべく試みたさまざまな工夫が紹介されているが、著者が最後に指摘するように、統制が行き過ぎると人間本来の認知や思考様式が見失われるというジレンマを実験経済学は抱え込んでいる。こうした著者の結論を理解するためには、やや専門的すぎるかも知れない解説をきちんと辿ってもらう必要があろう。著者の結論は、今後、社会学や文化人類学、文化心理学のとの共同作業が必要とされるというものである。

目次

第1章　環境経済学の現在

吉田文和

はじめに

今日、地球温暖化からゴミ問題にいたるさまざまな環境問題への関心の高まりのなかで、環境経済学に対する学問的期待に応えるべく、各種の環境問題に対する多様なアプローチがなされている。日本においても、一九九五年末に環境経済・政策学会が創立された。この学会は諸学派を糾合し、環境問題に経済学・政策学から取り組み、共通の討論の場所を設定し、学問的深化と政策的提起に寄与することを目的に設立された。現在その会員は約一四〇〇名に達し、毎年活発な年会が催され、和文誌、欧文誌が発行されている。さらに、学会メンバーを中心に環境経済学・政策学のテキストも刊行された（岩波講座『環境経済・政策学』全八巻、岩波書店、二〇〇二～〇三年）。

本稿はこうした学会での成果を踏まえ、環境問題への経済学的アプローチの諸潮流を整理し、環境問題への経済学的分析の成果と課題を各問題領域に即して明らかにしようとするものである。

1　環境問題への経済学的アプローチ

環境問題に対する経済学的アプローチの起源は、古くW・ペティにまで遡り、重農主義の自然観、マルサスの『人口論』、リカードウの地代論、ミルの「定常状態」論、エンゲルス『イギリスにおける労働者階級の状態』、マルクスの「人間と自然の物質代謝論」、ジェボンズの石炭問題、ピグーの「外部不経済論」、カップの「社会的費用論」、「コースの定理」、ボールディングの「地球宇宙船号」、ジョージェスク－レーゲンのエントロピー論、など各種の環境経済学と現在にいたる。それぞれの学説は、各時代の環境問題に触発されそれに立ち向かうなかで、生み出されてきた普遍性をもつ理論的成果を含んでいる。その詳細については、環境経済学説史ともいうべき領域の業績が別に必要である。

寺西俊一氏の整理によれば、現在の環境問題への各種の経済学的アプローチは、環境権論（環境ルールの経済理論）、外部不経済論（汚染制御の経済理論）、環境資源論（自然保護の経済理論）、固有価値論（アメニティ保全の経済理論）、社会的費用論（環境被害・環境コストの経済理論）、物質代謝論（環境と経済の関係論）、経済体制論（環境を規定する経済システム論）、経済文明論（現代文明批判の経済理論）などに分類される（寺西1995）。今ここで、それぞれの代表的著作に触れる余裕はないが、現在の学問状況を端的に要約するならば、新古典派的立場からの環境経済論の成果と限界・批判に焦点が移っている。新古典派の理論は、基本的に市場の外部性として環境問題をとらえ、「市場の失敗」「政府の失敗」を解決すべく、「効率」「公正」「実現可能性」を考慮し、政策用具を提供する枠組みになっている。最新の新古典派の環境経済学を概観するには、たとえば、C. Kolstad, *Environmental Economics* (1999, Oxford U.P. 細江守紀・藤田敏之監訳『環境経済学入門』有斐閣、二〇〇一年）が有用である。一九九七年の京都議定書で提起された炭素税、排出権取引や最近盛んになった環境評価のCVM（仮想評価法）などは、いずれも新古典派の理論的枠組みを前提にして組み立てられている。したがって、これらの政策を評価するうえでも、新古典派の枠組みの理解とその理論的・実証的批判が避けて通れなくなっている。このほか新古典派以外の学派として、エコロジカル・エコノミクス（*Ecological Economics* が発行されている）の流れが存在し、エントロピー分析、物質循環論などの寄与を行っているが、独自の原理的基礎を持っているというものではない。

2　政治経済学アプローチの伝統と意義

日本においては、歴史的に公害問題との理論的な格闘のなかから、都留重人氏（1972）、宮本憲一氏（1967）などの先駆的な業績が生み出されてきた。これらの理論は、カップの社会的費用論とマルクスの資本蓄積論を結合させて、日本の現実に基づいて発展させたもので、世界的にも高く評価されるのものである。これを踏まえて、私は、マルクスの「人間と自然の物質代謝論」と『資本論』体系に基づいて、日本の公害問題の理論的解明を試みた（吉田 1980）。

新古典派が主流を占める現代経済学において、政治経済学的な経済理論は、環境経済学の分野において、どのような存在意義を主張しうるであろうか。

第一に、それは資本主義生産様式の歴史的性格の把握に基づく、制度と歴史分析への寄与である。とりわけ環境問題との関係では、大量生産・大量消費・大量廃棄の歴史的社会的分析の重要性である。この点は、アメリカ的生産様式の分析と結びついて行われる必要がある（吉田 1998）。歴史と制度分析はまた、現存した「社会主義制度」における環境破壊分析にも適用できる（本章8参照）。

第二に、「人間と自然の物質代謝論」の視点に基づく人類史的視野に立った環境問題の分析である。地球温暖化から生態系問題など、新古典派理論では、「市場の外」にある問題として無視されやすい問題を、単に経済的存在としての人間を超えて分析できる視野の広さをもっている（本章5参照）。

第三に、現実の政策分析に対しても、政策当事者・アクター（参画者）・制度・産業構造・国際関係・民主主義など、トータルな政治経済分析の枠組みを提供できる。宮本憲一氏の「中間システム論」の提唱や（宮本 1989）、M・イェーニッケの「環境問題対処能力」（レジーム・アクター分析）（Jänicke 1995）など先駆的な提起を発展させる必要がある。

のちほど（本章4、6参照）、このレジーム・アクター分析を利用した環境被害論および循環型社会の環境経済学的考察を行いたい。

第四に、現代経済学の主流が、経済効用の分析、効率の分析に焦点を当ててきたのに対して、政治経済学の伝統は、経済活動が生み出すさまざまな「外部性」と、社会的弱者の権利・正義への視点を一貫してもってきた。公害問題に触発された日本の研究がもつこうした視点は、戦後アメリカにおいて、J・ロールズの『正義論』（Rawls 1971）（最も不遇な立場におかれた人々を最大限望ましいものに改善する格差原理）の提起を受け、これを経済学的に発展させた、一九九八年度ノーベル経済学賞受賞のアマルティア・センの理論（Sen 1982, 1985, 1992, 1993a, 1999）に繋がっている。のちほど（本章4参照）、アマルティア・センのケイパビリティ論を使った日本の公害問題の分析を行い、従来の社会的費用論からさらに視野を広げる公害問題に対する包括的分析枠組みとしての有効性を示したい。

3　センの提起と環境経済学

アジア初のノーベル経済学賞受賞者、アマルティア・センの経済学への寄与は、貧困や飢饉の経済学的分析から経済学と倫理学の懸架、厚生経済学の基礎理論など幅広い。私がいま改めて環境経済学からセンの理論に注目するのは、以下の理由による。

(1)　人々の福祉を向上させながら、環境への負荷を減らすには、人の福祉とは何かを明らかにし、「人の福祉」と「一人当たりのGNP」と「環境負荷」の違いと関連を解明する必要がある。

(2)　現在の地球上における人々の生産と消費の格差構造をどう解決するか、その見通しを立てる必要がある。

(3)　将来世代への責任、持続可能な社会をどう作るのか、環境倫理と経済学のつながりをつける必要がある。

第一の問題から検討しよう。現在，平均寿命という点からみると，中国，インドはかなり高い水準となっているが，一人当たりGNPの高い南アフリカ，ブラジルなどは，はるかに低い平均寿命である。また，ニューヨークのハーレムに住む男子アフリカ系アメリカ人は，所得の点では途上国の人々とくらべてはるかに豊かであるが，四〇歳に達する確率は，バングラディシュの成人男子よりも低い。こうしたことは，所得と一人当たりGNPなどの指標が平均寿命や「生活の質」という点に対してきわめて限られた役割しか果たしていないことを示している。

これは，人の福祉に対して，保健医療や環境などの公衆衛生政策，安全や社会的保障など（たとえば，暴力が横行する社会では不慮死が多い），所得以外の公共政策の果たす役割が大きいこと，そして同じ所得でも各個人の条件に応じて（たとえば，病気がちな人は医療費がかかる）福祉の程度に果たす役割が異なるからである。

センはこうして，所得などの経済的富は「人の福祉」という目的に対して手段であって，この目的と手段の転倒がしばしば起こると指摘している。戦後日本の経験した公害問題は，まさにこの典型例であって，高度経済成長という手段によって，目的であるはずの「人間の福祉」がないがしろにされたのである。それでは，「人の福祉」として，何に注目すべきか。それは人のケイパビリティ（Capability）である。これは，読み書きの能力，早死にしないで生き延びる「機能」と能力などの基本的なものから，人が生きるに値すると評価する生き方の幅の選択・機会までを含む。

こうした視点を環境政策や環境経済学に生かすとすれば，第一に，個人の所得の向上とは相対的に区別された公共政策の意義である。日本における平均寿命の向上は，公衆衛生による伝染病の低減と国民皆保険の導入によるところが大きく，高度成長による所得の向上も公共政策を経由して寄与した（吉川 1999）。現在ロシアにおいて，平均寿命の低下が起きているのは，経済の不調と公共政策が崩壊しかけているためである。環境政策は基本的には，こうした公衆衛生的性格をもっているのである。現在、この面では、日本では環境ホルモン、ダイオキシンなど、長期的な低濃度被爆による化学物質汚染のリスク評価が課題となっている。環境ホルモンの問題は、いわば生物種としての生殖という潜在能力の低下の問題である。

したがって第二に、ケイパビリティと環境破壊との関連である。センは、アリストテレスが「人間の善」の側面を議論するにさいして使われる言葉、dunamin（可能性、潜勢力）は、potentiality と訳される、すなわち存在あるいは行為の可能性であると指摘している（Sen 1993a）。私はかつて環境破壊を考察する視角として、「自然生産力」破壊としての生産力破壊を提起したことがあった。すなわち、「自然生産力破壊」とその条件の破壊、それを通じての労働能力としての生産力の破壊、労働主体の生産物・獲得物破壊としての生産力破壊を検討した。すでに経済学の古典は、資本主義のもとにおける人間自然力破壊と土地自然破壊の同時進行、ならびに相互関係、とくに人間自然力破壊の基礎としての土地自然破壊という問題を提起していた（吉田 1980）。センの「ケイパビリティ・アプローチ」との関連でいえば、環境破壊によって人間の「ケイパビリティ」がいかに被害を受け、その発達が阻害され、逆に「ケイパビリティ」を守りそれを発達させるには、何が必要であるかが示されなければならない。この点では、自動車の多用による歩行能力の衰退、テレビ・コンピュータ等の画面使用による視力の低下など現代文明にあり方にかかわるケイパビリティの低下も深刻である。

センは、またケイパビリティに関連し、「自由としての開発」という視点から、開発における自由と民主主義の意義を強調している。日本における戦後の開発政策がしばしば当事者の住民の意向を無視して、国会での審議も十分ないまま立案され、戦後の各種巨大開発・リゾート開発を主導し、さまざまな環境破壊とバブル発生の原因となったことを記憶しておくべきであろう。「開発における自由と民主主義」は開発途上国固有の問題では決してないのである。

第二の格差構造の問題は、地球温暖化問題などにもよく現れており、たとえば海面上昇等では、原因となる温室効果ガスの排出では圧倒的にアメリカを先頭とする先進国に責任があるにもかかわらず、結果としての被害は、ほとんど排出責任のない、小島諸国やバングラディシュ、インドネシアなどが被る。いわば原因と被害の非対称が鮮明である。こうした問題に対して、ロールズの「格差原理」（最も不遇な立場におかれた人々を最大限望ましいものに改善する）を適用すれば、先進国側の義務は明らかであろう。その場合、センが区別している同感《シンパシー》とコミットメントを想起しよう。同感は、それによって援助者側が効用を増加する場合であり、コミットメントは効用の増加がない、あるいは低下するかもしれない場合である。地球温暖化の場合には、先進国側に温暖化防止の便益があるので、コミットメントよりも、同感に相当する論理が必要である。

センは、人間の福祉側面（Well-being）と行為主体側面（Agency）を絶えず関連つけながら区別している。商品の二重性分析とのアナロジーを使えば、使用価値に当たるものが人間の福祉側面で、行為主体側面に当たるのが、関係規定に当たる価値側面である。人間は、社会のなかで行為するに当たり、絶えず自分の判断で選択し、責任を果たしている。それが行為主体側面である。それはしかし、「陸の孤島」のような個人ではない。人間は心底から社会的存在であるとセンは強調する。この側面にインセンティヴと社会的規範の問題がかかわってくる。環境政策における経済的手段を評価する場合（たとえば、環境税やゴミ有料化）、人間の行動をインセンティヴのみで動く行為主体としてみるか、あるいは社会的規範や習慣をも背景にもつ行為主体としてみるかで、経済的手段の評価は異なってくる。たとえば、ゴミを捨てるたびに罰金を取られる社会よりも、社会的習慣としてゴミを捨てない社会のほうが、進んだ社会であろう。こうした点まで視野を広げなければ、センがいうところの新古典派の「合理的な愚か者」像（自己利益の最大化など単一の万能の選好順序を目指すという新古典派の人間像）を批判的に乗り越えることはできない。すべての個人が高い志をもって行動するという「志の高いセンチメンタリズム」と同時に「志の低いセンチメンタリズム」を共に排除したリアリズムが必要なのである。

センは、市場経済の評価に関連して、市場と取引を禁止するのは、人々の会話を禁止するほど愚かなことであるといい、市場経済の役割を評価しつつ、いまでも世界で拘禁労働などが残っている社会があり、労働力の自由な取引という初歩的な交換と市場の意義を強調している。しかし、他方でセンは、市場経済が評価される程度ではなく理由こそが問題であるといい、市場経済がもたらす投機や環境破壊などの「外部不経済」の問題に目をつぶってはならないと同時に強調している。市場経済に対するバランスのとれた評価こそが、いま必要なのである。

第三の世代間責任と公正の問題では、結局、将来の世代は、現在の諸取引には参加できないので、新古典派の補償テストなど（ボックス1参照）の手法は適用できない。したがって、個人を前提にした補償と責任のルールを作りにくい状況となる。こうした問題状況では、自然史における種としての人類の集団的行動、その進化論的考察が必要になってくる。センがダーウインの進化論に関連した考察を行っているのもこうした理由がある（Sen 1993b）。環境倫理学と経済学の懸架には、まだ距離がある。

センから学ぶべき視点は、常に社会的弱者と現実の多様性を常に念頭におきながら、アリストテレス、スミス、マルクスなど経済学の精髄を受け継ぎ、主流派経済学との緊張関係のなかで政治経済学を再生・発展させようというその柔軟な姿勢である。

以下、こうした問題関心から、現下環境問題の主要領域について、環境経済学から見た問題状況と研究課題について指摘したい。

ボックス1　効用・パレート最適・補償原理

現代ミクロ経済学に基づく環境経済学は効用・パレート最適・補償原理などを基礎原理としている。しかし、この基礎概念にはアマルティア・センによれば、以下のような問題点が含まれる。

効用主義　個人の満足の程度は効用と呼ばれ、効用関数は財の消費から個人が得る満足の程度を数値で表す。しかし、たとえば希望のない乞食、失業者はわずかな幸運にも喜び、逆に絶望的なまでに希望を奪われた人々は多くを望む気力を失わせ、その損失は欲望達成の尺度において小さくなる。このように、効用を価値の源泉とすべきとする主張は効用をよい生活と同一と見なすことから生じる。これは、①よい生活だけに価値があるのではない、②効用はよい生活を適切に表さない、という二つの理由で批判される。関連してロールズによる功利主義批判を解説して、後藤玲子氏は「社会的厚生という集計値においては、ある個人の効用は他の個人の善と通約可能となり、他の個人の効用によって相殺される可能性を否定できない」（2002：二九五頁）という。費用便益分析は目的論的であり、善としての選好満足に基づく功利主義の一形態である。

パレート最適　すべての個人が少なくともｘと同じくらいよいと感じ、かつ少なくとも一人の個人がｘよりも厳密に好んでいるような他の選択肢は存在しない状況をいう。たとえば、ある人々はぜいたくを楽しみ、残りの人々は飢えかけているという場ですら、それはパレート最適でありうる。そのさい飢える人々が状態を改善するには富める人々の快楽をいささかも損なうことのないような限りにおいて行われなければならないからだ。ようするにパレート最適は、現状肯定的な原理になりやすい。

補償原理　受益者が損失者に損失分を補填してもなお余りが生じる可能性がある場合は社会的向上と見なされるが（カルドア）、この基準には論理的矛盾がある（シトフスキー）。もっとも基本的な問題は、単に損失者へ補償できるという可能性が、どうして社会を実際に向上させられるか、という疑問である。損失者のなかには社会で最も貧しい人や最も惨めな人が含まれているだろうが、彼らには十分な補償が可能であるといっておきながら、それを実際に実施する計画がない。もし逆に損失者が実際に補償されるのなら、補償後の社会の状態はパレート改善だから、パレート原理を補足する手段として補償テストは不要になる。

出所：アマルティア・セン『集合的選択と社会的厚生』勁草書房、二〇〇〇年。
　　　アマルティア・セン『経済学の再生』麗澤大学出版会、二〇〇二年。

4　ケイパビリティ論による環境被害と再生論

これまで、環境経済学において環境被害を分析する方法として社会的費用論は、被害を被害額として明瞭な指標で示すことのできる有用な方法であるが、金銭的評価に基づく被害論であり、被害額算定の困難などの限界がある。具体的に、レジーム・アクター分析とケイパビリティ論にもとづいて、日本の公害問題の典型である水俣病を事例に検討したい（吉田文和・吉田晴代 2004）。

(1)　水俣病事件の概要

一九五六年春、熊本県南端の不知火海から入り込んだ水俣湾を囲む地域で、原因不明の中枢神経系疾患による重症患者が多発し、社会問題となった。水俣病事件の始まりである。翌一九五七年初め、国立公衆衛生院、熊本大学医学部、地元保健所、チッソ水俣工場付属病院等による原因究明の結果、魚介類を介した化学物質か重金属による中毒とされた。水俣湾に工場排水を放流していたチッソ水俣工場が発生源と疑われた。工場では、化学工業界での激しい競争に勝抜き、石油化学に負けない生産拡大と多角化をはかるため、設備増強と生産拡大の最中であった。戦前からの工場排水放流によって水俣湾はすでにひどく汚染されていたのに加え、水俣病発生で、地元水俣漁協は工場排水停止を要求した。国会では厚生省が工場への疑いを指摘した。そこで工場は、一九五七年夏～五八年夏にかけて排水対策を行い、排水放流先を水俣湾から不知火海へ変更した。その結果、翌一九五九年になると水俣病の発生は不知火海沿岸へと大きく拡大した。同じころ水俣病と工場排水を結びつける有機水銀説が熊本大学から発表され、熊本県漁連が完全な浄化設備完成までの工場操業停止を要求し工場と紛争になった。そこで工場は本腰を入れて排水対策に取り組む一方、和解のため漁民や患者に補償金や見舞金を支払い事件沈静化をはかった。原因と責任が確定されないまま、水俣病は社会から忘れ去られた。しかし、一九六八年「水俣病の原因は新日窒（チッソ）水俣工場廃水」とする政府見解発表後、被害者から裁判が起こされ、事件見直しの過程で被害の広がりと深刻さが明らかになった。

(2)　チッソの「費用計算」

一九五〇年代後半の水俣病事件初期における工場は水俣病について軽微という被害見積もりをした。当時の営業利益とくらべわずかな対策費で工場操業停止を回避し、いっそうの生産拡大により大きな利益をあげることを意図したからである。当時のチッソが水俣市でもっていた圧倒的な政治力と、水俣市役所の初任給が八二〇〇円という低賃金労働力市場を名目に、低額の見舞金契約を水俣病患者に受け入れさせた。そこには私企業たるチッソの経済計算、貨幣的「費用」計算が貫かれている。しかし、これは一〇年たたないうちに破綻した。

現在ではチッソの費用負担は少なくとも、認定患者二二六四名（二〇〇〇年三月末現在）に対する補償金一二五〇億円（慰謝料、医療費、介護費など）および未認定患者救済金五六〇億円（医療事業費など二四五億円と一九九五年政治決着の対象者数一万三五三名補償金三一七億円）、公害防止事業四九〇億円（水銀へドロ処理費など）、地域再生振興関係費一二六億円と、一企業ではとうてい負担し切れない規模に達したうえ、幹部二名が刑事訴追を受け、会社の社会的信用は大きく失墜した（水俣市 2000、除本 2003：七九〜一〇四頁）。

初期の予測をはるかに越えてここまでチッソの費用負担が拡大した主な理由は三つある。それらは、環境問題のアクターに課される各種枠組み条件の変化の結果とみることができる（後出の「レジーム・アクター分析とは」を参照）。第一の理由は、原因について責任を負わされるはずがないという工場側の予想が裏切られたことである。これは政治的枠組み条件の変化によるもので、先に触れた一九六八年政府見解と、一九七三年熊本水俣病民事裁判判決の意義は大きい。しかし、実はそればかりではなく、環境汚染と被害に関する情報の生産・伝達、つまり認識・情報にかかわる枠組み条件の変化が背景にある。第二の理由は、潜在的被害の実態がつかめなかったことである。したがって、チッソの環境破壊による社会的費用の発生の規模を予測できなかった。地元と国立公衆衛生院による初期の疫学調査は継続されることなく、水俣病研究の主力は原因物質と発生機序解明に向けられたが、疫学調査の意義は科学者にさえ十分理解されず、大規模な実施には費用も手間もかかった。一九六〇年以降の事件沈静化のなかで、漁民をはじめ地元の人々の協力も得られ難かった。漁民にとって、たとえ被害の実態が明らかにされても、十分な補償は得られず、水俣病の風評で魚が売れなければ自分達の首をしめるだけだからである。それにチッソの企業城下町水俣で患者を見る目は冷たかった。差別や偏見に屈せず、裁判や患者認定に訴える市民意識の向上と権利獲得の運動によって、初めて被害実態も明らかになった。第三に、公害被害が日本全国で発生し、直接の経験もしくはその情報が広く伝わった結果、公害に対する社会の考え方が変化したことである。先に見たように環境に関する権利の確立と、環境問題に対処する能力とレジームの構築が始まり、国民の健康を犠牲にしてでも所得倍増を目指すという政策目標は変わらざるをえなくなった。

以上三つの理由を通じて、認識・情報にかかわる枠組み条件が中心的役割を果たしつつ、それ以外の条件と密接に結びつき相互作用している。たとえば、潜在的被害がつかめない状況から被害の顕在化という認識・情報の枠組み条件の変化は、裁判結果や公害健康被害補償レジームなどの政治レジーム的枠組み条件の変化によって促進された。この政治レジーム的枠組み条件の変化（公害裁判、地方自治や参加レジームの実質化）は、国民の価値観の変化（人権の重視、所得倍増から生活環境重視）という認識・情報の枠組み条件や経済・技術的枠組み条件（環境計測や公害防止技術）の進化と密接につながっている。

このように、私企業たるチッソの貨幣的「費用」計算は、リスク認識が時代とアクターの立場によって制約されているため、各種枠組み条件およびその組合せの変化によって妥当性を失うのである。

(3)「費用便益分析」と衡平性問題、権利論からの「費用便益分析」批判

チッソの「費用」計算に対して、公共政策の立場からの費用便益分析という方法は、公共財の提供問題を扱うために開発されたツールであり、生命に貨幣価値を付与するので倫理的制約下にある。費用便益分析は、もっぱら効率性の視点から問題を分析するので分配の衡平性は別の問題であるとされる（岡 2002）。岡敏弘氏はこの衡平性の視点からみて、水俣病事件の対策上、費用便益分析は何の役割も果たさなかったという。それは、水俣病の災厄を人に負わせることは明らかに「人権の侵害」であり、費用便益分析を使ってどのような数値を出したとしても、その結果は衡平の基準の前に無力であるという。さらに、重い有機水銀中毒は死亡に匹敵し、それを負うことのＷＴＡ（受け取り意思額）は無限大になり、その便益を推計することの意味がなくなるのであるとされる（岡 1999）。センも費用便益分析の方法論上の問題点について詳細に批判し、とくに「市場を中心とした評価」について、ＷＴＡとＷＴＰ（支払い意思額）は私的財と異なり、個人的関心事を超える社会的関心事の環境財の選択に適用するには困難であること、無関連対象からの独立性条件が保障されていないこと、補償テストの問題点（単に損失者へ補償できる可能性がどうして実際に社会を向上させられるか）などを鋭く指摘している（Sen 2002, Chapter 19）。いずれにしても、水俣病事件を含めた環境問題に費用便益分析を適用することには慎重でなければならない。

リスク便益分析は、「限界削減費用の均等化」が資源の最適配分をもたらすという新古典派のテーゼを基礎とし、損失余命確率計算と結びつけたものである。前者のテーゼについて言えば、現実には「限界費用」を均等化しなければならないという原則は一般に通用しにくい。限界費用均等化による効率化達成が典型的にいえるのは温室効果ガスとオゾン層破壊ガスのみであり、現実の環境問題には汚染源の立地上の特性や被曝ルートなどを注意深く考慮する必

要がある（Russel, Powell 1999, p. 312）。後者の計算には、発ガン物質による死のリスク評価モデルをもとにしているため、慢性水俣病のように長期にわたる生活の質の低下を適切に取り込むことが難しいという方法論上の問題がある。

公共政策としての費用便益分析に対しては別の視角からの批判も可能である。一つの批判的立場は社会的費用論であり、環境破壊の結果を私的企業が引き起こす社会的損失としてとらえ、その損失を構成する①取り返しのつかない不可逆的な被害となる絶対的損失部分と②貨幣的評価ができる社会的費用とを計算するものである。費用便益分析による「最適汚染点」（限界汚染削減費用と限界被害費用の合計が最小になる汚染排出量）の議論に対しては、正常な人間の健康に障害のない環境としての閾値のレベルまで排出量を削減して絶対的損失を防ぐべきであるとし、水俣病の社会的費用については各種試算が行われている（宮本 1989、地球環境研究会 1991）。防止対策費用とくらべての社会的費用発生の膨大さを計算して、「予防原則」の重要性を裏づけるものである。しかし、環境費用の推定や健康被害の推定、その貨幣換算には独自の困難性があり、被害の質的特性を十分に表せないという限界がある。

もう一つの批判的立場は権利論である。費用便益分析は貨幣的評価と確率論を組み合わせた手法であり、哲学的にみれば功利主義の系譜に属する。それは、「最大多数の最大幸福」という「社会正義の原理」を説くベンサムに遡るが、二〇世紀に入りジョン・ロールズの『正義論』で批判される。功利主義に対して、権利論からロールズやセンが批判を展開している。チッソの「費用」計算が結局大きくはずれたのも、裁判をきっかけとして見舞金契約が公序良俗に反すると指弾され、人権侵害が認定され、被害者の権利獲得が前進した結果である。

ロールズにとって「社会正義の原理」は、個人に社会の権利・義務を割り当てるものである。そこで功利主義の「社会正義の原理」に対しては、第一に「効率的な管理」であっても、個人の複数性・差異を受け止めない点、第二に不平等な分配であっても「最大幸福」で正当化される点、第三に欲求充足を善とし、たとえ差別や不平等があっても効用として同列に扱われる点から批判を加える（Rawls 1971）。これに対してロールズは「最も不遇な人々の利益を促進することを優先すべきだとする〝格差原理〟を提起する。そして、この最も不遇な人々に対して自由を意味する「基本財」を考える。水俣病の場合であれば、チッソに起因する経済的利益と、水俣病にかかわる環境被害と健康被害の貨幣的評価とを比較衡量すべきではない。むしろ、「最も不遇な人々」である水俣病被害者の利益を促進することを優先するための「基本財」を考えるべきであるとなる。この基本財という考え方を、センは批判的に吟味して次のように述べる。資源や基本財を自由へ変換し、また享受する能力は個人の状態や多様性によって左右されるので、「基本財」という財（goods）にとらわれた方法には限界があり（Sen 1992）、人間のケイパビリティ（capability）や機能（functionings）、その自由度や個人の多様性そのものに直接目を向けるべきであると。

(4)　ケイパビリティ論からの被害論

センによれば、論ずべき問題は、功利主義の立場に立つ厚生主義者が主張する効用でもなく、ロールズが要求する基本財でもなく、人間にふさわしい価値ある生活を選択するための実質的自由としてのケイパビリティである（Sen 1999）。個人のケイパビリティとは、人が達成可能な機能の選択肢の組み合わせであって、さまざまなライフ・スタイルを選ぶ自由である。ケイパビリティとは、人が生きる価値を見いだせるような種類の人生を享受できる実質的な自由である。したがって、貧困とは単なる低所得としてではなく、基本的なケイパビリティの剥奪（deprivation：喪失・損失）として理解されなければならない。「豊かさの中の貧困」という問題もこの視点から分析可能となる。ケイパビリティの剥奪としての貧困という視点は、低所得以外にも社会的環境や公共政策（たとえば伝染病や暴力的社会における早死）などのケイパビリティ剥奪への影響、所得のケイパビリティへの転換の多様性、条件（障害・病気をもつと転換を困難にする）に注目する。

センの「ケイパビリティの剥奪」という考え方は、もともと開発と貧困、飢饉や不平等という問題に立ち向かう概念ツールとして生み出された。これがなぜ、環境問題である水俣病事件に適用可能なのか。それは第一に事件が戦後の経済復興と高度経済成長という一種の「開発」過程で起きた問題であり、第二に被害者の多くが社会的弱者、生物学的弱者として貧困のなかで被害に遭い、いっそうの貧困を強いられ、第三に被害者がさまざまな社会的差別と不平等に長期にわたってさらされ続け、それによって「人間らしい生き方」の権利を奪われ、第四に事件によって直接の被害者のみならず、地域社会全体が政治的紛争状態になり、同時に「水俣出身を名乗れない」など、外部から社会的差別を受けたからである。

石牟礼道子『苦海浄土』が一部フィクションを交えて見事に描いたように、水俣病患者は重篤の場合、「寝たきり」「盲目」「言語障害」「全身痙攣発作」「手足の自由がなく、歩行困難」になり、中枢神経破壊により受ける苦痛、視野狭窄、難聴、麻痺、四肢の硬直変化をともない、人間としての基本的機能と自由、そして尊厳を奪われる。当初、伝染病扱いされ、病状の激しさからいわれなき差別を受け、また同じ家族内で患者が出ると病人が病人を看護せざるをえない状況におかれた。そして家庭生活と家族関係を破壊されたことはさまざまな証言と調査で明らかにされている。今日多数を占める慢性型患者の場合、見た目にはわからなくとも、頭痛や疲れやすい、においや味がわかり難い、物忘れがひどい、歩行の困難、など日常の暮らしに困る状態になる。

したがって、ケイパビリティの剥奪という視点から、水俣病によって奪われた個人の具体的機能や自由は何であったかを分析することが、水俣病事件の被害と対策を考えるうえで不可欠となる。病気による精神的・肉体的機能の障害とその多様な現れ方、就業の機会、所得の変化、義務教育や進学の機会、家族関係、地域社会への影響など、基本的な機能と自由度が水俣病になることによってどのように変化したかについて明らかにする必要がある。被害者の具体的な機能や自由がどのように損なわれ、また回復する余地があるかについて、個人の多様性に配慮した評価と政策が不可欠なのである。身体損傷を対象とする被害者への金銭賠償のみでは被害の回復ははかれない。

同時に水俣病事件では、水俣病患者のみならず、漁業の衰退、人口の流出、風評被害など間接的被害が大きく、環境や地域共同体全体に及ぶものであるから、公共政策として、被害地域全体への環境再生、経済復興をいかに住民主体に行っていくかという課題がある。そこで最後にセンの立場からケイパビリティと権利との関係について整理しておこう。ケイパビリティそれ自体に価値があるとすれば、なぜ権利が問題となるのか（若松 2003：二四二～二五〇頁）。まず、重要な視点は「ケイパビリティや自由」と社会レジームとのかかわりを双方向の関係としてとらえ（Sen 1999）、公共政策から個人のケイパビリティへの作用という方向性と同時に、個人の自由が社会の価値と規範を創り出す役割を認めることである。何が不正義で剥奪状態かを明らかにするには、公共的な討論が決定的な役割を担い、そのためにも表現と討論の自由を含む政治的権利が不可欠である。戦後日本の環境に関する権利やレジームの進化は表現と討論の自由、司法レジームの独立など、新憲法下の政治的権利とレジームのもとで築かれたことを想起されたい。センも「立場客観性」の議論で述べている（Sen 1993）ように、不正義のいくつかはその犠牲者にしかわからないという特徴がある。それゆえ、犠牲者の主張が常に正しいとは限らないが、犠牲者の主張に耳を傾けた公共的な議論を通じて理性的な合意は創り出されるべきである（若松 2003）。現在、水俣で行われている「和解」「もやい直し」については、さまざまな評価があるけれども、少なくとも積極的な側面としては、政治的紛争状態を終わらせ、公共的な議論を通じての理性的な合意形成という面があることを認識できる。

こうした視点から見ると、被害者と地域の失われた機能と自由を回復する水俣における環境再生・地域再生の取組みには、これまでのように行政や企業に問題解決や補償を求めるのではなく、市民アクターが環境政治のリーダーシップをとる新しい時代を予感させるものがある。公害都市を環境創造都市にする先進的事例が生まれつつあり、水俣病事件に苦闘し、取り組むなかで、住民が「公害都市水俣」という汚名から誇りを取り戻す運動として理解できるであろう。

ボックス2　最適汚染点の問題

ミクロ経済学では、「不変資本充用上の節約」としての公害防止装置の節約を、限界節約（marginal saving）として表現し、これが限界汚染削減費用に相当し、「集計された限界被害」と等しいところで最適化されるとする（Kolstad 2002, p. 119）。「限界汚染削減費用」と「集計された限界被害費用」の合計が最小になるからである。この議論は、すべての被害が貨幣換算可能であることを前提している。

この最適汚染点の考え方については、かつて宮本憲一（1989）は、「正常な人間の健康障害のない環境としての閾値できめるべきで」（一八一頁）あり、人間の生命・健康や環境保全を基準にすべきと、費用便益分析の考え方に遡って批判した。植田和弘（1996：第六章）も、①二つの曲線の形状は不明確であり、②被害主体と加害主体は別であり、③動学的効率性に疑問が残るとした。最近のアメリカの研究でも従来の「最適汚染点」の考え方について、批判的研究が生まれている。すなわち、①企業が戦略的行動をとることによってクリーンで費用節約的技術を採用する誘因を減らす。②将来の被害と防止を考えると、伝統的なレベルよりも低い最適レベルとなる。③生態的複雑さがあるので不可逆的な被害を生み出す可能性が高い。よって汚染防止の便益をより広く定義すると最適汚染点のレベルは通常よりも低くなる（A. Farmer, et al., "Rethinking the optimal level of environmental quality: Justifications for strict environmental policy," *Ecological Economics*, 36, 2001, pp. 461–473）。

具体的に、日本の四日市の大気汚染を歴史的に検討した吉田克己（2002：二八五頁）によれば、単年度ごとの被害額と対策額とを比較すると、対策費が人的被害額を大きく上回っている。人的被害額と硫黄酸化物除去コストを合計した「費用」が最小になるのは、まったく規制を行わない時であり、人的被害を五倍と見積もった場合に、初めてこの「費用」を最小にする総量規制が得られるという。ここで、留意すべきは、①被害が慢性閉塞性呼吸器疾患に限定された人的被害で計算され、②さらに被害の積算が一九九二年までのデータで、中高年者の人的被害は今後も累積され、被害総額は年々増大していくこと、③期待される余命が達成されなかった死亡による経済的損失を評価していないこと、④四日市は人口一〇万レベルだが、途上国の各汚染地域が一〇〇万人を上回るケースが多いことを考慮すると、その被害額は一〇～二〇倍に及ぶこと、である。四日市の経験から汚染対策の額とともに、汚染対策を早期に始めるかどうかが汚染のコストを決める最大の鍵であるという教訓が引き出せるという。

5　地球温暖化・炭素税・排出権取引

ＩＰＣＣ（Intergovernmental Panel for Climate Change）の科学的検討結果を受けて、気候変動枠組み条約が締結され、温室効果ガス削減を目指す京都議定書が一九九七年末に締結された。超長期的には地球気候の低温化期への傾向が指摘されるなかで、短期的には一八世紀からの化石燃料の大量消費に起因する地球温暖化傾向が確認されてきた。とりわけ、アメリカを先頭とした第二次世界大戦後における先進資本主義国の化石燃料の大量消費は著しく、日本をとってみても、戦後、二酸化炭素排出量は約五倍化している。こうして、地球温暖化に対する先進資本主義国の歴史的責任と現在の責任は重大である。とくに、一人当たりおよび絶対量の二酸化炭素排出量ともに、アメリカは安いガソリン価格と自動車の普及を原因として、世界一であり、一人当たり排出量でみると、中国・インドと一〇〜二〇倍近くの開きになる。しかし、排出削減費用という点からみると、二酸化炭素一トンを削減する限界削減費用は先進国が途上国にくらべて高く、これまた一〇倍以上の開きもでている。そこで、京都議定書では、柔軟性措置として、ＣＤＭ（クリーン開発メカニズム、途上国と削減義務を負っている国との間での二酸化炭素削減の共同実施を途上国、たとえば中国で行って、削減分の一部を削減義務国分として計算する）と、ＪＩ共同実施・排出権取引（たとえば、ロシアと削減義務を負う国々との間で）の導入を認めた。この問題の経済学的背景には、一人当たり二酸化炭素の排出の格差というういわば使用価値面での問題と、削減費用の限界格差といういわば価値・貨幣面での問題がある。経済的公正という面からの一人当たり二酸化炭素排出量の平等という原則の実施は合意困難であるが、経済的効率性からみて、削減限界費用の均等化という面から、そして途上国への技術移転という面から、こうした柔軟性措置が取られたのである（佐和 1997）。関連して限界削減費用という面から見て、開発途上国の貧困削減費用・平均寿命を延ばすための費用は、先進諸国と比較して低い。そこで先進国側が温室効果ガスの排出削減で途上国の協力を得ながら、他方で途上国の貧困削減に先進諸国が協力することは「公正と効率」という面で経済学的にも十分意味があり、二〇〇二年のヨハネスブルグ・サミットでも議論された。

炭素税、排出権取引、グリーン税制改革、補助金との組み合わせは、理論と政策にわたる議論が活発に繰り広げられてきている（植田 1997；石 1999）。炭素税の構想は、もともとはピグー税であるが、実際にはボーモル・オーツ税であり、排出権取引と比較検討、補助金との関係、「二重の配当論」（所得税の改革などとの組み合わせ効果）などの理論的検討とともに、政策的課題として、炭素税の二酸化炭素削減効果（松岡・森田 1999）、石油関係税の炭素税化（横山他 1997）、自動車税のグリーン化の検討が行われている。すでに環境税が一部に導入されているヨーロッパでは、税・排出権取引・自主的協定などの政策効果が検討されている。私は二〇〇三年夏に、EU諸国を対象に聞き取り調査を行った。その要点を以下に述べる。

・CO_2削減と京都議定書について、EUとくに北ヨーロッパの取り組みは真剣である。政策策定に当たり、各階層・ステークホルダーの参加、草案の公表と討論が行われている。また、政策の効果を見直し、再評価するスタイルが確立している。政策面では日本と同じく運輸・家庭部門の増加が問題となっている。

・EUはEUの枠組みをうまく使って新方針を打ち出した。排出権取引などの市場メカニズムを活用し、約半分を減らす方向で、CO_2排出権市場形成が急速に進む可能性がある。すでに炭素税を導入しているオランダ、ドイツではいっそうの引き上げに慎重である。とくに経済状況がよくないことが背景にある。にもかかわらず、CO_2排出削減を「経済の近代化」と新技術開発（風力・太陽光・CO_2分離）につなげようという戦略を立てている。CDM、JI（全体の六％程度）も途上国・ロシアとの連携強化を狙う。

・アメリカとの関係では、ブッシュ政権の議定書離脱を批判しているが、排出権取引の拡大や新技術開発を通じて共同の歩調を模索しつつある。アメリカもアブラハム長官が新方針（二〇〇三年九月一七日ベルリン）を出している。

・日本としても見習うべき側面（削減目標に向けての政策実施と評価、排出権市場形成）と共通の課題がある（炭素税、増加部門、技術開発）。

このようにヨーロッパが地球温暖化問題への取り組みに熱心なのは、背景に国民の脱物質的価値観への方向性があるからである。

ボックス3　京都メカニズムにおける排出許可証取引と環境税

京都議定書の目標達成のために用意されているメニューには、国際的枠組みのもとでのCDM・JI、排出権取引と、国内的には①企業の自主的取り組み、②直接規制、③国内環境税、④国内排出許可証制度、がある。

理論上、排出許可証取引制度が環境税と完全に同等の効果を発揮するには三つの前提条件が必要である。

第一に、排出許可証取引市場において独占・寡占が成立しないことである。

第二に、投機的取引その他の要因により、取引価格が大きな変動にさらされないことである。

第三に、総量がしっかり管理されていることである。

第一条件に対する懸念はロシアなどホットエアと呼ばれる供給寡占状態の可能性である。

第二条件に対する懸念は排出権取引にともなって国際的に巨額の資金移転が行われる可能性である。

もっとも重要な第三条件に対する懸念は、CDMの存在である。CDMによって法的拘束力のない途上国から排出権を調達してもよいので、総量管理を緩めることになる。二〇〇二年一一月のマラケシュ合意では、排出権取引については一〇％の制限が付けられたが、CDMについては原子力を含まないという制限のみである。

排出許可証制度が環境税と完全に代替的な政策手段となるにはいくつかの条件が必要である。

第一に、初期配分を無償ではなく、競売で行われなければならないという点である。もし許可証が無償配分されれば、既存企業には既得権が認められていまい、新規企業に参入障壁となる。

第二に、生産から消費の末端までのどの段階で制御するのが望ましいかという問題がある。排出許可証制度を消費段階で実施することはほとんど不可能である。

第三に、制度導入がもたらす分配問題にどう対処できるのかという点である。初期配分を無償にする限り、「二重の配当」を得ることはできない。

広範な排出主体を制御し、それらの主体に排出削減への十分なインセンティヴを与えるには、環境税導入が効果的・効率的である。

出所：諸富徹『環境税の理論と実際』有斐閣、二〇〇〇年、第九章。

6　廃棄物問題

廃棄物問題については、大量生産・大量消費・大量廃棄のメカニズムの分析基礎として、まず商品の再使用やリサイクルの問題を分析するさい、経済学における商品の二重性分析の重要性を指摘したい。廃棄物を定義するに当たって、「有償で取引されない」という商品の価値面からのみの規定では不十分であって、「処理すべきである」という商品の使用価値からの規定が併せて必要なのである。こうすることによって、有償で取引されるから廃棄物ではないという言い逃れを防ぐことができる。また、使用価値のない商品は価値をもたないが、逆に使用価値はあっても交換価値のないもの、あるいはマイナスの価値をもつものがある。最近、廃棄物経済に関する近代経済学の立場からの優れた研究が出版されており（細田 1999）、そこでは、廃棄コストゼロ（free disposal）という、これまでの新古典派の仮定に疑問が投げかけられている。

廃棄物が価値をもつという場合、それまで廃棄されていたものに新たな使用価値が「発見」されるから、商品としての価値をもつのである。戦後の石油化学コンビナートは、それまで廃棄していた副産品を各種プラスチックの原料として回収し製品化してきた歴史である。

また、価値に関連して、リサイクルの「市場の価格条件」として、初使用資源（virgin material）から生産する製品の価格よりも再生資源から生産する価格の方が安価で、その価格差がある程度長期間維持されていることが必要であるが、現実には初使用資源価格の動向によって再生資源価格も支配されている。その初使用資源の価格は外国為替の変動を受け、資源採取による環境破壊などの外部費用を含まず、石炭など補助金を受けている場合が多いので、再生資源価格に対して競争力をもつ傾向がある（Porter 2002, p. 178）。また競合する埋め立て処分費用によっても再生資源価格が影響を受ける。こうした、使用価値・価値面での基礎的な分析のうえに、原料・廃棄物発生と「不変資本充用上の節約」の具体的分析、再生産と産業構造上からの分析が不可欠である。

原料・廃棄物発生と「不変資本充用上の節約」とは、以下のことをさす。経営戦略論のマイケル・ポーターは、廃棄物を発生させている企業は無駄を生んでいるので、厳しい環境規制がきっかけとなって既存の生産工程の見直しを行ってかえって無駄をなくしながら、環境規制にも適合することができる、すなわち、「厳しい環境規制は競争力を強める」というポーター仮説を主張している（M・ポーター 1996）。原料はすべて製品になるわけではなく、途中で廃棄物になったりするので、原料が製品化する割合を歩留まり率という。したがって、廃棄物を減らすことは、歩留まり率を高めることになり、原料の節約になるが、そのためには通常、機械設備の新たな投資が必要になる。そこで具体的には、環境規制の水準を前提に、節約される原料資本と新たに必要となる設備資本の金額が比較考慮されることになる。そのさい新たな技術開発が行われ、特許を取得でき、社会的な評価が高まり、場合によっては需要が増加するという波及効果も期待できる。たとえば、紙パルプ産業で黒液（紙の繊維成分にならないリグニン）回収率を改善して排水の水質レベルを上げて、その分の有機物リグニンは回収ボイラーに回り、エネルギーとして回収されることになる。排水処理の高度化（環境負荷の低減）がコスト削減につながる事例である。

こうした、使用価値・価値面での基礎的な分析のうえに、原料・廃棄物発生と「不変資本充用上の節約」の具体的分析、再生産と産業構造上からの分析が不可欠である（吉田 2004）。

大量廃棄問題を政治経済学的に分析する鍵は、商品の社会的陳腐廃棄化への着目である。たとえば、現在携帯電話は一日実に約七万台が廃棄処分されているといわれる。これは、携帯電話業界の激しい競争の結果、携帯電話が社会的に陳腐化さるためである。同様のことは、「廃棄パソコン」問題にも当てはまる。自動車の「廃車」の場合にはやや事情は異なるが（外川 2001）、廃棄物のリサイクルは今や一国内では完結せず、先頃フィリピンへの感染性廃棄物の不法輸出で問題となったように、有害廃棄物の越境移動の問題も含め、世界経済的な視野で分析しなければならない。

現代は経済のグローバリゼーションによって物質循環が完全に国境を越える流れをなしている。とくに金属スクラップ、古紙、廃プラスチックなどは、日本国内の需要緩和、アジアの経済成長による旺盛な需要を背景として、再生資源の輸出および輸入がさかんになっている。まず絶対量が多い鉄くずは、一九九六年から輸出が急増し始め、現在国内発生量の約二〇％（約六三〇万トン）が輸出され、輸出先は韓国、中国、台湾で九割を占める。古紙も一九九七年から輸出が急増し、輸出割合が国内発生量の一〇％近くになっている。このためもあって、国内の古紙が不足状態である。古紙の輸出先は韓国、タイ、中国、台湾などである。プラスチックくずの輸出は近年増加傾向にあり、二〇〇〇年で国内発生量の約五％が輸出され、輸出先は香港と中国である（産業経済省産業構造審議会環境部会廃棄物・リサイクル小委員会 2002）。

世界各国の貿易統計を使って分析すると、たとえば、韓国の鉛バッテリーの輸入が非常に多いことが明らかになる。さらに日本の金属消費は、海外鉱山からの鉱石・製品の輸入によって過半がまかなわれているが、いわゆる「公害の輸出」問題との関係で分析すべき課題が山積している。

廃棄物と汚染との関係では、日本のダイオキシン汚染の評価が問題となる。一般廃棄物の約七割を焼却処分している日本では、もともと生ゴミなどからの伝染病予防という公衆衛生上の理由で、焼却処分がはかられてきたが、ゴミの成分はプラスチックなどが多くなったにもかかわらず、大量廃棄に対応するために焼却が拡大されてきたのである。いやむしろ、こうして大量廃棄処分してきたからこそ、プラスチックなどの包装物を使うことができ、大量消費を支えてきたといえるのである。一九九〇年代初頭、焼却灰中からのダイオキシン検出の報告にもかかわらず、一九九〇年代末まで本格的な対策がとられなかったのである。

このダイオキシン類のリスク評価の問題となると、他のダイオキシン類汚染源と、他の化学物質汚染との比較検討が必要となる。焼却関係以外では、一九五〇年代から一九七〇年代に使用されてきた農薬に含まれていた不純物のダイオキシン類が農地・河川経由で湾沿岸部に蓄積され、魚に含まれてきたのである。最近の研究によれば、蓄積ダイオキシン類としては過去の農薬中のダイオキシン類が東京湾中からのダイオキシン類の過半を占めるという。化学物質の環境評価としては、このように過去蓄積分の汚染評価・浄化と現在のそれの双方が必要であり、そのリスク評価に基づく環境政策が提起されている（岡 1999）。確率的生命の価値など方法論上の問題については、なお、検討の必要がある。

7　循環型社会のレジーム・アクター分析

(1)　循環型社会を分析する二つの基準

二〇〇〇年に循環型社会形成基本法が施行され、さらにこれを枠組み法として、各種の個別の廃棄物・リサイクル法が施行され始めている。この循環型社会を全体として分析するには、物質循環とレジーム・アクターの二つの視点が必要である。「物質循環」は地球規模で存在し、地球環境問題の一環として問題を考察するものである。自然の歴史における地球規模の循環の規模を把握し、炭素や重金属などの循環への人間社会による影響をとらえることが肝要である。現代は、エネルギーや原料そして製品自体が世界的に供給され、国境を越えてモノとエネルギーが移動・循環している。この現実を踏まえたうえで「国内の循環政策」を策定する必要がある。海外資源の採取→原料と部品の運搬→利用→加工→製品→廃棄物→国外への流出の各段階を考察すべきである。

第二の視点である「レジーム・アクター分析」について、循環型社会と廃棄物経済を全体として鳥瞰し、問題の所在を明らかにするうえで有効であることを述べてみたい。経済学的分析としては、これを踏まえて、費用・便益分析などが必要である。

(2)　レジーム・アクター分析とは

環境問題を総合的に分析する枠組みとして、環境政治学からレジーム・アクター分析という方法が提唱されている。レジームとは環境政策管理能力を高めるための制度と枠組み条件のことで、①認識情報に関する条件（情報やメディ

図１－１　レジーム・アクターモデル

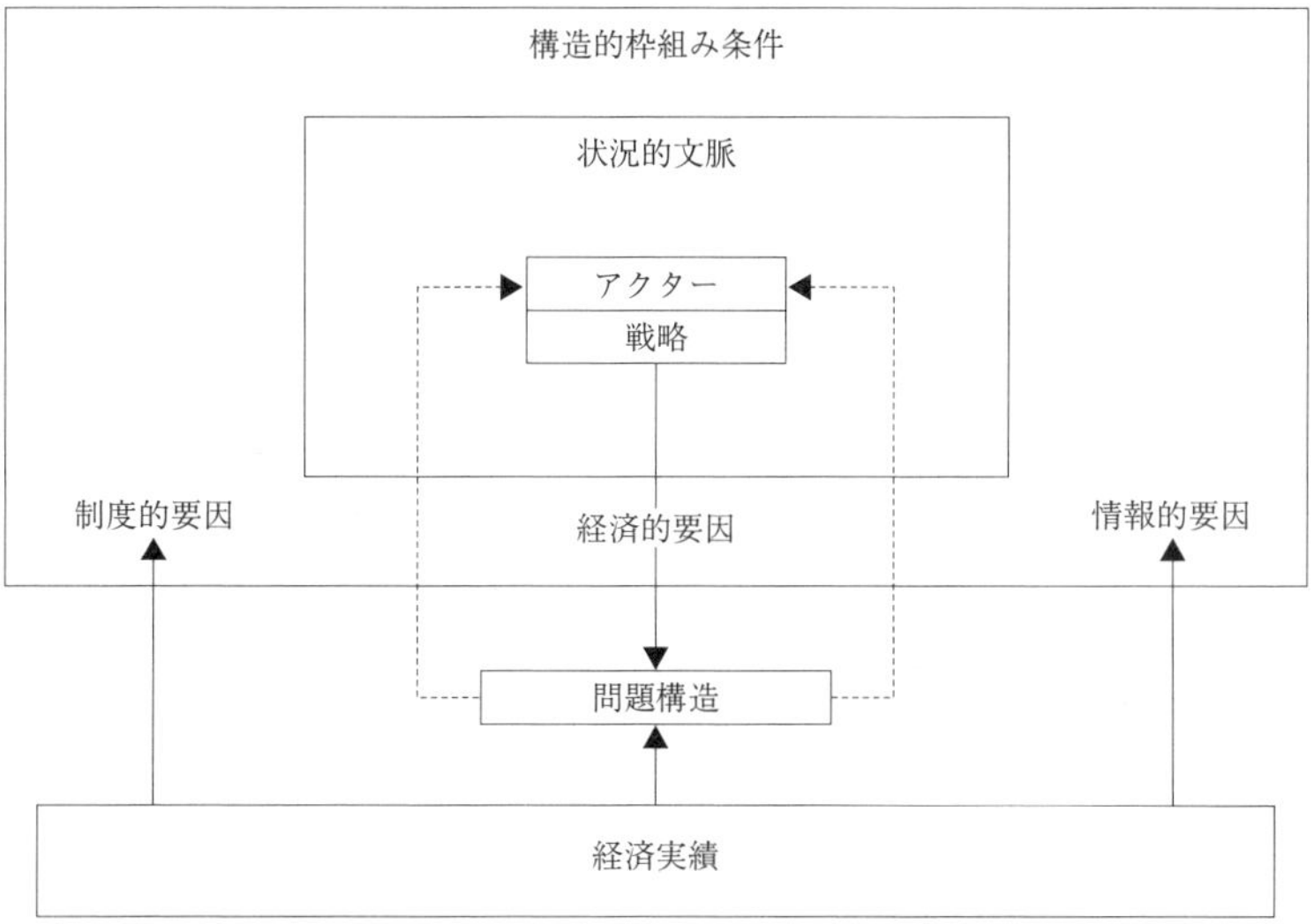

出所：Jänicke（1995)。

ア、価値観など）、②政治的制度的条件（制度への参加や統合能力など）、③経済技術的条件（GDP、各種資源、技術移転など）などの条件から、なっている。

この枠組み条件のなかで、各種政府機関、環境保護団体、環境ビジネス部門、マスメディア、住民などが、各アクター（主体）として、それぞれ戦略と意思、技量をもって、状況的機会に対応する。そのさい、環境問題の種類・緊急性（たとえば、ダイオキシン汚染）、およびアクターの配置状況と関係（たとえば、政府と各業界の関係や業界内での競争と協力関係）が重要である（詳しくはJänicke 1995を参照されたい）。

環境問題のレジームという点からみると、国際レジームと国内レジームの、①各々の各種内部レジームの間の関係および階層性と、②国際レジームの国内レジームへの影響が問題となる。

まず国際的レジームは、国際環境条約の京都議定書（温室効果ガス削減）、モントリオール議定書（オゾン層保護）、ロンドン条約（海洋投棄規制）、バーゼル条約（有害廃棄物の越境移動の規制）などがあり、さらにOEC

DのPRTR（環境汚染物質排出・移動登録制度）やEPR（拡大生産者責任）に対応した国内法がある。このような条約上の義務のみならず、経済のグローバリゼーションによって、一国内の規制でもアメリカのマスキー法（大気汚染規制）は日本に大きな影響を与え、EUの各種廃棄物規制指令やISO14001（国際標準化機構の環境監査認証）も日本にとって大変重要である（G. Porter et al. 1996）。

次に国内レジームでは、環境基本法と基本的枠組み法としての①循環型社会形成推進基本法と、一般的な仕組みの確立のための、②廃棄物処理法（廃棄物の適正処理）と③資源有効利用促進法（リサイクルの推進）があり、個別物品の特性に応じた規制として、④容器包装リサイクル法、⑤家電リサイクル法、⑥建設資材リサイクル法、⑦食品リサイクル法、⑧自動車リサイクル法、⑨家畜排泄物管理法、などがある。

ここで廃棄物の定義や発生抑制とリサイクルをめぐって、①の発生抑制の理念が②廃棄物処理法に生かされているか、また②適正処理と③リサイクルが別々の法で規定されている点、が問題となる。とくに、ダイオキシン類の大気汚染をめぐって、ダイオキシン類対策特別措置法が成立したこともあり、②廃棄物処理法の運用において、溶融炉など技術指定型の二四時間連続運転を進めたことが④容器包装リサイクル法などの各種リサイクルと矛盾するのではないか、問われている。以上は、廃棄物をめぐるレジーム諸法の連携と整合性の問題である。

これを前提として、先に指摘した、①認識情報に関する条件（情報やメディア、価値観など）、②政治的制度的条件（制度への参加や統合能力など）、③経済技術的条件（GDP、各種資源、技術移転など）などの条件の分析が必要となる。①認識情報条件では、とくにダイオキシン汚染など環境に関する情報やメディアの報道姿勢、国民の脱物質主義的傾向や「医・職・趣」（健康・職業・趣味）への最近の関心の動向が重要である。②政治的制度的条件では、住民参加の実質化程度、各アクターの対話と交渉能力と政策統合がポイントとなる。③経済技術的条件では最近の財政危機、補助金の改革、地方分権、各種環境保全技術の開発、などが重要である。

次に各アクター（主体）の分析に入る。まず、廃棄物をめぐっては、各政府機関セクターとして、①中央政府、②都道府県、③各自治体があり、②都道府県は産業廃棄物の行政指導に当たり、③各自治体には清掃業務に当たる労働組合（連合体としての自治労）も存在する。事業者セクターは、④各生産者・流通・販売業者のほか、⑤実際の清掃・廃棄物処理に携る事業者、⑥廃棄物処理設備業界、が重要である。市民セクターは、⑦町内会（集団資源回収）や、⑧各種ＮＰＯ、ＮＧＯ（環境保護団体以外も）、そして各市民一人一人の存在である。

日本の環境政策の特徴として、アクター間の対話とネットワークの良さ（たとえば、政府と事業者間、事業者団体の存在）も指摘される一方、政策統合は不十分である（廃棄物をめぐるレジーム諸法の連携と整合性の問題を指摘済み）。たとえば、ダイオキシン類対策では、①認識情報に関する条件で、ダイオキシンの大気汚染の重大性（実際には過去の蓄積性汚染は残留農薬経由が重要）がメディアを通じて強調されたために、リスク評価を環境政策に十分生かすことなく、ダイオキシン類の恒久対策が施行され、それにともなった行政指導として、事実上、技術指定型の溶融炉を使った二四時間連続運転の広域処理が行われた。この「ダイオキシン特需」は⑥廃棄物処理設備業界を潤すものであったが、過当競争や不正入札も発生した。同時にこの問題は、③経済技術的条件の財政危機と補助金の改革と直結している。

循環型社会形成推進基本法で規定している、発生抑制の方針が実際には貫徹されにくい背景として、先に指摘したレジーム間の整合性がとれていない問題とともに、アクターの問題として、廃棄物削減と職域確保のジレンマを指摘できる。廃棄物の収集に携る自治体職員や委託をうける廃棄物処理業者にとってみれば、廃棄物の削減はその限りで仕事が減ることを意味する。実際、容器包装リサイクル法の成立にさいし、自治体による回収義務を定めた本法に、自治体の労働組合である自治労は賛成し、当時の厚生省との共同歩調がとられた。ところが、他の市民アクターである町内会の集団回収が機能しているところでは、はるかに低コストで資源ゴミを回収しているのである。結局、各アクターは、その力に応じて既得権益の確保を目指して、レジームを作るが、その結果は財政危機と廃棄物処理の効率悪化である。

職域確保を目指すならば、ドイツのDSDのように、事業責任と財政責任を分離し、DSDからの委託を受けて自治体が回収業務に当たるという方法もありうるのである。さらに、本当に廃棄物削減をはかるならば、デンマークのように廃棄物の発生量に応じて中央政府が自治体に課税するなど、発生抑制を担保する具体的な措置がレジームに組み込まれる必要がある。具体的経済的な措置の欠如は、ドイツにおいても循環経済・廃棄物法の限界として指摘されている（中曾1999）。このような意味で、「ごみを減らす闘い」は、ごみを巡る「レジーム改革の闘い」といってもよいのである。

(3)　容器包装リサイクル法

①容器包装リサイクル法レジーム

一九九七年から施行された容器包装リサイクル法は、①消費者に対しては容器包装ごみ排出時の分別、②自治体に対しては収集運搬と分別、③事業者に対しては再商品化（リサイクル）の役割分担を定め、③については再商品化を指定法人に委託できることとした。このように、容器包装リサイクル法はアクターとしては、消費者・自治体・事業者・指定法人の四種を想定し、その各アクターに分別・収集運搬分別・再商品化・委託の役割分担するレジームを作っている。

この法律施行以前から分別収集が行われていたビンと缶については、二〇〇一年度で全国の八～九割の市町村において分別収集が行われている。PETボトルについては八割以上の市町村が分別収集に取り組んで、二〇〇三年度にはその生産量の約五割以上が回収された。なお、東京都二三区部は「燃えるごみ」「燃えないごみ」の区分が主で、ビンと缶は集団資源回収によっている部分が多い。

②容器包装リサイクル法の諸問題と改革の方向

容器包装リサイクル法は、①大きい自治体の負担、②排出抑制効果が弱い、③ＰＥＴボトルの増加、④需給ミスマッチ、などの諸問題を抱えている。これをレジーム・アクター分析の視点からまとめてみよう。

自治体に重い負担　容器包装リサイクル法の実施に当たっての自治体の費用負担率が約七割と推定されており、法自体の改正を要望する声が多くの自治体からあがっている。全国市長会は、「廃棄物に関する要望」（二〇〇二年）において、容器包装リサイクル法に関して、要望を出しているが、当面の措置として、市町村に過大な負担となっている中間処理の費用を特定事業者が指定法人を通じて支払うことも提案されている。というのは、キャップの除去や異物除去は本来、特定事業者が担うべき再商品化責任の一部であると見なされるからである。

また、東京都などはＰＥＴボトルの店頭回収システムをつくり、行政は回収されたＰＥＴボトルを再商品（リサイクル）化施設まで運搬してきたが、これとても、増大するＰＥＴボトルに対応するため、自治体の負担は増加している。

弱い削減インセンティヴ　ドイツのＤＳＤ制度では、容器素材別にたとえばガラスにくらべプラスチックは、約二〇倍のコストを事業者が支払わねばならず、このことが処理困難な容器包装ごみを減らす一定のインセンティヴになっている。しかし、日本の制度では再商品化義務量が生産量から間接的に算出され（容器包装の発生量とは無関係に、再資源化施設の容量で再資源化義務量が決まり、しかもその量に対してのみ、特定事業者が支払いをする）、かつ市場競争上、委託金額が価格転嫁できないために発生抑制効果が弱い。むしろ小型ＰＥＴボトルは、容器包装リサイクル法の実施（新レジーム）を見越してメーカー（アクター）がこれまでの自粛を解除したため、九七年の小型ＰＥＴボトル入り飲料の販売量は九六年にくらべて三倍以上に拡大し、新制度の弱点が突かれたかたちになっている。最近でも女性に人気の高い「飲み切りサイズ」の五〇〇㎖以下の小型容器飲料は一割以上と伸びが大きい。

またこの制度では容器包装の製造・利用事業者は、リサイクル率が高くなればなるほど費用負担が増加してしまうから、リサイクル率を高めるインセンティヴを持たない。実際上、容器包装リサイクル法の基礎にあるＥＰＲ（拡大生産者責任）の原則ともいえる価格転嫁が出来にくく、今後リサイクル率が大幅に高まり、製造・利用業者の支出額がそれに応じて高まったときに初めて、価格転嫁が起きる可能性がある。それによって容器転換も生じる可能性があるが、現実には市場競争で容器包装の薄肉化・軽量化が起きている。

ミスマッチ問題　せっかく回収されたビン・缶・ＰＥＴボトルも、需要・供給のアンバランスのために、再生加工されずに、ストックヤードに山積みされるものが多かった。ＰＥＴボトルについては、二〇〇一年度で、分別収集量（一七万トン）に対して、逆に設備能力（二四万トン）が過剰になっている。また、指定法人が再商品化事業者のリサイクル先を決めるため、たとえば、札幌市の場合、その他プラスチックを油化する施設をつくったものの、指定法人への入札で安い価格を提示した高炉還元にその他プラスチックが運搬・処理されるという事態も起きている。また、最近では中国がＰＥＴボトルを有償で購入するので、国内のリサイクル施設が能力過剰となっている。

入札制度の問題　本制度では指定法人（日本容器包装リサイクル協会）が中心になり、市町村と取引契約を行い、またリサイクル事業者（再商品化）に入札をさせ、その結果市町村からリサイクル事業者の容器包装が引き渡される。すなわち、市町村とリサイクル事業者が直接取引するわけではなく、間に指定法人が入っている。そこで生ずる問題は、市町村とリサイクル事業者の取引が継続的ではなく、毎年変わるということである。当事者が直接、取引相手を選べないという通常の商取引とは異なる制度になっている。市町村から見ると、毎年応札があるという保証がないうえに、入札があっても引取品質基準が事実上、毎年異なり、リサイクル事業者から見ても毎年、受け入れ先が異なる。分別収集物が必ず引き取られる保証がないので、最も厳しい基準の技術に対応する必要があり、分別基準を満たす費用が大きくなり、せっかく集めても基準に満たない残渣が大量（収集量の約三割）に発生している。このように市町村とリサイクル事業者の双方が、毎年、処理量と処理基準の実質の変動にさらされるという問題に直面している。これは、ドイツのＤＳＤとは異なり回収とリサイクルが一体になっていないために、回収アクターとリサイクルアクターが別々に存在し、その間にさらに指定法人というアクターが入るレジームをつくったために生じたのである。

容器包装リサイクル法は、総括的に見て、環境法学者の大塚直（2002, pp. 398-399）が指摘するように、「発生の抑制の観点が十分に取り入れられておらず廃棄物をいかに処理するかという発想から抜け出していない」。したがって、「家電リサイクル法にならって、容器包装関連のメーカーが自ら製品を引き取って一定のリサイクル率を達成するよう命ずる仕組をつくること、その際、素材メーカーにも何らかの義務づけをするか、引取保証に強いインセンティヴを与える」必要がある。

ようするにドイツのＤＳＤのような容器包装ごみを家庭系ごみとは別に集める組織をつくり、そこが責任をもって費用負担を行い、実際の事業責任は自治体か廃棄物処理会社に委託して行うという方向性が考えられる。先に見たように、当面の措置として、市町村に過大な負担となっている中間処理の費用を特定事業者が指定法人を通じて支払う方法も検討に値しよう。

(4) 家電リサイクル法

①家電リサイクル法の仕組み

これまで主として自治体が粗大ごみとして回収埋め立て処理してきた家電の四品目について、家電リサイクル法が二〇〇一年四月から施行されている。この法律では、家庭用エアコン、テレビ、冷蔵庫、洗濯機の家電四品目について、小売業者アクターによる引き取りおよび製造業者アクターなど（製造業者、輸入業者）の再商品化（リサイクル）が義務づけられた。消費者（排出者）アクターは家電四品目を廃棄するさい、収集運搬料金とリサイクル料金を支払うことになった。

製造業者アクターは引き取った廃家電製品の再商品化（リサイクル）を行う場合、定められているリサイクル率（五〇〜六〇％）を達成し、家庭用エアコンと冷蔵庫に含まれるフロンを回収しなければならない。国の役割は、リサイクルに関する必要な情報提供や不当な請求をしている事業者に対する是正勧告・命令・罰則の措置を定めている。

この制度（レジーム）が確実に機能する一つの保障として、消費者から家電廃棄物が小売業者から製造業者に適切に引き渡たされたことを確保するために管理票（マニフェスト）制度が設けられている。これにより、リサイクルが確実に行われているかどうかを消費者からも確認できる。

②家電リサイクル法の課題

「廃棄時支払い」から「購入時支払い」へ　家電リサイクル法制定当時から、廃棄時リサイクル料金の支払いは、不法投棄を招くとして問題となってきた。廃棄時支払いの根拠は、①購入時と廃棄時との時間差による物価変動、②すでに購入されて家電製品に対応させる、などであった。しかし実際には価格上乗せによる家電製品の値上がり懸念への配慮にあったと考えられる。

リサイクル料金の廃棄時支払いの問題点は、不法投棄への誘因になるのみならず、廃棄時支払いによる回収ルートとともに、リユースや輸出に回る場合にはリサイクル料金が支払われず、実質上、レジームとして二つの系列の回収ルートが並立していることである。

このため、資源有効利用法に基づく家庭用パソコンの回収や、自動車リサイクル法では、廃棄時支払いではなく、購入時支払いの仕組みが採用されることになった。

リユースと輸出ルートの組み込み　家電四品目の回収率（潜在的な回収対象品のうちで実際に回収された廃棄品）は五〇％程度（二〇〇二年度で約九四〇万台）と推定されており、残りは家庭に退蔵されるか、リユースか輸出に回っていると考えられる。家電量販店の中には、消費者からリサイクル料金をもらい受けないで、使用済み家電を引き取り、中古品や輸出品に回しているところもある。使用済み家電の輸出は家電サイクル法に違反するわけではないが、国内使用済みテレビの四割近くが輸出に回っているという事実を産業経済省の資料も認めている（産業経済省産業構造審議会環境部会廃棄物・リサイクル小委員会 2002：一五頁）。消費者がリサイクル料金を支払った場合も、リユースや輸出に回されているのではないかという不透明性が払拭されず、レジームとしてみると、家電リサイクル法の制度そのものが、いわば「水漏れ」を許している不完全な制度となっている。

リサイクル料金を購入時支払いにしておけば、廃棄時支払いのディス・インセンティヴがないので、使用者が使用済み家電を販売店などに持ち込み、それを①リユースと②リサイクルと③輸出、の三ルートに正式に区分選別し、そのコストに応じて予め集められているリサイクル料金を再配分するという制度（レジーム）が考えられ、実際にもオランダでそのような制度が運用されている。

対象品目の拡大　家電リサイクルの対象は現在四品目（テレビ、エアコン、冷蔵庫、洗濯機）であるのに対し、それ以外の家電製品（ビデオ、電子レンジなど）とＩＴ製品（ＦＡＸ、携帯電話など）は対象外である。これらは、自治体が粗大ごみとして回収処分したり、業者が回収処分したりしている。自治体で埋め立て処分しているものも多く、物質循環の面で処理困難物として重金属や化学物質による汚染が懸念されている。

他方、家電リサイクル施設の稼働率は必ずしも高くない一方で、ビデオや電子レンジなどのリサイクルに対応できる設備をもっているところが多い。実際、家電リサイクル工場で家電四品目と平行してＯＡ機器のリサイクルを行っているところもある。したがって、自治体の負担を減らし、かつ家電リサイクル施設の稼働率を上げ、収益を改善するうえでも、家電リサイクル法の対象品目の拡大が必要である。その際、地域特性を考慮して、たとえば北海道の場合、エアコンが少ないがそのかわり石油ストーブが多いという事情を考え、家電リサイクル工場で石油ストーブ（モーターを含み、粗大ごみ）も取り扱える（消防法やその他の規制が問題になる）ようにするなど、規制改革が同時に必要である。

バーゼル条約問題　テレビの場合九〇％以上が輸入され、また使用済みテレビの約三〇％が輸出されていると推定される。さらに、ブラウン管のリサイクルも、国内工場が減少し、家電リサイクル法で回収された鉛ガラスは国内だけでは再利用できなくなっている。ところが、有害廃棄物の越境移動を規制するバーゼル条約にしたがえば、鉛ガラスは輸出できない。このことは、グローバル化する商品取引にバーゼル条約が対応できていないことを意味する。もともと条約が問題にしているのは、有害物質の越境移動中の環境汚染と輸出先での環境汚染、「公害輸出」である。したがって、たとえば、環境保全型のリサイクル工場を日本側の責任で移出先につくることがバーゼル条約の懸念を取り除く一歩となる。

(5) 自動車リサイクル法

①使用済み自動車の処理方法

自動車ほどよく普及し知られている機械はないが、その中身については、ドライバーにとって、「ブラック・ボックス」と言ってよい。瀬戸内海に浮かぶ小島・豊島に不法投棄された自動車の「シュレッダーダスト」が大きな社会問題として知られるようになって、初めて「廃棄物としての自動車」が認識されるようになった。

使用済み自動車の処理についてレジーム・アクター分析からみると、第一の特徴は、もともと巨大な自動車中古市場があり、鉄スクラップをはじめ有価物の回収も長い歴史をもっている。使用済み自動車の解体業者は全国に零細企業の約五〇〇〇社があり、使用済み自動車からエンジンなど再使用・再生利用できる部品が取り外されてきた。廃車がら（使用済み自動車からエンジン、タイヤ、部品を外した外枠）を粉砕する業者は約一四〇社で、粉砕後、金属分は素材としてリサイクルされる。

第二に、国際的にみると、日本の輸入自動車台数は少ないものの（五九〇万台中二九万台）、使用済み自動車のうち、五分の一の約一〇〇万台以上が輸出されており、また廃車がらはスクラップ原料にするために、年間数一〇万台輸出されている。輸出先での環境保全が懸念される。

②自動車リサイクル法

二〇〇二年に成立し、二〇〇四年から施行される自動車リサイクル法は、ＥＰＲに基づき、使用済み自動車から発生するフロン類、エアバック、シュレッダーダストの三項目について、自動車製造業者と輸入業者（製造業者）アクターに対して、引取りおよびリサイクルを義務づけ、それとともに、引取業者、解体業者等の関係者アクターによる使用済み自動車の引取り、引渡しのルールを定め、シュレッダーダストなどが製造業者に確実に引き渡されるようにリサイクルルートを整備させる。

リサイクルに当てる費用は、リサイクル料金として新車販売時（既販車は最初の車検時まで）に自動車の所有者に負担を求める。製造業者などの倒産・解散による減失を防ぐために、リサイクル料金は資金管理法人が管理し、製造業者等はシュレッダーダストなどのリサイクルにあたり、その払い渡しを請求できる。以上の二点が自動車リサイクル法のポイントである。

③自動車リサイクル法による業界再編

新しく施行される自動車リサイクル法によって、①従来の自動車解体事業、破砕（シュレッダー）事業のみならず、②シュレッダーダストのリサイクル事業と③自動車業界そのものに、少なからぬ影響が出てくる。自動車リサイクル法という新しいレジームによって各アクターにどのような影響が出てくるか検討しよう。

まず、第一に新法によって引取業者とフロン類回収業者は、知事への登録が必要になり、解体業者と破砕業者は知事の許可が必要になる。すでに廃棄物処理法の許可を受けている場合は、一定期間内に届出書を提出すれば、許可を受けたとみなされる。二〇〇二年末で全国の解体業者の七四％が業許可を得ている。このため、とくに解体業者が廃棄物処理業の許可を受けることが事実上必要になり、そのレベルに達しない零細業者の淘汰が進むと考えられる。そこで解体事業者の共同化・集団化の方向が検討されている。その場合でも既存設備の利用整備の問題が残る。

第二に、新法でシュレッダーダストの再資源化を行うことになったため、「シュレッダーダスト（ＡＳＲ）リサイクル事業者」という新たな事業者が生まれ、これらの事業者に対して自動車製造業者・輸入業者がリサイクルを委託し委託費用を払うことになる。このＡＳＲ処理高度化は、①ガス化溶融処理と②非鉄金属精錬の二つに大別され、各種メーカーが開発を行っている。後者は立地に制約があるものの、再生資源の加工販売収入の安定性において優位にあると見られている。また、解体処理高度化によってＡＳＲ発生量を抑制する取組みも行われている。日本は自動車リサイクル法の実施に当たり、ＡＳＲのサーマル・リサイクルを大幅に認める方向なので、①と②ともに鉄と非鉄金属精錬メーカーの技術が主流になるであろう。その他、自動車解体と資源化の分野に新規参入する業者として、旧来の粉砕業者、鉄鋼メーカー、製紙会社（タイヤ燃料利用）などが予想されている。

(6)　不法投棄

①不法投棄のレジーム・アクター分析

これまで産業廃棄物の不法投棄の実態分析が十分に行われないまま、原因と対策が論じられてきた。一石を投じたのは石渡正佳（2002）で、千葉県の現職の産廃Ｇメンが摘発の実体験をもとに本格的な分析と対策を提言している。石渡氏の専門は財務分析とあって、不法投棄の経済経営的側面も合わせて掘り下げられている。

石渡氏の功績は、私の分析枠組みでいえば、産業廃棄物の不法投棄にかかわるレジームとアクター（主体）、とくにアクターを詳細に明らかにしたことである。まずレジームに関しては、産廃処理の構造を上部構造と地下構造の二重化と特徴づけられる。上部構造は産廃処理の法的枠組みという建前で、収集運搬、中間処理施設、最終処分場の三業者が公認構成アクターである。しかし地下構造はアウトロー業者が暗躍する闇の世界である。単独で産廃を運ぶ一発屋、一発屋を束ねるまとめ屋、不法投棄現場を掘る穴屋、適地を斡旋する地上げ屋、上前をはねる暴力団、許認可に介入する開発ゴロ、ブラックマネーをあやつる金融業者などの地下構造の各アクターを経済的側面から明らかにしている。

産廃処理のレジームは、廃棄物処理法による収集運搬―中間処理―最終処分のシステムで、最終処分場の容量が十分にある間は大量処理システムとして機能してきたが、最終処分場の容量の限界によって崩壊の危機にある。その現れが不法投棄問題である。場当たり的な規制強化策では解決しない。期待されたマニフェスト（産業廃棄物管理票）も、空伝（処理済み印だけのマニフェスト）が横行し、E票（最終処分確認票）が追加されたが、事態を解決するまでにいたっていない。

迷宮のように複雑な廃棄物処理法の枠組みのなかで、自社の廃棄物だけを処分するという建前で、基準未満の施設を建設すれば、施設設置許可も業許可もなく仕事が始められ、自社処分を口実にした不法投棄がエスカレートした。一九九七年までは三〇〇〇㎡未満の最終処分場が許可されてきた。そのため、自動車のシュレッダーダストも不法投棄同然に捨てられてきたものが今でも大量に埋められている。

②不法投棄対策の方向性

石渡氏はこれまでの不法投棄対策の問題点を次の四点に整理している。

ⓐ不法投棄の原因や現状が、きちんと分析されていなかった。

ⓑ各省庁の間や国と地方の間で、施策の整合性が欠如していた。

ⓒ従来の行政手法の殻を破れなかった。

ⓓ新たな環境ビジネスが発展する素地が育たなかった。

ⓐについてはすでに紹介し、ⓑについてはレジームの整合性の問題であり、ⓒⓓはレジームの規制が経済的条件と手法を十分考慮してこなかったという指摘である。

そこで五つの緊急提言が行われている。

㈠中間処理施設の増設により、最終処分と不法投棄を同時に減らす（最終処分場の増設は必要ない）
㈡地域の環境を守る（地方自治の責務と独自性）
㈢業界内処理システムを確立する（広域処理システムでも地域内処理システムでもない第三の道）
㈣リサイクルに市場原理を徹底する（コスト競争と販路競争）
㈤汚染された自然を再生する（ニュービジネスの開拓）
石渡氏の提言でユニークなのは、㈠と㈢である。不法投棄が起きるのは最終処分場が不足しているから、最終処分場を増設するという短絡的な施策ではなく、中間処理施設を増設することによって、最終処分量を減らし、同時に不法投棄も減らすという正しい施策がでてくるという。それはマニフェストの積み上げ計算をすれば、中間処理施設のオーバーフロー率が二〇〇％を越えていると推定されるからであり、その処理能力とリサイクル率を高めれば最終処分量を一〇分の一に減らせる。
㈢の業界内処理システムの確立は、排出者責任の規制強化のみならず、各種リサイクル法の制定を契機にして、自区内処理に必ずしもこだわらずに、自動車業界、食品業界、建設業界などの業界単位の処理システム構築が行き詰まった産廃処理システムを正常化するバイパス手術である。
㈣㈤に関連して、リサイクル促進のために、バージン材料に対する課税やリサイクル施設に対する利子補給と債務保証（補助金にかわる）、産廃税を国税にして自然再生の財源にするなど経済的手法として同意できる方法が提起されている。
循環型社会分析には①物質循環の特性と②レジーム・アクター分析の両面分析が必要である。本稿ではレジーム・アクター分析を使って、循環諸法の現状と課題、改革の方向を検討し、この方法の有効性を示した。

8　旧社会主義国の環境問題

いまや、世界で一番汚染されている地域は旧ソ連・ロシアであると推定されている。旧ソ連時代に蓄積された環境問題が、市場移行期の困難な問題によってさらに深刻になっている。都市の上下水道は劣化し、大気汚染も主要都市で依然として基準値を上回り、土壌の肥沃度も低下している。森林火災対策は縮小し、森林消失面積は年々拡大している。生物資源の乱獲や横領も跡を絶たず、生態系の攪乱がすすんでいる。冷戦時代の核兵器の実験と開発やチェルノブイリ原発事故をはじめ、放射能汚染の結果、広大な地域が汚染され危険な状態にある。この結果、ロシア人の平均寿命は低下し、男子五八歳、女子七二歳を下回っている。

こうしたロシアの環境問題の原因は、(1)ソ連時代の負の遺産である「総生産第一主義と官僚主義の横行」、(2)モスクワ優先の地域開発、(3)急激な市場経済化によるひずみ、(4)法律の効力の薄さ、などが指摘できる。まず、ソ連が先進資本主義国をはるかに上回る環境汚染をもたらした原因について、久保庭真影氏は、「第一に、健全な市場機構と価格体系が存在しないから省エネと技術革新が促進されなかったためであり、第二に、個々の人間の価値がきわめて低くしか評価されず（人権が無視され、命の値段が安い）、情報公開性と議会民主主義とが全く確立されていなかったためだと断言しうる」（久保庭 1992）と述べている。

私も、旧東ドイツの環境問題を経済政策・環境政策・政治体制住民運動の三つの側面から具体的に分析して、生産ノルマ達成第一主義、エネルギー水価格の低設定、設備と技術の低水準と老朽化、住民運動への抑圧などの要因を指摘してきた（吉田 1998：第七章）。

旧ソ連東欧の環境問題の本格的な政治経済学的分析は、わが国では資料上の制約もあってようやく始められたばかりであるが、旧ソ連とはいったい何であったかという根本的な問題に対する一つのアプローチとして、また排出権取引や「北の熱帯林」といわれるシベリヤ・タイガ、放射能汚染など地球環境問題の重要な柱の解明にとっても不可欠な研究領域である。

中国の環境問題については、旧ソ連ロシアとくらべて比較的研究が蓄積されてきた分野である（井村・勝原 1995）。中国の場合、建国以来の歴史事情、すなわち、国共内戦で疲弊しきった国民経済、紆余曲折の社会主義建設、大躍進や文化大革命などの政治的混乱と生態環境の破壊は今でも負の遺産となって中国の環境問題を規定している（読売新聞中国環境問題取材班 1995）。建国から一九七三年まで、中国には専門の環境保全機構や関連法規が存在しなかった。一九八〇年代にようやく本格的に始められた環境対策は、建国三〇年間の負の遺産と新たに発生する汚染問題に対処しなければならなかった。法制度の整備が進み、「三同時」制度、排汚費徴収制度等の経済的手段の整備もはかられてきたが、その効果は十分ではない。中国の場合、生産に起因する汚染問題のみならず、国土の森林破壊・土壌流出・湖沼埋め立てなどによる生態系破壊による大規模な洪水が頻繁に起こるにいたっている。

こうした中国の環境問題の基本的原因を巡って、「経済優先説」と「途上国説」が指摘されるのに対して、李志東氏は「環境保護システム説」を提起している（李 1999）。環境保護システムは、環境経済主体を取り巻く環境保護活動に関連する諸政策体系、法体系、行政制度、裁判制度、社会慣行、国民意識、国際社会とのかかわり、などの影響要因によって形成される複合システムである。このシステムは環境に直接にかかわる直接システム（環境管理の法と行政政策体系など）と、それをささえる間接システム（環境意識、法律意識、経済制度、社会慣行など）に区分されるが、中国の場合、間接システムが遅れ、直接システムとの整合性を欠くところが大きな問題であるという視点である。こうした視角は、中国の環境問題のレジーム・アクター分析にとって新たな方向性を示すものとして注目に値する。

9 持続可能な社会と環境評価

ノルウェーのブンルントラント首相を中心とした提言 *Our Common Future*（WECD 1987）における、Sustainable Development の提起以来、この言葉の邦訳をどうするかを含めて、未来社会の方向についてさまざまな議論が積み重ねられてきた。Sustainable Development を「持続可能な開発」と邦訳理解して、狭い意味での開発をいかに持続させるかという立場に対して、都留重人氏や宮本憲一氏は、Sustainable Development とは、地球という環境条件の枠のなかでの「維持可能な発展」と理解すべきであるとし、これが人類共通の課題となっていると主張してきた（宮本 1999）。さらに、地球環境保全を含めた次のような総合的な目標を実現する社会を「維持可能な社会」と指摘している。すなわち、平和とくに核戦争の廃絶、環境と資源の保全、絶対的貧困の解消と経済的公正の確立、基本的人権の確立、民主主義と思想・表現の自由、である。多くの人々は、この提言に同意できるであろう。

Sustainable Development を経済学的に検討するさいに、その指標をどう設定するか、互いに矛盾するように見える「開発」と「保全」の目標をどう調整評価するか、など、多くの課題が派生してくる。これにかかわって、いま注目されているＣＶＭ（Contingent Valuation Method、仮想評価法）について、ここで触れておきたい。ＣＶＭとは、ヒックスが提起した補償余剰と等価余剰の概念を用いて、直接人々に支払い意志額（ＷＴＰ：Willing to Pay）と受け入れ補償額（ＷＴＡ：Willing to Accept Compensation）をたずねて、環境の価値評価を行う方法である。

具体的には、環境改善の場合、補償余剰の測度を用いて（環境が改善される前に得ていた効用とちょうど同じ効用に戻すために家計から取り除くことのできる貨幣の最大額）、環境の水準を現在のQ_1からQ_2に改善させる政策実施に最大いくらまで支払う意志があるかどうかをたずねる（政策実施のためのＷＴＰ）。また、等価余剰の測度を用いて（環境が改善された後の効用とちょうど同じ効用を与えるために家計に与えなければならない貨幣の最少額）、環境の水準を現在のQ_1からQ_2に改善させる政策が中止された場合、いくらの補償が必要かたずねる（政策中止によるＷＴＡ）（栗山 1999；鷲田 1999）。ここで注意すべきは、支払い意志額ＷＴＰを用いるべきか、受け入れ補償額ＷＴＡをもちいるかは、所有権や開発権の所在に深く関係しており、それ自体別個に慎重に判断されなければならない。

ＣＶＭが世界的に注目されているのは、地球環境問題の多くが生態系等の受動的価値にかかわり、それを評価できるのがＣＶＭであるとみられているからである。実際、とくにアメリカでは、住民投票の伝統と商品の貨幣評価の社会的特徴が組み合わされて、ＣＶＭの理論と実際の発展があった。日本でも公共事業の妥当性を問う住民投票に代わる意見表明として、最近ＣＶＭによる環境評価の試みが多数行われるようになった。こうしたＣＶＭの意義を認めたうえで、ＣＶＭ自体の理論的基礎についてもさらに検討が必要である。ＣＶＭが、ヒックスの提起した補償余剰と等価余剰の概念に基づいているという点にかかわって、たとえば、アマルティア・センは、私的財と環境財の違いから、商品の価値評価の場合、個々人が別々に行うという「選択の独立性」があるのに対して、環境財の場合には、他人の寄与を期待する可能性があり、「選択の独立性」が保証されないというＣＶＭの理論的基礎にかかわる基本的問題を指摘している（Sen 1995）。この点は、支払い意志額（ＷＴＰ）と受け入れ補償額（ＷＴＡ）が大きく乖離する異なる額になるという、ＣＶＭの問題とかかわるのである。

寺西俊一氏も、ＣＶＭはいったい何を表しているのか、という根本問題に関連して、貨幣評価困難な被害について評価できるのか、また代替費用、復元費用、維持費用、などとＣＶＭの評価額との関連が不明確であるというＣＶＭの理論的問題点を指摘し、かつＣＶＭがいわば「貨幣による投票」という形をとった経済的意志表示としての政策利用上の可能性と問題点を提起している（寺西 1999）。

ＣＶＭの評価も、結局新古典派の理論的枠組みを理解したうえで、その批判的検討が不可欠であることを示しているのである。

以上、本章で検討してきたように、「二一世紀を環境と市民の世紀」とするためには、環境経済学の学問的深化と政策的課題への対応が、今までにもまして求められており、諸科学と経済学の各分野との協力が必要となっている。

参考文献

地球環境経済研究会（1991）：『日本の公害経験』合同出版。

後藤玲子（2002）：『正義の経済哲学』東洋経済新報社。

橋本道夫編（2000）：『水俣病の悲劇を繰り返さないために』中央法規出版。

細田衛士（1999）：『グッズとバッズの経済学』東洋経済新報社。

井村秀文・勝原健編（1995）：『中国の環境問題』東洋経済新報社。

石弘光（1999）：『環境税とは何か』岩波新書。

石渡正佳（2002）：『産廃コネクション』WAVE出版。

岩波講座『環境経済・政策学』全八巻、岩波書店、二〇〇二〜〇三年。

Jänicke, M.（1995）："The Political System's Capacity for Environmental Policy." 本田宏・吉田文和訳「政治システムの環境政策対処能力」北海道大学『経済学研究』第四六巻第三号、一九九六年。

Jänicke, M. and H. Weidner eds.（1995）：*Successful Environmental Policy.*（長尾伸一・長岡延孝監訳『成功した環境政策』有斐閣、一九九八年）。

環境経済・政策学会（1996）：『環境経済・政策研究のフロンティア』東洋経済新報社。

同（1997）：『環境倫理と市場経済』東洋経済新報社。

同（1998）：『アジアの環境問題』東洋経済新報社。

同（1999）：『地球温暖化への挑戦』東洋経済新報社。

環境省（2003）：『循環型社会白書　平成一五年版』ぎょうせい。

川本隆史（1997）：『現代倫理学の冒険』創文社。

Kolstad, C.（1999）：*Environmental Economics*, Oxford U. P.（細江守紀・藤田敏之監訳『環境経済学入門』有斐閣、二〇〇一年）。

久保庭真影（1992）：「ソ連の大変動と環境の行方」『公害研究』第二一巻第三号。

栗山浩一（1999）：『環境の価値と評価手法』北海道大学図書刊行会。

李志東（1999）：『中国の環境保護システム』東洋経済新報社。

松岡譲・森田恒幸（1999）：「地球温暖化問題とＡＩＭ」前掲『地球温暖化への挑戦』所収。

水俣市（2000）：『水俣病　その歴史と教訓』。

宮本憲一（1967）：『社会資本論』有斐閣。

宮本憲一（1989）：『環境経済学』岩波書店。

宮本憲一（1999）：『都市政策の思想と現実』有斐閣。

諸富徹（2000）：『環境税の理論と実際』有斐閣。

中曾利雄（1999）：『循環経済・廃棄物法の実態報告』エヌ・ティー・エス。

除本理史（2004）：「熊本水俣病事件における環境費用とその負担」『東京経済大学会誌』№二三七。

岡敏弘（1999）：『環境政策論』岩波書店。

岡敏弘（2002）：「リスク便益分析と倫理」『科学』第七二巻第一〇号。

大塚直（2002）：『環境法』有斐閣。

ポーター、Ｇ他／細田衛士監訳（1996）：『入門地球環境政治』有斐閣、一九九八年。

ポーター、Ｍ・Ｅ（1996）：「環境主義がつくる二一世紀の競争優位」『ダイヤモンド・ハーバード・ビジネス・レビュー』八・九月号。

Porter, R.（2002）：*The Economics of Waste*, Resources for the Future.

Rawls, John（1971）：*A Theory of Justice*, Cambridge, Mass. Harvard University Press and Oxford : Clarendon Press.（矢島鈞次訳『正義論』紀伊国屋書店、一九七九年）。

Russel, C. S. and P. T. Powell（1999）：“Practical considerations and comparison of instrument of environmental policy,” in *Handbook of Environmental and Resource Economics*, Edward Elgar.
産業経済省産業構造審議会環境部会廃棄物・リサイクル小委員会（2002）：『循環型社会システムの高度化に向けて』。
佐和隆光（1997）：『地球温暖化を防ぐ』岩波新書。
Sen, A. K.（1970）：*Collective Choice and Social Welfare*, San Francisco : Holden Day.（志田基与師訳『集合的選択と社会的厚生』勁草書房、二〇〇〇年）。
Sen, A. K.（1981）：*Poverty and famines*, Oxford Clarendon Press.（黒崎卓・山崎幸治訳『貧困と飢饉』岩波書店、二〇〇〇年）。
Sen, A. K.（1982）：*Choice, Welfare and Measurement*, Basil Blackwell Oxford.（大庭健・川本隆史訳『合理的な愚か者』勁草書房、一九八九年）。
Sen, A. K.（1985a）：*Commodities and Capabilities*, Elsevier Science Publishers B. V.（鈴村興太郎訳『福祉の経済学』岩波書店、一九八八年）。
Sen, A. K.（1985b）：“Well-being, agency and freedom: The Dewey Lectures,” *Journal of Philosophy*, 82.
Sen, A. K.（1987）：*On Ethics and Economics*, Oxford and New York: Basil Blackwell.（徳永澄憲・松本保美・青山治城訳『経済学の再生』麗澤大学出版会、二〇〇二年）。
Sen, A. K.（1990）：“Individual Freedom as a Social Commitment,” *The New York Review of Books*, June 16.（川本隆史訳「社会的コミットメントとしての個人の自由」『みすず』一九九一年一月号）。
Sen, A. K.（1992）：*Inequality Reexamined*, Harvard University Press.（池本幸生・野上裕生・佐藤仁訳『不平等の再検討』岩波書店、一九九九年）。
Sen, A. K.（1993）：“Positional Objectivity,” *Philosophy and Public Affairs*, 22, in A. Sen, *Rationality and Freedom*.
Sen, A. K.（1993a）：“Capability and Well-being,” in M. Nussbaum and A. Sen eds., *The Quality of Life*, Oxford : Clarendon Press.
Sen, A. K.（1993b）：“On the Darwinian View of Progress,” *Population and Development Review*, Vol. 19. No. 1.
Sen, A. K.（1995）：“Environmental Evaluation and Social Choice: Contingent Valuation and the Market Analogy,” *The Japanese Economic Review*, Vol. 46, No. 1.

Sen, A. K.（1997）：*On economic inequality*, Enlarged edition with a substantial annexe 'On Economic Inequality after a Quarter Century'（jointly with Foster J.）, Oxford: Clarendon.（鈴村興太郎・須賀晃一訳『不平等の経済学』東洋経済新報社、二〇〇〇年）。

Sen, A. K.（1999）：*Development as freedom*, Alfred A Knopf.（石塚雅彦訳『自由と経済開発』日本経済新聞社、二〇〇〇年）。

Sen, A. K.（2002）："The Discipline of Cost-Benefit Analysis," in A. Sen, *Rationality and Freedom*, The Belknap Press of Harvard University Press.

寺西俊一（1992）：『地球環境問題の政治経済学』東洋経済新報社。

寺西俊一（1995）：「現代の環境問題と『経済体制』」『地球環境経済論』（下）慶應通信。

寺西俊一（1999）：「環境評価の課題と展望」コメント、『財政学研究』第二五号。

都留重人（1972）：『公害の政治経済学』岩波書店。都留氏は、最近英文書をまとめられている。S. Tsuru, *The Political Economy of the Enviornment*, The Athlone Press, London, 1999.

外川健一（2001）：『自動車とリサイクル』日刊自動車新聞社。

植田和弘（1996）：『環境経済学』岩波書店。

植田和弘他編著（1997）：『環境政策の経済理論』日本評論社。

横山・植田・藤川（1997）：「環境税システムの設計に関する研究」経済企画庁『経済分析』第一五三号。

読売新聞中国環境問題取材班（1999）：『中国環境報告』日中出版。

吉田文和（1980）：『環境と技術の経済学』青木書店。

吉田文和（1997）：「A・センの潜在能力アプローチと環境問題」環境経済・政策学会『環境倫理と市場経済』所収。

吉田文和（1998）：『廃棄物と汚染の政治経済学』岩波書店。

吉田文和（2004）：『循環型社会』中央公論新社。

吉田文和・吉田晴代（2004）：「環境リスクといかに向き合うか——水俣病事件に学ぶ——」『思想』七月号。

吉田克己（2002）：『四日市公害』柏書房。

吉川洋（1999）：『転換期の日本経済』岩波書店。

若松良樹（2003）：『センの正義論』勁草書房。

鷲田豊明（1999）：『環境評価入門』勁草書房。

WECD（1987）：*Our Common Future.* 大来佐武郎監修『地球の未来を守るために』福武書店、一九八七年。

第2章　複雑系経済学の現在

塩沢由典

1　複雑系経済学の歴史

複雑系経済学は、基本的には日本で始まった経済学である。その歴史は最長でも二〇年程度にすぎない。北アメリカやヨーロッパの経済学においては複雑系はひとつの新技法程度のもとしてしか受け止められておらず、その考え方を基礎にして新しい経済学が成立しうるとは考えられていない（Rosser Jr. 2004 : Schweitzer 2002）[1]。複雑系のひとつのセンターとなり、経済学にも大きな影響をもったアメリカのサンタフェ研究所はより意欲的であった。「複雑適応系」の考えを経済に適用し、それにふさわしい経済分析の枠組みを作り出せそうとした。それは経済への新しい接近法を与えるものではあったが、均衡と最適化に反対する立場にもかかわらず、経済学としての全体の枠組みはまだ明確ではない（Arthur, etc. 1997b : Silverberg 1998）。

日本でも一九九〇年前後に、「複雑系経済学」あるいは「複雑系としての経済」の学問という問題意識をもっていた学者は数人しかいなかった。それぞれは、独自の学問上経歴を経て複雑系経済学に行き着いている。西山賢一は、化学から生態学を通って、複雑系に近づいた。出口弘は、システム論から出発し、経済を複雑系ととらえる立場に達した。塩沢由典は、反新古典派の論理を突きつめていく中から、計算複雑性の概念に行き当った。吉田和男は、最適化手法を企業経営や経済運営に適用する問題を考えていくなかから、その限界を認識するにいたった。西山賢一と出口弘は、国際大学グローバル・コミュニケーション研究所の創立メンバーである。グローバル・コミュニケーション研究所は、村上泰亮を所長とする小さな研究所ではあったが、新しい学問形成への意気込みがあった。

複雑系経済学を成立させた契機は、二つある。複雑系一般の考え方と経済学自体における反省とである。

(1) 複雑系の思想

複雑系の考え方は、現在では自然科学・社会科学・人間科学・工学を問わず、世界に広く浸透した思潮である（吉永1996）。その萌芽は、一九世紀末の精神科学の主張にも見られる。それは、今日でいう社会科学が自然科学とはこととなる複雑な現象を対象としており、自然科学を手本にはできないと主張していた。二〇世紀の折り返し点で、ワレン・ウィーバー（Wiever 1948）は複雑さが二〇世紀後半科学の基本問題となるという科学研究の戦略プログラムを打ち出したが、それはまだ早すぎた知見だった。複雑さがいろいろな学問において新しい挑戦の鍵となると理解されるようになるのは、一九七〇年代以降といえよう。数学におけるカオス力学系やフラクタルの発見、化学における非平衡熱力学、計算機科学における人工知能の行き詰まりなどが契機となり、諸科学に対する複雑さの重い意義が理解されるようになった。一九八四年には、モンペリエ・シンポジウムが開催され、サンタフェ研究所が設立された。一九九二年には日本でも、金子邦彦・津田一郎などが中心となり「複雑系」の第一回研究集会が京都大学基礎物理学研究所で開かれている。相互刺激はあったとしても、複雑系への関心は、同時多発的なものであった。

複雑系の経済学への影響は、多様である。マクロ経済学は、非線形力学系として再組織されたが、経済学的な展開には乏しい（Dechert 1996）。フラクタルの命名者のマンデルブロー（Mandelbrot 1997）は、長く経済を離れていたが、もう一度、金融現象に戻ってきた。ハーバード・サイモン（Simon 1972, 1976）は、人工知能や記号系仮説の世界から、合理性の限界を強調する立場に戻った。統計物理学者たちが、データの豊富な経済現象に目をつけ、経済物理学が成立した（Mantegna ＆ Stanley 2000；高安秀樹・高安美佐子 2000, 2001）。この他、「経済学における複雑さ」のテーマで、進化ゲーム、強化学習、ニューラルネットワーク、エージェント・ベースのモデル化、個体群動学、自己組織化、創発、収穫逓増といった手法・主題が取り入れられつつある。経済的な対象としても、金融市場、景気変動、技術進化、空間動学（spacial dynamics：都市や国際間の経済関係形成）、人工社会（エージェント社会）、意思決定、生態系などが扱われている。しかし、ホーガン（Horgan 1995）が批判するように、数理科学の新しい手法というだけでは、他の三つのC（Cybernetics, Catastrophe, Chaos）と同じように、「複雑さ」（Complexity）も移ろいやすい流行に終わりかねない。また、シルヴァーベルク（Silverberg 1998）が指摘するように、新しい手法による新しい話題の取り込みというだけでは、主流の経済学の一部として吸収されるだけである。複雑系経済学は、複雑系の科学である以前に経済学である。それは経済学内部からの反省に出発するものでなければならない。

(2)　経済学における反省

経済学の内部にも、複雑系の考えを必要とする契機はあった。市場経済と計画経済をめぐる議論の中で、情報と知識が経済活動の重要な項目であることが認識された。新古典派の合理的人間像に対する強い批判もあった。より深いところでは、数学的定式化そのものに対する反省も出た。五〇年代・六〇年代には、数理経済学と計量経済学（簡単にいえば、数学とコンピュータ）への過大な期待があったが、一九七〇年代にはそれへの反動として経済学の現状に関する広範な批判と反省が生まれた。反均衡という標語のもとに、新しい経済学の枠組みが模索された。複雑系経済学は、「経済学の危機」「科学革命の必要」という意識なくしては生まれえないものであった。

新古典派経済学の理論枠組みは、行動に関する最大化原理と状況の選択原理としての均衡概念とにある。この枠組みへの異議申し立ては、二〇世紀の後半、多くの立場からなされた。複雑系経済学を特徴づけるものは、「複雑な状況の中での行動」という主題を明示し、均衡分析に代わる過程分析という枠組みで経済学のすべてを再構成したことにある。「均衡」（equilibrium＝平衡）は、経済学のあらゆる分析に使われる強力な用具である。しかし、均衡の枠組みにとどまっている限り、理論として組み込めないいくつもの状況がある。収穫逓増、定型行動、追随的調整、経路依存、進化などである。

これらのうち、収穫逓増は、マーシャルの時代から自覚されてきた問題である。収穫法則に関するスラッファの論文（Sraffa 1926）は、学説史的にはふつう不完全競争理論の出現を促したとされるが、より深い底流としては、収穫逓減以外には均衡理論と整合しえないという問題を指摘していた。収穫逓増は、ヤングやカルドア、村上泰亮なども、経済発展の重要な機構とみなしている。その認識が経済学の主流になりえなかったのは、それが単に「正しい認識をする」問題ではなく、理論枠組みの改造（パラダイム・チェンジ）を必要とするものだったからである。

経済学における複雑さの重要性については、アメリカ合衆国やヨーロッパでも、さまざまな角度から認識されている（Arthur etc. 1997a；Schweitzer 2002b；Rosser Jr. 2004）。しかし、それが経済学の理論枠組みの再編へと結びつかないのは、新古典派経済学の中核に対するしっかりした批判と反省がなされていないからであろう。日本においては、主流の経済学に対するスラッファ以来の反省が複雑系と結びついたところに、欧米にはない特色がある。これが日本において複雑系経済学を成立させた大きな要因となっている。サンタフェ研究所も、均衡を批判し、経済は均衡の外にあると主張するが、その理由は商品や技術、行動が不断に進化するためとしている（Arthur etc. 1997b）。これは間違いではないが、それでは進化のない状況では均衡理論が成立すると認めていることになる。このあたりの理解において、サンタフェの認識は不徹底である。

(3) 日本における複雑系ブーム

複雑系経済学が日本で広く認知される学問になったのは、一九九六年・九七年の複雑系ブームによる。これは日本のみで起こった現象であり、この有無が社会における「複雑系」の地位を大きく違うものにしてる。このブームは、ミッチェル・ワールドロップの『複雑系』（1996）が予想外の売れ行きを見せたことによる。いくつかの偶然も手伝って週刊の『ダイヤモンド』(特集：知の大革命／「複雑系」の衝撃、一九九六年一一月二日号)や月刊の『現代思想』(特集：複雑系、一九九六年一一月号)が後を追いかけて特集を組んだことなどから、複雑系ブームは本格的になり、新聞などにもとりあげられる話題となった。この経緯は、当事者でもあった田中三彦・坪井賢一(1997)に詳しい。この関係の話題を経済に限らず広い範囲で広くカバーしたものとして井庭崇・福原義久(1998)ある。これは当時の前期博士課程と学士課程の学生二人による紹介である。

ワールドロップの『複雑系』は主としてアメリカのサンタフェ研究所の紹介であった。この研究所は、ロスアラモスで活躍した物理学者などが、従来の科学方法論では覆い切れない事象に関心をもち、「複雑さ」を主題として科学の再編成を試みるために作られた株式会社制度の研究機関である。常勤のメンバーは少なく、類似の関心をもつ学者に学問分野を超えて集まってもらい、深く討論することを活動の中心としている。サンタフェ研究所の初期に、その研究計画に興味をもった一人にシティコープのジョン・リード会長がいる(Kelly & Allison 1999)。リードからの資金援助の申し入れを受け、経済学をも研究所のテーマとすることになり、K・アローの推薦でスタンフォード大学教授のブライアン・アーサーがサンタフェに加わった。かれは、収穫逓増における分岐過程に注目して「経路依存」の概念を広めていた(Arthur 1994)。

これらの概念は、情報化時代の経済の特徴を理論づけるものとして(なかば誤って)理解された。このため、複雑系経済学の主要内容として、しばしば収穫逓増と経路依存のみが取り上げられる。ブーム後に複雑系を追いかけはじめた紹介者たちに多いが、それでは複雑系経済学の全体像を見ていないことになる。

複雑系がブームとなったことから、多くの解説書がでた。複雑系の考えを簡単に解説した後、応用としてさまざまな経済現象が取り上げられている。北浜流一郎(1997)、町田洋次(1997)、森谷正規(1997)は、著者の経済観を複雑系の用語を用いて語ったものである。経済学を発展させるという契機には乏しいが、複雑系の話題の豊富さを証明している。田坂広志（1997a, 1997b）、複雑系の思想を経営の現場に落とし込む試みである。

(4) さまざまな立場

複雑系の思想そのものは同時多発的なものであった。ブームのあと、その考えを経済学や経営学に取り入れようという試みがさまざまな形で起こった。残念ながら、その大勢は、複雑系の考えを受けて反省し、新しい学問を形成しようとするものではなかった。みずから新古典派経済学と居直ったものまであった（ダイヤモンド編集部＋ダイヤモンド・ハーバード・ビジネス編集部 1998a）。複雑系が既存の科学に対する反省であることが忘れられ、新しいひとつのツール、新しい主題と考えられることも少なくなかった。複雑系のブームは、複雑系を社会の中に認知させるのには役立ったが、日本の社会科学の大勢がまだまだ輸入学問であることを証明する結果にもなった。

複雑系経済学の中には、マクロ経済をカオス力学系とみるものがある。カオスの発見は、複雑系の思想に大きな画期となった。従来のマクロ経済モデルは基本的に平面上の力学系であり、その極限は、発散するものを除けば、均衡点（平衡点）か極限周期道しかありえないものであった。それにくらべれば、経済の動力学はカオス力学系ではないかと考えることはひとつの重要な飛躍である。グッドウィンやメディオは、非線形力学系としてのマクロ経済学の再建に力を注いできた。しかし、他方では、非線形力学系の生み出す模様の美しさといった、経済学としてどういう意味があるかあまりわからないものに興味が走っているものもある。

マクロ経済モデルを理論上いかなる資格のものと位置づけるかが問われる。もしマクロ経済モデルの研究が新しい予測モデルを見出すことにあるのだとすれば、カオスの発見の意義や複雑系の思想を十分に考えていないといわざるをえない。双曲的平衡点の近傍を何回も通過するとき、初期値の小さな違いは何十倍・何百倍にも拡大する。これは経済予測の限界を示すものであるが、そうした含意を真剣に受け止めた研究があまりない。

こうした傾向の中で、注目すべき主張を展開しているのは、オームロッド（Ormerod 1998）である。オームロッドは、経済予測を行う研究所を主宰していたが、予測そのものに限界があることに気づき、それを前提として経済政策のあり方そのものを考えなおすことを提案している。その提案を簡単にいえば、制御モデル（微調整モデル）に基づいて適切なマクロの経済運営を行うという考え方（いわゆる「マクロ・ケインズ政策」）から、経済制度等を設計する立場への転換である。吉田和男（1997, 2002）の立場もこれに近い。野田聖二（1999）は、日本の戦前戦後のクズネッツ・サイクルを詳細に調べたうえで、方法論上の反省として複雑系に注目している。

経済学そのものではないが、複雑さの帰結を深く考えた著作も現れつつある。齋藤了文（1998）は、複雑な人工物に挑まざるをえない工学という学問に、複雑さの観点から哲学的考察を加えている。経営学者にとって複雑系は、なじみやすい概念であるのかもしれない。接近方法は異なるが、ダイヤモンド編集部＋ダイヤモンド・ハーバード・ビジネス編集部（1998b）、中田善啓（1998）、河合忠彦（1999）、涌田宏昭編（1999）などが出てきた。これら経営学の文献には、残念ながら、ブーム以前からの日本の複雑系経済学の蓄積が生かされていない。社会研究では、複雑系をヒントに日本文化を研究したものに濱口惠俊（1998）がある。

本章の最後に議論するように、複雑系経済学は、新しい分析方法を必要としている。その一つがエージェント・ベースの経済モデルである。従来のコンピュータ・モデルは、セル・オートマトン程度の単純なもので、経済行動との関連が薄かった。エージェント・ベースのモデルでは、人間が実際に市場で行っていると同様の行動を実現することができる。解説書としては、生天目章（1998）、出口弘（2000）などがある。エージェント・ベースのモデリングは、今後、複雑系経済学を研究しようとするものにとって必須の技能となろう。この方面では、U-Mart 計画など世界の先端をいく研究が進んでいる。

複雑系の含意を重く受け止め、経済学の革新を目指すといっても、新しいパラダイムが確立しているわけではない。

吉田雅明編（2003）、西部忠（2004）など、経済学以外の専門家を交えたさまざまな討論も試みられている。海外でも、複雑さの帰結を深く考え、経済学としてとらえなおそうという動きがないわけではない。とくに、ロースビー（Loasby 1976, 1991）の一連の著作には注目すべきである。エージェント・ベースの組織研究としては、アクセルロッド（Axelrod 1997）やアクセルロッドとコーヘン（Axelrod & Cohen 1999）などがある。

このように「複雑系経済学」ないしその関連学問には、さまざまな立場と考えとがある。本章は、それらさまざまな立場を解説するのではなく、わたしの考える複雑系経済学の全体像である。わたしの立場からは、複雑系経済学は、単に新しい主題を提起するものではなく、新古典派に代替する新しい理論枠組みである。それは概念・理論・分析方法を包括する全体性をもち、方法論から分析用具、状況の定義にいたる全面的な反省と再構築を要請している。その全面的な展開には、厚い一冊の書物が必要である。以下では、そうした展開を展望しつつ、構想の概略を述べる。

2 諸学問における位置と関係

この節では、まず新古典派経済学の理論枠組みの問題点を指摘し、そのうえで、複雑系経済学が進化経済学や他の社会科学への基礎的な視野を提供するものであることを示す。

(1) 一般均衡理論の枠組み問題

新古典派理論のもっとも完成した形は、一般均衡理論として与えられている。その代表的なものは、アローとドブルーの「一般競争均衡」理論である（Arrow & Debreu 1954）。アローとドブルーの理論は、数学的には厳密に定式化されており、その存在証明も完璧である（角谷の不動点定理による）。与件とされる条件も、きわめて一般的に見える。消費者の人数や財・サービスの種類数、生産者の数は任意であり、選好関数や生産可能性集合に関する仮定も一般的なものにみえる。しかし、経済学的な含意を調べるとき、この一般性には大きな問題がはらまれている。この定式が可能となるためには、各消費者・生産者ごとに供給関数・需要関数（より一般には超過需要関数）が定義されなければならない。そのために消費者および生産者について、非現実的な仮定がおかれなければならない。この事情をわたしは「理論の必要」と呼んでいる。「理論の必要」とは、既存の理論枠組みを防衛するための説得的言説である。理論の進歩・発展のための論理展開と類似の構造をもつが、その効果がもっぱら既存理論のアノマリーを覆い隠すためにあることに注意しなければならない。

消費者は任意の価格において効用関数の値を最大化できることが要請される。財・サービスの種類Nがすこし大きくなると、これは人間の計算能力にとって過大な仮定である。生産者については、生産可能集合が凸であると仮定される。これは数学的な表現をとっているため、その含意がわかりくい。しかし、これは規模に関する収穫逓減を仮定するものである。これも非現実的である。事実は規模に関する収穫一定あるいは収穫逓増である。

新古典派の解説の中には、収穫逓減が発生する理由を説明するものがある。その一部は、代替に関する収穫逓減と規模に関する収穫逓減の混同に基づいている。代替に関する収穫逓減は、一般的に成立するが、それは規模に関する収穫逓減とは独立の事象である。規模に関する収穫逓減は、所与の価格体系において需要関数・供給関数が定義できるという均衡理論の枠組みが要求しているものである。「理論の必要」から、非現実的であるとわかっている仮定の正当化がなされることは、新古典派の経済理論が科学革命を必要とすることを示している。

価格変数の供給関数という概念は、現在の価格では企業はこれ以上供給したくないと考えていることを含意している。このような考え方ほど現実の市場経済をゆがめた見方はない。複雑系経済学は、価格を独立変数とする需要・供給関数という概念自体を否定し、そのような枠組みにとらわれない新しい理論枠組みを提供している。

(2) 最適化と決定の数学

人間の経済行動を最適化としてとらえようという考え方は、均衡理論の枠を超えて広がっている。最適化（最大化・最小化）は、数学問題として定式しやすいものである。数学の社会問題への応用が固有の困難さをもつものとは一般には理解されていない。手軽な応用領域として数学者が気楽に乗り込むことが多いために、複雑さの問題を理解しない素朴な理論がつぎつぎと再生産される運命にある。

期待効用を最大化するという定式もそのひとつである。この拡大は、正確な意味での不確実性を織りこむものではない。フランク・ナイトは、事象の確率が推定される場合を危険、そうでない場合を不確実性と区別した。期待効用は、各事態の確率が推定されているという意味でナイトのいう危険の領域に入る。しかし、こうした定式が不確実性に対処するものであるという誤った確信が再生産されている。

条件付確率といった概念を導入すれば、期待効用は定式でき、その最大化も定式化できる。しかし、前提となる条件付き確率がどのように推定され、その誤差が最適解をいかにゆがめてしまうかについては、ほとんど考察されていない。最適解が求まったとしても、その「解」が他の習慣的な方法より優れている保証はない（塩沢 1988b）。期待効用を推定して、それを最大化するように選択を決めることは、効用最大化という「理論の必要」に応えるものでしかない。

複雑な状況の中での選択の場面において、最適化はきわめて限定された状況でしか正当化されない。複雑系経済学は、これに代えて定型行動という考え方を提出している。定型行動は、過去の経験の中から選択・採用されてきたものである。最適解と定型行動とのどちらがより高い成果を上げるかについては、先験的には決められないが、形式的な計算においてのみ最適とされる「解」よりも、定型行動の方が長い経験に根ざしていることを忘れてはならない。

(3) 社会科学の基礎として

複雑系経済学は、新古典派経済学の批判理論であるばかりではない。それは、人間社会の営みを根底から反省しなおす学問として、進化経済学や会計学、経営学などに対する基礎理論としての性格をもっている。

進化経済学は、経済を進化という視点からとらえ、分析する。経済の重要なカテゴリーである商品・技術・行動・制度は、すべて進化するものととらえられる。これらは、それ自体が複雑なもの（商品、技術）であるか、複雑な状況に対処するもの（行動、制度）であり、維持・複製と改善・改良という二側面から考察すべきものである。複雑系経済学は、これら重要なカテゴリーを「進化するもの」ととらえることがなぜ重要であるかを説明するとともに、これら進化するものの作用する場である経済過程自体の分析枠組みを提供している。

複雑系経済学は、経営学と調和的な経済学である。経済学の標準理論が考えるように、もし企業が利潤を最大化できるならば、経営学は一行ですんでしまう（Simon 1947）。経済学の標準理論と経営学のこのような不幸な関係のために、経営学はこれまで経済学と無縁の（あるいは矛盾する）存在であった。経営学がその学問の初期から複雑な状況の中で経営者はいかに意思決定するか（したらよいか）について研究してきたのに対し、経済学にはそのような視点が欠けていたからである。複雑系経済学は、このような事態を改革し、人間の経済行動について経営学と同じ視点を導入しようとしている。この意味で、複雑系経済学は経営学から多くを学んできたが、新古典派経済学との対決から得られた知見の一部は、経営学を問い直す基礎となる可能性がある。

複雑系経済学は、会計学の意義をも明らかにする側面がある。会計は、ひとつの制度であり、かつ情報の縮約装置である。なぜ、このような処理が必要であり、その制度設計はどうあるべきかについて、複雑系経済学・進化経済学は多くの問題意識を会計学と共有している（Shiozawa 1999）。

3 経済行動

経済行動をいかに理解し定式化するかは、経済理論の骨格を決める問題である。新古典派経済学は、人間の経済行動を最大化（より一般的に最適化）によって定式化できると考えた。この定式は、経済行動が目的追求的であるという理解の部分的な反映である。しかし、この定式が有効なのは、状況が単純で最適解が容易に同定できる場合に限られる。複雑系経済学は、このような状況設定がきわめて限定されたものでしかないこと、したがって最適化による定式は一般的な適用可能性を持たないと考える。

(1) 複雑な状況における目的行動

複雑系経済学は、経済行動の大部分が目的追求的であることを否定しない。意思決定者が可能なかぎりよりよい決定を行おうとしていることも否定しない。しかし、最適な解を求めることは多くの場合、不可能であり、人間の経済行動は最大化＝最適化とはまったく異なる原理に基づいて構成されている。

「最適化」という問題定義に換えて複雑系経済学は「複雑な状況における目的行動」という問題を設定する。状況の複雑さは、客観的に存在しているものではない。その状況を理解しようとする人間の能力との関係において定義される。無限の理解能力をもつ全能の神にとって複雑な状況は存在しない。目標をもっとも高い水準で達成するには、どうしたらよいか。この問題が定式化でき、実行可能な最適解が得られる場合には、状況は単純である。そうでない場合、状況は複雑である。

複雑系経済学は、ほとんどの問題状況が複雑であることを認識し、そのような状況における目的行動がどのように組織されているかについて考える。ロナルド・ハイナー（Heiner 1983）は、この状況をＣＤギャップととらえた。Ｃは Competence（解の発見能力）、Ｄは Difficulty（最適解発見の困難さ）を意味する。かれは、ＣＤギャップが大きいほど、行動は定型的で予測可能なものになると主張した。

人間行動を定型的なものととらえる考え方は、多くの研究者が行っている（Nelson & Winter 1982；Minsky 1985）。定型行動は、ルールに基づく行動、ルーティン行動、プログラムされた行動などとも呼ばれる。吉田民人（1990）は、意味の一類型としてＣＤ変換があると指摘している。ここでＣは認知的意味（Cognitive Meaning）、Ｄは指令的意味（Directive Meaning）を意味する。ＣＤ変換は、ひとつの定型行動を指示していると考えることができる。複雑系経済学は人間行動を定型行動ととらえることから出発する。

(2) 進化と行動

ヤーコプ・フォン・ユキュスキュル（Uexküll & Kriszat 1934）は、人間の行動が定型的であることにひとつの重要な示唆を与えている。かれは、動物がそれぞれの種に特有な環境世界（Umwelt）をもち、固有の仕方で世界を観察し、反応し、世界に働きかける存在であることを指摘した。ユキュスキュルは、動物が機能環によって世界を掴んでいると考える。機能環とは、知覚器官が受け取った信号を動物の内的世界が作用器官への命令に変換する回路である。のちに提示する四つ組の集合で表される行動は、ユキュスキュルのいう機能環の働きを記号化したものと考えることができる[2]。

人間の行動を考えるとき、人間がどのような能力をもつ存在かについて考えなければならない。その場合、人間の可能性に注目するとともに、その限界についても考慮しなければならない。経済の行動主体としての人間は、生物的な条件というべき以下の三つの限界をもっている。

①視野の限界
②合理性の限界
③働きかけの限界

これは程度の差はあれ、多くの生物と人間とが共有している条件である。三つの限界は、それぞれ知覚器官・内的世界・作用器官の限界に対応する。人間の行動と動物の行動とは、本質的におなじ構造的制約条件に従っている。行動の基本構造が同じであることは、人間が動物から進化してきた存在であることを考えれば当然のことである。この同一性があって初めて、人間行動がどのように進化してきたかを人間という種を超えて考えることができる。

三つの強い限界のもとにありながら、動物たちは複雑な状況の中で曲がりなりにも行動し、繁殖している。このことがなぜ可能であるのか。これは限界に注目することからは解けない問題である。西山賢一（1997）は、H・A・サイモンの限定合理性（bounded rationality）をも、方法論的な個人主義に立つものと批判し、状況の側がもつ性質に注目している。

(3) 熟練と組織行動

一〇年以上も同じ職場で働いてきた労働者がもっている熟練というものがある。中岡哲郎は、熟練の要点が「判断」にあることを指摘したあとで、この判断は「徴候→結果（すなわちとるべき行動）」というパタンの集合としてあること、「徴候を認めると自動的に手が動いてしまう」反射的なものであることを強調している（中岡1971；塩沢1997a：第3章3）。上の観察は、機械生産を中心とする工場においてなされたものであるが、より基本的な技術というべき農業技術においても、同様の観察が可能である。中岡（1990）によれば、農業技術の基本は、気象のある徴候を特定の農作業に結びつけることにあった。

組織の運営においても、特定の状況→特定の行動というパタン（すなわちCD変換）は、重要な意味をもっている。一般に組織文化と言われているものは、組織員の多くに浸透している無意識的な反射の集合として存在している。サイアートとマーチ（Cyert & March 1963）は、報告の仕方についてそれぞれ組織に固有のルートと内容の選別のルールがあることを強調している。ルールは、公式のものでも非公式のものでもありうるが、こうしたルールによる事前の構造化がなければ、突発的な事故や事件に対し、迅速な対応ができない。事務の多くは伝票の作成と発行によって処理されている。記入すべき事項を必要十分な範囲であらかじめ決めておくことにより、事務の間違い防止と処理の迅速化とが図られている。これは、必要事項への該当事項の記入という定型化によって可能になっている。会計は多くの処理ルールを前提する。活動の多くがこのように定型化されることが、経営と会計の基礎にある。

(4)　定型行動の基本構造

定型行動は、どのような構造をもつものであろうか。塩沢由典（1990、第8章）は、チューリング機械に示唆を受けて、任意の人間行動を四つ組反射の集合として表現できると考えている。ひとつの四つ組は、$qSTq'$という形で与えられる。この四つ組は、前半の条件部qSと後半の作用部Tq'とに分けることができる。全体として、「内部状態がqのとき、qの指示する観測を行い、状況がSならば、働きかけTを行い、次の内部状態q'に移行する」という命令と解釈される。条件部が満たされるとき、自動的に作用部が実行されるという意味では、これは一種の反射である。

具体的な例として店頭における在庫管理を考える。qは、その管理を行う任務を意味する。それは一日の特定時刻（たとえば、三時）に、店頭に陳列されている商品Aの在庫量を調べることにあたる。その観測結果Sが、Xと与えられたとしよう。目標とする在庫量をZとするとき、Tは問屋に対し翌日早朝に商品Aを$Z-X$納入するよう発注することとなる。q'は、この場合、qと同一で、翌日に同様の管理を行うまでの待機状態に入ることである。商品A、B、

Cがあるとき、それらの在庫を順次調べることは、以下のように表示される。$q=q_a$ を定時に商品Aの在庫量を調べること、q_b、q_c を続いて商品Bおよび商品Cの在庫量を調べることとすれば、四つ組の集合 $\{qSTq_b, q_bSTq_c, q_cSTq\}$ は順次商品A、B、Cを調べて適量を発注する行動を表す。

四つ組表現の優れた点は、内部状態を介在させることにより、順序のある一連の行為をさせることができる点にある。単なるCD変換では、多数のCD変換の間に順序をつけることはできない。すべての行動が四つ組の集合で書き表されるというのはひとつの仮説である。この仮説は、定型行動が普遍的であるというだけでなく、行動が特定の形をもった要素行動に分解されること、行動はそれらを適切に順序づけたものであるという強い主張を含意している。

理想的な主体では、同じ条件部をもつ四つ組反射は存在しないはずであるが、現実の人間では、しばしばその条件が満たされず、どの反射を取るべきか葛藤が起こる可能性もある（ミンスキー（Minsky 1985）の『心の社会』は、このような状況を想定している）。

(5) 習慣的行動と純正の決定

すべての経済行動が習慣的なものであるとはいえない。人間と同様の制御機構をもつものとみる立場から企業を研究したスタフォード・ビーア（Beer 1972）は、企業行動の圧倒的部分は自律的になされなければならず、経営は例外的な介入でなければならないと考えた。ビーアのいう自律的な行動は、基本的には定型行動で表されるものであり、例外は、行動自体の改変が求められている場合として存在している。企業経営といえども、その行動の多くは、定型行動によって支えられているのである。

人間は新しい行動を組み立てることができる。その要素・要素が反射的なものであっても、新しい組み合わせは新しい行動をつくりだす。定型的な行動であっても、それがなされるべき時期や四つ組反射の組み合わせについては、熟慮が必要なことがある。そうした熟慮に基づく決定をカトーナは「純正の決定」と呼んでいる（Katona 1951）。採用される頻度からいえば、純正の決定は、習慣的行動にくらべれば稀でしかない。しかし、純正の決定がなされるのは、その判断に賭けられている金額が大きいからであり、ときに将来を大きく左右する。

純正の決定といえども、まったく白紙で物事が分析されるわけではない。過去の経験から多くを学び、情報を集め、さらに多くの筋書きを検討して（シナリオ分析）、最善と思われる案が採用される。このような検討が行われるのは、そこで採用される案の良し悪しによって結果が大きく変わるからである。しかし、重大な検討になればなるほど、ひとつの代替案の検討にかかる費用が大きくなり、期待される成果の予想は困難となる。純正の決定は、熟慮に基づくという意味では新古典派の経済学が想定している状況に近いものだが、その決定自体は「目的変数の最大化」といったものではなく、少数の代替案に関する（組織の場合、組織手続きを経た）総合判断による。純正の決定であればあるほど不確実な事情も多く、決定の結果が予想通りになる可能性も大きくない。多くの重要な（ときに戦略的決定と呼ばれる）決定がのちに判断の過ちであったとみなされることが少なくないのはこうした事情による。

純正の決定には、経済分析はむしろ予言能力を持たないことを分析の前提となければならない。決定の当事者ほどの情報も分析時間もかけることなく、仮想的なモデルの分析によって、どの案がよいか経済学者が事前に判断できるとは考えられない。経済では、意思決定者と分析者とはほぼ同一の知的能力を持っていると考えなければならない。したがって、純正の決定に関しては、経済分析は主として二つの方策しかない。ひとつは、純正の決定が事態の進行を決定的に左右するような過程の分析は避けるという方策である。もうひとつ、分析にどうしても純正の決定を含まざるをえない場合の対応である。このような分析においては、純正の決定に相当する部分は、むしろ選択がランダムに行われると想定するのが妥当であろう。モデル上で容易に善悪の区別がつくような選択は、習慣的決定の範疇にあり、ここにいう純正の決定ではない。

4 過程分析

過程とは、時間の中での事態の展開である。それをどのように記述するかについては、二つの枠の取り方がありうる。ひとつは事件＝出来事が起こるごとに時間が進行するという枠の取り方（event driven timing）、もうひとつは時間を一定の間隔で進め、その間隔ごとにいくつかの事件＝出来事が生起するという枠の取り方（period by period timing）である。時間というものの本来的な姿からいえば、前者の事件駆動型記述が適切であろうが、十分短い時間幅を取るならば、実質的な違いは少ない。

経済では、多くの行為が一定のリズムをもってなされる。目的にしたがって適切な時間間隔を選ぶことにより、記述・計算が簡単になり、分析はより的確なものになる。たとえば、小売店舗における商品の発注・補充に関する過程を分析する場合には、ほとんどの場合、一日という時間幅を取って考えることができる。もちろん、この間、消費者は確率的にやってきて、買い物をしていく。その過程を分析するためには、事件駆動型で考察するのが適当であろう。一日の終わりに在庫量を調べて発注するといった定型を考える場合には、消費者の来訪ないし特定商品の購買量は一定時間におけるポアッソン分布として一括して考えてかまわない。

計算機を使えば、時間経過の追跡はあまり苦にならないが、記述の簡便さのためには、一定の時間幅を考え、そのうえでのストーリーの展開を追う期間分析が過程分析の主流となる。

(1) 時間因果の尊重

期間分析は、スウェーデン学派などが古くから用いている。新古典派の分析にも、そうした扱いは珍しくない。とくに世代重複モデルなどでは、複数の期間と世代とを考慮するなどの工夫が一般である。したがって、期間分析という形式自体には、新古典派をこえる視点があるわけではない。しかも、これらの分析には、過程分析というにはふさわしくない論理が組みこまれていることが多いので注意を要する。それは、J・R・ヒックスの「週」に代表されるような、ひとつの期間にひとつの均衡（一時均衡）を想定するという移動均衡の考え方である。

移動均衡においては、ひとつの期間において経済主体間の調整が行われ、その期間内に均衡が成立すると仮定される。特定の期間に属する変数も、均衡値を表している。このような設定が過程分析にふさわしくないのは、これが均衡の成立と収束を前提として、均衡自体の成立機構・収束過程をいっさい明らかにしないからである。過程分析は、基本的には、（決定論的であれ、確率論的であれ）過去が現在を、現在が未来を決定するという時間因果を尊重し、そこに想定された因果の系列がどのような時系列を惹き起こすかを主要な課題としている。移動均衡は、このような時間因果を無視し、理論上・空想的に考えられた均衡状態に状況が期間内に収束することを理由もなく前提している。このような過程が起こるかどうか、それを調べるのが過程分析の主要な目的であることを移動均衡の考え方はまったく無視するものとなっている。期間分析という形をとっていても、移動均衡の時系列分析を過程分析の範疇に入れることはできない。

時間因果の循環がないかどうか簡単にチェックするには、過去に与えられた変数の値から、現在および未来の諸変数がすべて因果関係を表す関数の値として陽表的に表されているか見ればよい。もし同一期間の変数間に決定関係が見られる場合には、ひとつひとつの変数について、それを決定するに用いる関数の独立変数に未確定の変数が含まれていないことを確認しなければならない。反対に方程式系を解いた値を変数に割り当てる操作が差し挟まれていれば、そこにはなんらかの時間因果の無視があることになる。

計算モデルを作成する場合には、このチェックはほぼ自動的になされる。ひとつひとつの変数が因果関係を表す関数により記述されていること、同時方程式系を解くプログラム（ないし関数）を内包していないことを確認すればよい。

(2)　定型行動と過程分析

定型行動は、過程の中でのみ定義される。時間間隔を適切にとれば、ひとつの四つ組反射 $qSTq'$ は、条件部と作用部とは別の時刻における事象となる。すなわち、時刻 $t-1$ で条件 qS とが成立するとき、時刻 t において作用 T が作動し、内部状態が q' に移る。あるまとまった行動が四つ組の集合として表されるとき、典型的な時間経過は線形となり、対応の内部状態を $q_0, q_1, q_2, \dots q_M$ とするとき、一連の反射が $\{q_0S_0T_0q_1, q_1S_1T_1q_2, q_2S_2T_2q_3, \dots q_MS_MT_Mq_0\}$ と表されるとき、時系列 $S_0, S_1, S_2, \dots S_M$ が観察されることを条件として、主体からは作用 $T_0, T_1, T_2, \dots T_M$ が加えられることになる。

上では、内部状態が q_M にいたると次に q_0 に戻ると設定されているので、M 個の期間ごとの周期的な働きかけとなる。この周期にあわせて時間間隔を取り直すことも可能である。この場合、基本的には各期間ごとにひとつであるべき変数が、より小さな時間間隔で変動することを許容しなければならない。しかし、分析の目的によっては、この中間段階を捨象して、最後にたどりつく状態をひとつの変数で表現すれば十分なことも多い。このとき、一連の作用を全体の効果によってまとめて表示することにすれば、ひとつの四つ組 $qSTq'$ によって表示することも可能である。

作用は、つねになされるものとは限らない。在庫管理などでは、「何もしない」ということがしばしばある。これは「何もしない」という作用と考えればよい。定型行動といっても、いつも同じ行為をしているわけではない。時系列が期待される状況を示さないなら、四つ組反射の条件部が満たされない。この場合、四つ組反射自体が起動しない。

(3)　調整の時間尺度

経済の諸事象・諸行為は、それぞれ固有のリズム・時間間隔をもっている場合が多い。たとえば、組み立てラインでは、タクトタイムというものがあり、その時間内に各工員は一連の作業を終了する。すると、新しい作業対象が運ばれてきて、また同じことを繰り返す。この時間間隔には、秒単位のものから、分単位のものまである。人間が働く職場であるかぎり、一日は多くの仕事にとってひとつの区切りとなる。同様に週・月・四半期・年といったカレンダー上の時間単位が、多くの事象の自然な時間単位をなしていることがある。

ある経済行動の時間リズムは、基本的には判断をすべき頻度と同一である。たとえば、ある小売店では毎日、品目ごとの販売量を調べて、翌日補充すべき数量を決定する。この場合、一日ごとにどれだけの補充をするかという判断がなされ、その指令内容が実行に移される。この場合、判断の頻度と補充の頻度は同調している。判断はより頻繁になされるが、ある行為はもっと間歇的になされる場合もある。商品補充でいえば、それほど頻繁には売れない品目については、毎日補充するのでなく、在庫がある数量をきった場合に、一定の目標値となるよう補充するという方法がある。この方法は（S, s）法など呼ばれている。この方法では検品は毎日行われるが、それが発注に結びつくのはもっと稀で、一回の発注から次の発注まで数日から数十日の期間が経過する可能性がある。もし検品に処理時間と費用とがかかるとすると、毎日調べるのは適切でないかもしれない。その場合、平均の発注頻度の三倍か四倍程度の頻度で調べるのでも大きな問題は起こらない。

いかなる判断をどのくらいの頻度で行うべきかは、ひとつの選択問題である。その間隔は、判断に要する費用（金銭に換算されないものを含む）、変化の程度と頻度、調整することによる利得などによって異なってくる。これは、行動方式を一定に決めたうえで、頻度をパラメータとする最適問題として解ける場合がある。この解が現実的意義をもつためには、問題の定義が実情に近いことが必要であるが、そのような状況の特定化が困難な場合も多い。このような場合には、パラメータを変化させてみて、作業費用などを計測比較してもっとも成績のよいものを採用するという方法もある。店舗や工場、経営の現場における定期的になされる判断・検討の多くでは、判断の頻度が経験的に定められている場合が多い。いずれにしても、判断の頻度を精密に確定しようとすることにはほとんど意義がない。したがって、多くの場合、カレンダー上の単位を用いて、毎日・毎週・毎月・四半期ごと・毎年といった頻度で判断がなされている。

目的によって判断の頻度にこのように違いが起こるので、経済過程の分析は、どのような行動の効果を分析しようとしているかにしたがって、採用すべき時間間隔が違ってくる。これは、対象とする過程によって時間リズムないし時間の刻みが異なるということである。これを西部忠（1996）は多層的調整と呼んでいる（吉次・西部 2004、植村・磯谷・海老塚 1998をも参照）。

過程分析では、需要の変化にあわせて供給を変化させるといった調整が可能である。たとえば、店頭在庫の範囲内であれば、突然の顧客の来訪によるランダムな買い希望に応えることができる。一日あるいは一週間単位で表明された需要にあわせて、不足分を仕入れることも可能である。過程分析では、主体に需要予測などの過剰な判断を課すことなく、適応反射型の対応を追跡することができる。これが過程分析のよいところである。均衡理論には、このような行動を組みこむことはできない。

(4) 価格調節と数量調節

調整の時間尺度を正しく分析することは、経済学の内容にも関係する重要な問題である。近代的な機械生産においては、多くの商品は規模に関して収穫一定あるいは収穫逓増状態で操業されている。この状況においては、価格による調整は新規参入か退出を通してしか作用しない。参入・退出には多大の埋没費用がかかり、参入・退出による調整は稀にしか作用しない。したがって、新古典派の価格理論が想定する価格による調整は日常的には効かないものが大部分である。調整機構としては数量調整が優勢とならざるをえないのである。

ことなる時間尺度で進行する過程の影響をどう処理するかは、分析の設計にあたってよく注意しなければならないことである。この点に十分注意しなかったために、分析に混乱が生じた事例として数量調節と価格調節をめぐる数多くの論説が挙げられる。

たとえば、J・ヒックスや森嶋通夫などは、商品の特性により価格固定的な市場と価格調整的な市場とがあり、それらを二つの類型として分析しようとした。かれらは数量調節の重要性を示した意味で経済学に大きな貢献をしたが、数量調節・価格調節調整の時間間隔については正しく問題化できていない。「価格固定的」な商品であろうと、年単位の時間間隔でみれば価格は柔軟に調整されている。需要の変動特性や数量調節にかかわる費用、数量調節が有効になるまでの時間、取引目的などにより商品特性に違いがあり、それが価格の調整期間と数量の調整期間とを決めている。その結果、価格調整期間が数量調整期間より長いものは数量調整型市場とみなされたが、それはけっして固定価格的な市場ではない。

5　結合関係

経済は地球全体をも覆う巨大なネットワークとして存在する。小さな範囲に対してしか働きかけられない人間がこの巨大なネットワークに有効に働きかけられるためには、ネットワークそのものが特殊な構造をもっていなければならない。それは、このネットワークが緩やかに結合していることである。

(1) 緩やかな結合系

小売店に、突然、顧客がやってきて、ある商品を定価で買いたいと申し出る。店主は、棚から必要量を選んで客に渡し、客の希望に応える。これは毎日見かける平凡な事実である。しかし、この背後にはシステムとしての経済の重要な特性が隠されている。

経済において、工場・商店・個人がそれぞれ独立に判断し、行動できているのは、個々の行為を可能にする仕組みが経済システムに備わっているためである。そのような仕組みの備わっているシステムを「緩やかな結合系」と呼ぶ。このシステムの特性は、大規模なシステムであるにかかわらず、そのごく一部の変数だけを変化させることができることにある。

緩やかな結合という性質の重要さは、硬い結合という仮想的状況を考えてみるとよくわかる。たとえば、東京の山手線や大阪の環状線のような環状の鉄道を考え、ここですべての列車が鎖でゆるみなく連結されているとしよう。このように硬く連結された状況では、列車群の運行はさまざまな不都合に直面する。ある列車が駅に近づいて停車するとき、他の列車も停止しなければならない。ある駅で駆け込み乗車があり、発車が遅れても、すべて列車が同じように遅れなければならない。現実には、列車と列車の間隔は、衝突の危険のないかぎりで自由に変更できる。列車の間にこのような「ゆるみ」があることが、駅と駅の間隔をある程度自由にとることを可能し、列車の発着時間にも一定の裁量を可能にしている。緩やかに結合しているということは、大きなシステムを運用するために必要不可欠な仕組みである。

(2) 切り離し機能

経済が緩やかな結合系であるのは、そのような緩やかな結合を可能にする機構が経済の内部に組み込まれているためである。すでに言及した在庫はほとんどどこにでも存在して、諸変数を切り離す機能を担っている。

経済において切り離し機能を担っているものは在庫とはかぎらない。貨幣や信用も切り離し機能を担っている。貨幣は、売りと買いとを分離する機能をもっている。この切り離しがなければ、すべての取引に需要の二重の一致が必要となり、取引実現の機会は非常に限られたものとなる。信用は、お金の貸し借りに限られない。商取引における買い掛けないし売り掛けも信用の一種と考えることができる（塩沢 1990, 1997a, 1997b）。

受注残高も、違う種類の切り離し機能をもっている。注文を受けてから、生産して納品するまでの期間に余裕を持たせることにより、注文と生産とを切り離している。納入期間を調整することにより、一日あたりの生産量を平準化できたりするのは、この切り離し機能による。操業時間も、切り離し機能を果たしている。工場には一般に標準生産量があるが、操業時間を調整することにより、実際の生産量を標準生産量から切り離すことができる。

切り離しは、もちろん、完全ではない。受けた注文を無限に待たせられるわけではない。操業時間は一日二四時間を越えることはできない。在庫は取り崩していけば早晩底をつく。そうなる前に、別のところから、あるいは自分で生産することにより、補充しなければならない。在庫は、機械の「あそび」のようなものであり、どこにでも少しずつあるが、大きくとることはできない。在庫による調節にはおのずと限界がある。在庫を利用して一時的な調整をするとともに、つねにその補充を図っておかねばならない。

(3)　所有制度

市場経済は自由な交換のネットワークである。交換は、任意の二人の合意によってなされる。それが可能なのは、もちろん、それを許容する社会制度があるからである。それを私有財産制あるいは私的所有制という。

私有財産制のもとにあっては、すべての財産は、いずれかの人格によって所有されている。この人格には、自然人はもちろん法人も含まれる。所有主体である人格は、その所有する財産について、一定の処分権を認められている。たとえば、日本の民法は「所有者ハ法令ノ制限内ニ於テ自由ニ其所有物ノ使用、収益及ヒ処分ヲ為ス権利ヲ有ス」(二〇六条)と定めている。この処分権は、法令に反しないかぎり排他的・独占的であるとされる。したがって、自然人であろうと法人であろうと、所有の主体はその客体である物件について、他の人・機関等に許可や承認をうることなく、それを廃棄したり、売却したり、交換することができる。

もしすべての財産が共有ないし社会的所有であったならば、任意の財産の処分には社会の合意を必要とする。多数の人間からなる社会では、これは簡単なことではない。いちいちの案件について協議することは実際的にはできない。排他的・独占的私有財産が認められていることが市場経済の制度的基盤をなしている。私有財産制は、人々の意思決定を切り離し、それぞれの自由な決定を可能にする社会制度上の切り離し装置である。

6　経済の原理

経済は緩やかに結合した巨大なネットワークである。それは各所に切り離し機能をもち、各主体がそれぞれの判断に基づいて行動することを可能にしている。統一的な調整・制御によるのでなく、各部分に分散した調整・制御によって過程が進行することを自律分散制御という。市場経済は、自律分散制御により全体過程が進行するシステムのひとつの典型である。市場経済は、分散的に調整されながら高い成果を示している。それはなぜであろうか。

(1)　交換の原理

市場経済は、相対《あいたい》取引を中心とする自由な交換の連鎖として存在している。経済の原理として説明しなければならないのは、交換がなぜ行われるのか、そしてなぜ広く交換が行われるかである。

交換とは、甲乙二者があって、それぞれいくらかの財をもっているとき、その所有の財の一部を他に譲ることを条件に、他からその財の一部をもらい受ける契約である。なぜ交換ということが行われるのであろうか。交換の起こる典型的状況は、しばしば需要の二重の一致と表現されている。それぞれが欲しい物を手に入れるのであるから、交換を拒否するより、交換に同意する方が双方にとって得になる。

これは交換の成立する状況と理由とを説明する。しかし、これは経済において交換がなぜ普遍的な現象であるのかを説明していない。交換は自由な意思による同意を前提とする。一方ないし第三者の強制による財のやり取りは、交換とはいわない。双方にとって交換が得であると判断される以外に交換が成立する可能性はない。需要の二重の一致は、かなりの偶然がなければ成立しない。それにもかかわらず、交換が一般的・普遍的でありうるのはなぜか。それは次の定理1および定理2によって説明される。[3]

［定理1］　任意の種類数の財をもつ経済において、甲乙二者が自分の財ベクトル a、b をもっているとする。それぞれの財ベクトルの直交双対凸錐を O_a および O_b とする。さらに、甲乙は評価ベクトル v_a, v_b をもっているとする。O_a と v_a を含む最小凸錐を $C(a)$、O_b と v_b を含む最小凸錐を $C(b)$ とする。ふたつの凸錐 $C(a)$, $C(b)$ が原点0を除いて共通集合を持たないならば、交換によって甲乙両者の手持ちの財ベクトルの評価を高めることができる。

この定義に意味を持たせるためには、いくつかの定義が必要である。ある非負ベクトル $a = (a_1, a_2, \ldots, a_N)$ の直交双対凸錐とは、非負ベクトルで a との一次積 $\langle a, u \rangle$ が0となる双対ベクトル u の全体からなる集合をいう。財ベクトルの評価とは、財ベクトルと評価ベクトルの積をいう。

評価ベクトルは、主観的なものであって、客観的なものであってもよい。たとえば、資源制約下にある工場の生産における生産物の代替比率であってもよい。評価は、経済に存在するすべての財に対するものである必要はない。甲乙二者が所有する以外の財については、評価としてどのような比率をもとうが、定理1の前提からは排除されてしまう（甲と乙の財ベクトルの直交双対凸錐が共通のベクトルをもつ）。評価は、現在の状況のもとでのみ確定していればよい。新古典派の効用関数のように、すべての組み合わせについて事前にその効用がわかっていると考える必要はない。(4)

定理1は、定式を工夫することにより、生産にかかわる交換の原理に変形することができる。それを定理2として掲示しておこう。各用語の詳しい紹介は省略する。

［定理2］　甲乙二つの生産者があるとする。その手持ちの財と技術により、それぞれ独立に（つまり両者の間で交換を行うことなく）ある生産 a および b ができているとする。いま、甲と乙の生産可能集合の a と b における評価凸錐をそれぞれ $C(a)$, $C(b)$ とする。ふたつの凸錐 $C(a)$, $C(b)$ が原点0を除いて共通集合を持たないならば、交換を行うことにより、甲の生産 a' と乙の生産 b' で、全体として $a+b$ の生産を維持しながら、両者の生産を生産可能集合の内点に移すことができる。

これらの定理は、二者のうち一方がある財を所有しない場合をも包含するよう前提が立てられている。そのため、やや難しい「端点条件」が付されているが、甲および乙の財ベクトルの成分がすべての財について正のときには、上の定理はもっと簡単になる。財ベクトル a および b が正のベクトルのとき、その直交双対凸錐は0ベクトルのみから

図2-1　$a'=a+e_a$　$b'=b+e_b$　$\xi \perp e_a, e_b$　$e_a+e_b=0$

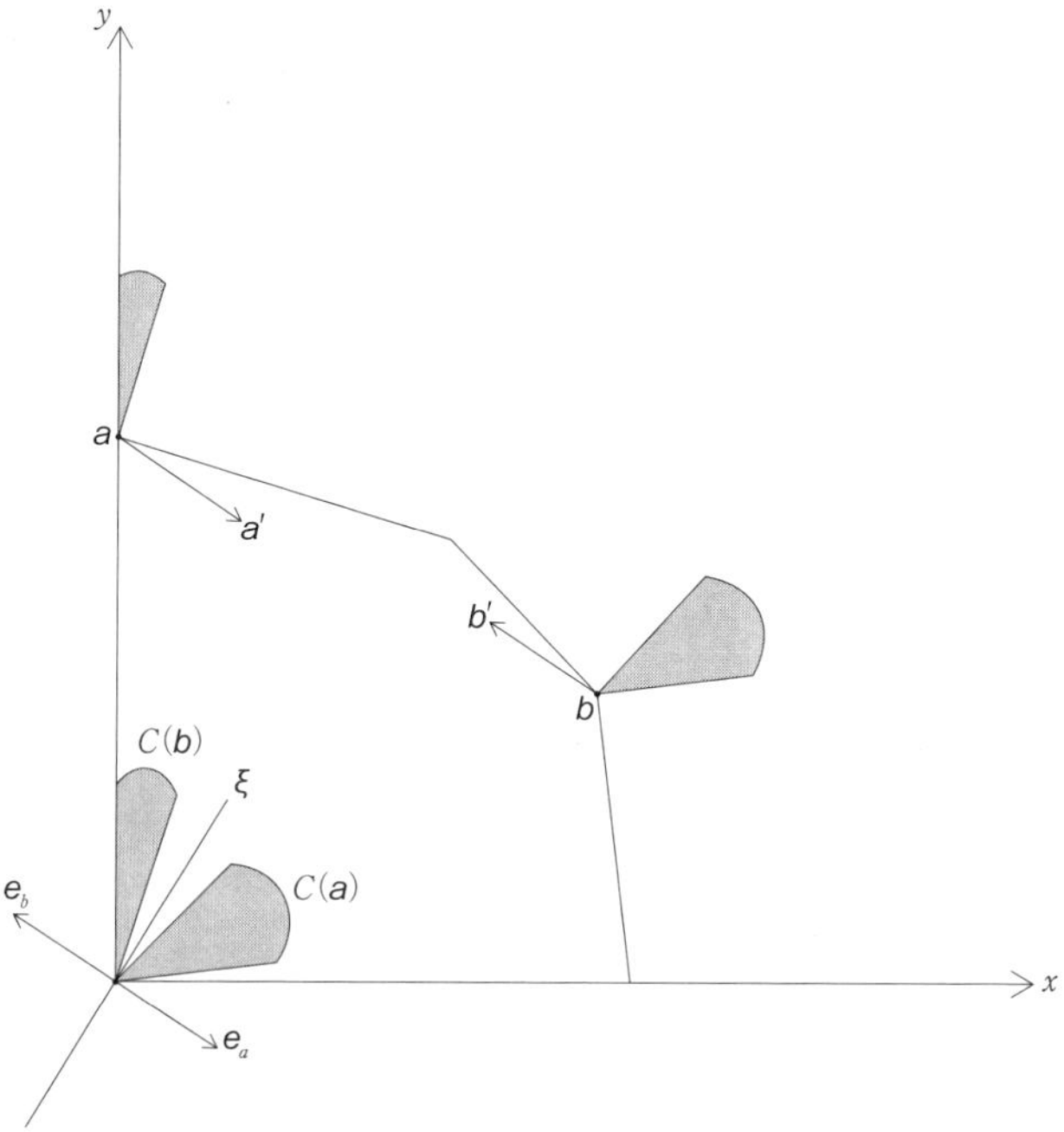

なり、$C(a)$、$C(b)$ は評価ベクトル v_a、v_b と同じになるからである。このとき次の系をうる。

[定理1の系]　任意の種類数の財をもつ経済において、甲乙二者が正の財ベクトル a、b と評価ベクトル v_a、v_b をもっているとする。評価ベクトル v_a、v_b が比例的でないならば、交換によって甲乙両者の手持ちの財ベクトルの評価を高めることができる。

このとき、二つの評価ベクトルが比例的でないならば、ある交換 s を行うことにより、両者の手持ち財ベクトルの評価を改善できる。

定理2についても、同様の系が得られる。生産点 a および b が生産可能集合の境界超平面の内部にあるならば、評価凸錐は境界超平面の法線ベクトルとなる。これらが比例的でないなら、甲乙両者の間で交換を行うことにより、生産の総量を不変に保ちながら、両者の生産を生産可能集合の内点に移動させることができる。これは、生産において、なんらかの投入要素を節約できることを含意している。

二者がそれぞれの状況にあわせて選んだ評価ベクトルが偶然比例的であることは珍しい。反対にいえば、二つの定理は、偶然組み合わされた二者において、交換により両者の状態を改善できる可能性が一般的であることを示している。これこそが交換が一般的・普遍的である理由である。

(2) 学説史に関する注意

定理2の生産者は、人格をもつものに限定する必要はない。甲と乙が国の場合、定理2はリカードの比較生産費説となる（端点条件は除く）。評価ベクトルは、両国における原価の比に相当する。甲と乙が工場ないし地域の場合、それはカントロビッチの一定理となる（Kantorovich 1959：結論16）。この場合、評価ベクトルは「客観評価」と呼ばれている。

評価凸錐がひとつの評価ベクトルに帰着する場合には、定理1および2は、じつはパレート最適であるための必要条件と同値である。実際、定理1の系の逆の裏（対偶）は、以下の形となる。

［定理1の系の対偶］　再配分により両者の所有ベクトルの評価を同時に改善することができないとき（つまり、パレート最適性が達成されている場合）、両者の評価ベクトルは比例的でなければならない。

この意味で、定理1および2は、（端点条件その他に関する拡張をのぞけば）新しい定理ではない。均衡点はパレート最適点でもなければならない。その条件はさまざまな形に表現されている。定理1は基本的に線形代数の一部として与えられているが、連続微分可能な効用関数についても、評価ベクトルを等効用超平面の法線（効用関数の勾配 gradient ベクトル）と読みかえれば基本的な内容は同一である。

しかし、定理１および２が扱っている状況が均衡状態でない点に関するものであることは重要である。任意に与えられる二つの評価ベクトルは、一般に比例しないことが通常であるから、定理１および２は、一般的な状況において、交換により関係両者の状態の評価を高めることができることを示している。これは、両者の合意による交換の可能性が普遍的に存在することを示すものである。これに対し、新古典派は、すでに均衡が達成された状況を考え、その条件を考える。その珍しい例外（ほとんど唯一と考えられる例外）は、エッジワースのボックス・ダイヤグラムによる交換の原理の説明である。これは、所有ベクトルにおける効用関数の勾配が異なるならば、交換により両者の状態評価が改善されることを示している。

定理１と２とは、もっとも単純な場合には均衡の必要条件と数学的には同値である。しかし、これらの定理は、どのような状況を分析しようとしているかについて、新古典派経済学と複雑系経済学との違いをよく表している。複雑系経済学では、改善の可能性が汲み尽くされた極限ではなく、つねに改善の可能性があることに注目する。実際的な意義をもつのは、時間制約のなかで有限回繰り返される交換である。そのような状況においては、つねに改善の可能性は残されているとみるのが妥当であろう。

市場経済では、中央計画や取引市場のように一カ所に情報を集めることなく、外部からの指令もなく、参加者がそれぞれ自主的に判断して動いている。このような自律分散型経済は、均衡の成立を保障しないが、相対取引によって一般に事態の改善が可能である。この可能性は、それを発見した二者により、二者だけの合意により実行に移される。計画経済や協議型経済が、社会の多くの関係者の合意を必要とするのに対比して、これは市場経済の大きな特徴である。少数者の合意による決定は市場経済の調整を迅速なものにしている。

(3)　価格と等価交換

貨幣が存在する経済では、交換比率は価格で表示されるようになる。これは、直接には財の一定量がどれだけの貨幣と交換できるかを示すものである。N種類の財のある経済においては、この価格体系は$(p_1, p_2, ..., p_N)$と表される。貨幣を媒介とする交換は、通常、等価交換と言われている。等価交換と交換の原理とは両立しうるものであろうか。

このような誤解が生ずる背景には、評価と価格とがしばしば混同されてきた経緯がある。たとえば、マルクスの価値論は、価格で示される価値と評価とを混同している。

価格が存在するとき、交換が成立するのはどのような場合であろうか。いま価格ベクトル$\boldsymbol{w}$と甲の評価ベクトル$\boldsymbol{v}_a$、乙の評価ベクトル$\boldsymbol{v}_b$とが与えられたとしよう。価格ベクトル$\boldsymbol{w}$を通る超平面Σがあって、それにより$\boldsymbol{v}_a$と$\boldsymbol{v}_b$とが分離されるとしよう。このとき、端点条件が適切ならば、Σの法線ベクトル$\boldsymbol{s}$によって定義される交換によって、甲と乙とはそれぞれの所有物の評価を高めることができる。ベクトル$\boldsymbol{s}$とベクトル$\boldsymbol{w}$とは直交しているから、交換の前後で所有物の価値は不変である。価格ベクトル$\boldsymbol{w}$による等価交換が甲乙両者の得になるためには、$\boldsymbol{w}$を通る超平面により評価ベクトル$\boldsymbol{v}_a$と$\boldsymbol{v}_b$とが分離されることが必要である（十分となるためには、別に端点条件が必要となる）。したがって、価格ベクトルとふたつの評価ベクトルは、けっして一致しない。

評価が主観的なものである場合には、一方が他方に働きかけて、その評価を変えさせることが可能である。甲のもつ財が新しい材料であり、乙がよく知らないとき、その評価は当然低い。しかし、それを用いて乙が新しい製品を作れることを甲が乙に説得できれば、その評価は大きく変わる。この場合、価格は不変でも、以前は不可能であった交換が可能なものになる。これは、次節「7　競争の原理」で説明する販売拡大努力のひとつの形態を示している。

(4)　分散した知識の有効な利用

F・ハイエクは、分散した知識が調整（coordinate）される場として市場を考えた。交換により専業化と効率化がもたす限りでこれは正しい。分業ないし専業化は、経済の発展を可能にする主要な機序（mechanism）のひとつである。しかし、分散した知識が人々の間にうまく交換され、利用されるのはなぜであろうか。

ひとつの理由は、商品の生産に関係するさまざまな知識が、ものに体化して受け渡されることにある。交換においては、商品は価格と財としての特性をもつに過ぎない。ハイエクが強調するように、商品の買い手にとって、商品を生産するに必要なさまざまな知識はかならずしも必要とされない。買い手が生産者であり、商品を原材料として使用している場合には、商品の加工特性や機能が知られていれば、後は原価構成要素としての価格のみに関心を注げばよい。この意味で商品が財として売買されることは、知識の切り離し機能をもっている。この切り離し機能があるために、生産者は自己の商品の生産方法に精通し、納期を含む製品の品質を保ちながらに生産費用を低下させることに専念することが可能になる。

もっとも、この切り離しも完全なものではない。営業活動に関する項で指摘するように、新製品の売り出しにあたっては、製品そのものの用途を利用者に代わって開発し、その利用方法を潜在的な利用者に向けて発信していかなければならないといったことがある。逆に、ある製品の生産者がより適切な機能をもつ材料を求めて生産者を探すといったこともありうる。それでも、商品が、その生産にあたって必要な知識のかなりの部分をブラックボックスに入れたものであることに変わりはない。分業は、知識における分担と熟練を可能にする。分業の利益は、規模の利益を追求するものであるとともに、知識における分担と熟練を利用するものでもある。

(5) 価格と技術選択

ある製品を生産する二つ以上の方法が知られているとき、生産者はなにを基準にして生産方法を選択すればよいだろうか。これも分散した知識の社会的な利用の問題である。個々の企業がもっている技術知識のうち、どれを利用するかという問題だからである。

技術的観点のみによって生産方法を選択することはできない。他企業との競争のもとにおかれている企業は、より低い費用で生産する方法を強要される。社会的規制や将来の技術展望がこの選択に反する意思決定をもたらすことはあるが、同じ製品を生産するには基本的には生産原価の低い技術が選択される。生産方法の選択は、価格体系に依存している。ある価格体系においては生産方法甲が、別の価格体系においては生産方法乙が有利になる可能性がある。このとき、生産者甲の選択が生産者乙の原材料価格に影響して生産者乙の選択に関係し、それが生産者甲の選択に関係するといった堂々巡りに陥ることはないのだろうか。

最小生産価格定理（塩沢 1981）は、結合生産のない経済においては、そのような選択の循環が起きないことを保障している。(5) この定理は、各財の生産に複数の生産方法が存在する場合に、各財ごとにある生産方法を一組選べば、その組（技術体系）により生産される商品の生産価格（生産原価に一定率の粗利を加算したもの）は、すべての財において他の方法で生産される場合の生産価格より小さいか等しくできることを保証している。耐久資本財が存在する場合でも、耐久期間中の効率が一定であるならば、同様の定理が成立する。最小の生産価格を与える体系の探索は、仮にとった体系の生産価格によって原価を計算してより低い生産原価をもつ生産方法を選びなおすだけでよい。この再選択過程は通常数回の繰り返しにより最小価格を与える体系に収束する（コンピュータ実験による未発表結果）。

この事例は、分散した知識が価格計算を通して経済全体における「効率化」を実現するメカニズムの一例を与えている。ハイエクは、価格の変動がある財（たとえば、カリフォルニア産のオレンジ）の生産がおかれている状況に関する知識を代替することができることを指摘しているが、価格の変動が与える信号作用が無条件に有用なものとはいえない。価格が変動することにより伝達されるものもあるが、あまりに変動しすぎては、製品設計における原価計算の基礎が崩れてしまう。分散した知識の社会的な利用には、最小生産価格定理の示すような隠れた経済機序があることを見逃してはならない。

(6)　条件付き取引

交換は、甲乙二者の合意に基づき、両者の所有する財を相互に譲渡することにある。このとき、財の交換比率に関する交渉があるとしても、交換の成立後に財の処分権について譲渡者が条件をつけることはない。このことは貨幣を媒介とする売買契約においても同様である。これまで示してきたことは、市場経済は個々独立のこのような典型的交換のネットワークとして成立しているということであった。しかし、典型的交換によってすべての状況が交換当事者双方にとってもっとも有利な結果をもたらすとは限らない。この場合、典型的な交換に代わる、付加的契約条件の付いたより複雑な取引契約がなされる。

商品を買い入れて再販売している商人を考えよう。いま、当該の商品は、一日で価値がなくなるものだとする。新聞を売るキオスクの独立経営者を考えればよい。キオスクの経営者は、毎日早朝、新聞を一定部数買取り、顧客の求めに応じて販売していく。一日の終わりに売れ残った分は、翌日に持ち越しても買う人はほとんどおらず、価値のないものとなる。仕入れ部数を抑えて仕入れた新聞のすべてが売り切れれば幸いだが、それでは潜在的な顧客を逃すことになりかねない。売れ残りをも覚悟して、キオスクの経営者は、毎日何部仕入れればよいのだろうか。この問題については、次の定理がある。

図2-2

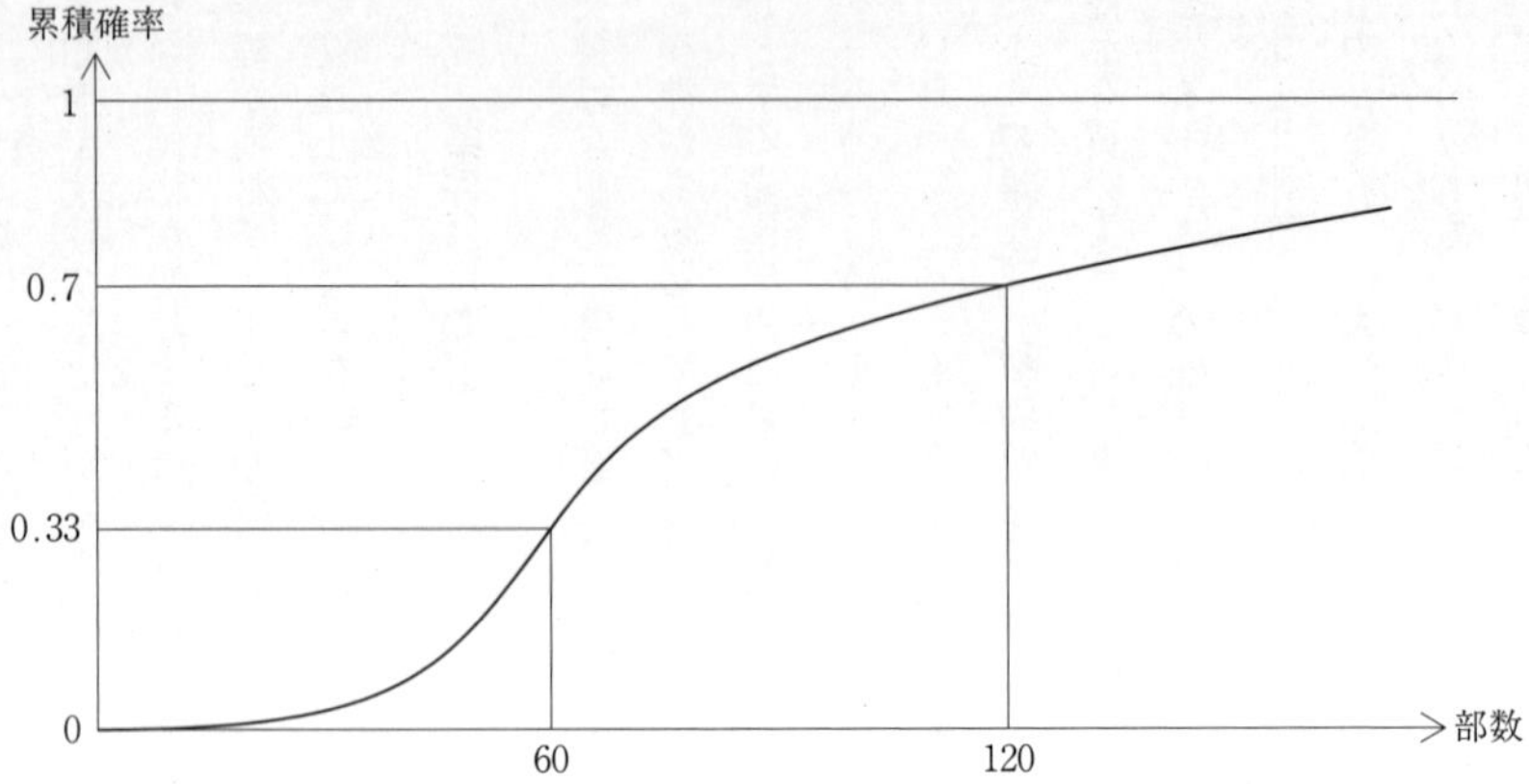

［定理］　売れ残り価値が0となる商品の期待売上利益は、次の不等式を満たす最大の整数yを当初部数とするとき、もっとも大きい。

$$\Phi(y) \leqq v/p$$

ただし、vは単位あたり付加価値、pは同売価、Φは潜在的需要部数がy以下である確率（累積分布）である。

毎日の需要は確率的にしかわからないとし、簡単のために曜日や天候による売れ行きの違いは無視している。確率分布Φと付加価値率v/pが定まれば、毎日の仕入れ部数を決定することができる。

ところで、この定理は、vとpの解釈を変えれば、発行元である新聞社自体にとってもなりたつ。つまりpを新聞社の出荷価格、vをpから印刷と発送にかかわる単位原価を引いたものとすると、新聞社にとって当該キオスクに当初何部置くのがもっとも粗利益を大きくできるかを計算することができる。

新聞の場合、新聞社とキオスクとでは付加価値率が大きく異なる可能性がある。たとえば、新聞朝刊一部の小売価格を一五〇円、キオスクの仕入れ価格を一〇〇円としよう。これは、新聞社のキオスクに対する販売価格でもある。いま、新聞社の一部あたり比例的原価を三〇円としよう。キオスクの付加価値率は三四％弱、新聞社の付加価値率は七〇％である。毎朝初めに何部おくのがよいかは確率分布Φの形状に左右される。いま、確率分布Φが図2-2のようなっているとすれば、キオスクにとっての希望配置部数は六〇部、新聞社にとっての希望配置部数は一二〇部となる。このような違いは、新聞社の付加価値率がキオスクの経営者の付加価値率よりかなり大きいことから生まれている。

さて、このような状況において、新聞社とキオスクの間の取引が買い切り制（つまり単純な交換）であるとしよう。このとき、仕入れ部数を決めるのは買い手のキオスク側となるから、毎朝当初置かれる部数は六〇部となる。しかし、配置部数六〇部というのは、新聞社にとっては最善の状態ではない。もし一二〇部配置することができれば、毎日平均して八〇部程度の販売量が期待できる。買い切り制のもとでは、新聞社は潜在的な顧客の多くを逃がすことになる。この事態は、新聞社とキオスクの取引契約を変えることにより解決できる。それが委託販売制である。委託販売では、キオスクに配置する部数は新聞社側が決める。キオスクは、売れるだけ売り、販売数に応じて一部あたり五〇円の手数料を取得する。この契約は、キオスク側にとっても得である。毎日売れる部数は、八〇部程度となり、六〇部仕入れる場合の期待収益より大きくなる。

市場経済の基本的な取引は、単純な交換であるが、それのみですべてをカバーすることはできず、ときに付加的な条件をもつ取引契約が必要となる。ここに多様な経済制度の生まれるひとつの事情がある。上の事例では、委託販売制は売り手・買い手の双方に有利な契約であった。これは、経済制度がかならずしも社会の強制によるものでないという事例ともなっている。

7　競争の原理

市場経済の進歩・発展を駆動するものが競争にあることは、ほとんどすべての経済学者が一致して認める。しかし、市場経済における競争がいかなる場所でいかなる具合になされるかについて、新古典派と複雑系経済学・進化経済学とでは、大きな見解の隔たりがある。

(1)　「競争」概念と理論

新古典派経済学は「価格理論」とほぼ同範囲のものとして存在している。そのため、競争に関する理論的な説明は、ほとんどすべて価格競争として説明されている。完全競争、純粋競争といった概念の定義も、価格を軸としている。これが競争の実態を大きくゆがめるものであることは、すでに多くの指摘がある。

新古典派理論の競争概念をゆがめているのは、需給均衡という考え方である。より正確には、価格を独立変数とする需要と供給とが定義され、それらが一致する価格体系に市場が帰着するという一般均衡理論の枠組みである。このような定式化が成立した理由は容易に想像できる。古典派や新古典派の初期において、経済の調整変数として人々の目に見えていたものは価格のみであった。数量的な調整は、部分的にできたとしても、その全体的な変動を推定することは困難であった。そこで目に見える調整過程として、価格による調整に焦点が絞られたのである。

需給均衡の枠組みがいかなる理論的難点を引き起こしているかについては、すでに第2節において言及した。この枠組みの含意は、「企業は市場で自社製品を売りたいだけ売っている」というものである。こうした状況でないと、企業の供給関数は定義されない。しかし、これがいかに現実離れした考えであるかということは、あえて説明するまでもない。このことがよく知られているにもかかわらず、競争概念が革新されないのは、新古典派の理論枠組みがこのような競争概念を必要としているからである。

市場競争を正しくとらえるためには、需要供給均衡という枠組みに代わる理論枠組みによらなければならない。複雑系経済学は、競争を価格競争から非価格競争をも含むより広い場に移すとともに、販売拡大努力（現在の価格で、より多く売るための努力）という概念を導入する。

(2)　有効需要の原理

複雑系経済学は、基本的には時間の流れの中で諸変数の変化を追跡する分析である。したがって、新古典派のように「売りたいだけ売っている」という前提は不要である。反対に、複雑系経済学は、近代的企業の生産増大を制約している主要な要因は、市場における需要の制約にあると考える。これこそP・スラッファが一九二六年の論文で提出した議題であり、ケインズ経済学の根底に置かれるべき考えであった（Sraffa 1926）。

ケインズの一般理論は、限界理論の二公準を軸に組み立てられているが、それは有効需要の原理とうまく整合していない。このため、第二公準を否定することから始まって、ケインズ経済学をミクロ的に基礎づける試みが長くなされた。それらが、結局、失敗に終わったのは、企業が直面している状況を正しく定義できなかったからである。生産量と利潤を増大させようとする企業にとって主要な制約は製品の売れ行きにある。需給均衡という枠組みは、その定式においてこの状況を排除している。したがって、マクロ経済学のミクロ的基礎づけが成功するためには、基礎に用いるべきミクロ経済学の枠組みを変えなければならない。既成の新古典派理論に基づいてマクロ経済学を再構成しようとしても、それは理論の構造として不可能なことであった。

ケインズ経済学は、しばしば、価格が固定的であるとの前提に立って説明される。価格調整がつねに瞬時になされる世界では有効需要の原理は意義をもたない。この意味では、価格の固定性を仮におくことには問題がない。しかし、有効需要の原理は固定価格を前提とするものではない。製品価格を下げようと、原価をまかなえる範囲では、その値下げ幅はそう大きなものではない。原価を割らない範囲でどんな価格を付けようと、企業はほとんどつねに需要の制約に直面している。これがP・スラッファの原理であり、企業水準でとらえられた有効需要の原理である（塩沢1990：第三章）。

生産容量の変更をのぞけば、価格調節の間隔は一般に数量調節の間隔より長い。そのため、価格が固定的であるかの印象を一部に与えているが、価格が変動する世界においても、有効需要の原理はつねに生きている。有効需要の原理は、マクロ経済においてのみ出現するものであるかの説明もあるが、それはミクロ経済学として新古典派を想定しているからである。需給均衡の枠組みを離れてみれば、マクロの有効需要の原理は、個別企業が直面している状況の統合された表現でしかない。

(3) 販売拡大努力

製品価格がどのような水準にあろうと、企業はほとんどつねに需要の制約に直面している。だからこそ、生産を需要にあわせて調節し、より大きな利潤を獲得するためにさまざまな手段を講じて市場（つまり、自社製品に対する需要）を拡大しなければならない。競争におけるもっとも基本的な努力は、販売拡大のための努力である。これは、正確には「販売量拡大努力」であり、日常用語では簡単に「販売努力」「拡販努力」「販売促進」「営業」などと呼ばれている。

「営業」は、もともとは利益追求を業として行う事業全体を指し示す言葉であった。それが販売拡大努力に意味が限定されていくのは、この活動が企業にとっていかに重要なものであるかを示している。現在、日本では、「営業」

は主として販売拡大努力をさす言葉に変わってきている。営業本部、営業部、営業課などの組織の主要目標は、売り上げを伸ばすことにある。市場における競争の波頭は、つねに販売拡大の努力にある。

販売拡大努力は、じつにさまざまな方策によってなされる。各種メディアにおける商品広告、販売拠点への巡回指導とお願い、試供品の無償提供、商品説明員の派遣、新発売時の販売促進特別キャンペーン（お試し価格その他）、小売店への売れ筋情報の提供、景品付き販売キャンペーン、などなど。販売拡大努力は、なんらかの利益を先方に提供するものとは限らない。自社製品に対する買い手の認識＝評価を変えることができれば、価格は一定でも買ってもらえるようになる。先方に対するこうした説得も、販売拡大の重要な努力のひとつである。これまで取引のかなった企業に商品を売り込むには、自社製品の原材料としての特性などをよく相手にわかってもらうことが販売成立の第一歩である。有力な製品開発においては、完成前から用途開発のための共同研究を開始するなどのことも行われている。これらすべてが、販売量をより大きくするための努力である。

このために、大変な金額が投入されることがある。もちろん、販売拡大は、利潤増加の手段であるから、投入された金額に見合う効果がなければならない。簡単にいえば、一定の金額Mを投入して、販売量がXだけ伸び、その結果として各種の販売努力にかかる費用を控除する前の粗利益の増分がM以上でなければならない。もちろん、販売努力の効果は、長期にわたるものもあり、販売拡大努力の一部は投資としての性格をもっている。したがって、利益の計算は単純ではないが、費用をかけてまで販売促進に努力する以上、総合的・長期的にみて企業にとって利益があると経営者は考えていることになる。

販売拡大努力にかかる費用は、粗利益の大きな比率を占めることがある。この努力に多くの人員と資金とが投入される。このため、どのような拡販努力をするかは、経営における重要な意思決定の課題である。

一定の販売価格と販売数量であっても、生産費用をより低くできれば、その分、利潤は増大する。得られた利潤は、再投資に使いうる。高い利潤が得られていることは、新規の投資を呼び込む材料ともなる。販売活動における優位性を確立する原資とすることもできる。そのため、生産方法の改善、品質の改良が販売努力と並ぶ重要な競争場面となる。受注生産を行っている企業では、納期の短縮と厳守が注文を呼び込む有利な条件となる。製品の原材料・部品の調達においてより有利な条件を獲得すること、より有利な供給源を発見することも重要な競争の場となる。

競争に関係するのは、生産原価を構成する費用だけではない。現在では、多くの企業で原価を構成しない一般管理費が大きな重みをもっている。組織のあり方、事務処理方法の改善、広告、販売チャネルの再構築などを通して、少ない費用でより多くの製品を販売する競争もある。技術開発と商品のデザインの重要性は、近年ますます大きくなっている。製品や企業のイメージ作戦であるブランディングや、どのような商品が売れそうかを調べるマーケティングも、経営の重要な手法となっている。

(4) 競争とイノベーション

事業を維持・発展させることは、企業としてまず確保しなければならないことである。この意味で、企業は継続事業体（going concern）と呼ばれる。外部環境が変わらないならば、これまで存続してきた企業は、これまでの商品、これまでの生産方法、これまでの原材料、これまでの顧客ないし市場、およびこれまでの組織管理を維持することで、継続できる。企業は、多くのノウハウの集合体であり、それはこの企業を維持・発展させる基盤である。しかし、企業の外部環境はかならず変化するし、企業内部の事情も変化する。競合する商品が出現して従来の商品が売れなくなる。他社に新しい生産方法が導入され、商品価格が低下する。新しい原料が出現して、同じ製品をより安くできるようになる。顧客層の高齢化により、需要の構成が変化する。インターネットにより、会議と事務手続きが変化する。こうした状況の変化がつねに起こっている。このような変化を利用して競争企業が新しい商品や生産方法の改善に成功するとき、企業は困難な立場に立たされる。商品の売れ行きが下がり、対抗して製品価格を切り下げても、従来どおりの販売量を確保できなくなる。

こうした事態に対応するためには、自分の企業も、商品・生産方法・原材料・販路・組織などを新たにし、より低い費用とより多くの販売を実現して、利潤を維持ないし拡大する以外にない。シュンペーターは、これらの活動をイノベーションと呼んだ。競争は企業にイノベーションの実現を強要するが、優れたイノベーションは競争に勝利するための有力な手段でもある。市場競争がイノベーションを強要し、それが経済の発展・進歩を駆動してきた。もちろん、個々のイノベーションは、成功を約束されたものではない。新しいさまざまな試みの中で、大きく成功するイノベーションはわずかしかない。ひとつの成功の周囲には多くの失敗がある。場合によると、イノベーションの期待収益率は負であるかもしれない。それにもかかわらず、継続事業体として企業がイノベーションに取り組まざるをえないのは、なにもしない企業の運命が市場からの退出しかないからである。

シュンペーターは企業家の役割をイノベーションの遂行者として定義した。語源からも、期待すべき役割から言っても、それは正しい。ただ、イノベーションが新機軸と表現されるような画期的な新結合・新事物だけをいうのであれば、いささかバランスを逸している。生産方法の改善においても、実際に原価を引き下げているのは、生産方法に習熟し、改善・改良を重ね、さまざまな不測の事態に対応する知識の蓄積でもある。イノベーションは、新機軸・革新と呼ぶべき大きなものから日々の小さな改善・改良までの連続体である。イノベーションの考察が英雄史観であってはならない。改革の遂行者・革新の実現者の事跡は重要であるが、それを周辺で支える多数の人間の創意・工夫の蓄積効果を忘れてはならない。

8 選択と進化

複雑系経済学は、複雑な環境におかれた人間がいかに選択し意思決定するかに興味をもっている。それは、新古典派の合理的選択理論を現実性のないものとして拒否するが、人間が可能な限りで有利な判断・決定をしようとすることを否定するわけではない。複雑系経済学の主張は、人間行動が非合理的であるという主張とは区別されなければならない。新古典派経済学と複雑系経済学の違いは、選択すべき対象の水準の違いにある。新古典派は、直接、行為を最適化しようとする。複雑系は、これに対し、代替的な定型行動を選択の対象とする。後者は、行動が進化するという見方に立っている。この見方は、経済の他の重要なカテゴリーについても、重要な展望を与える。

(1) 選択の水準

人間行動を定型的なものととらえることは、人間がつねに同じ行動をしているとみなすことではない。人間の行動は、動物にくらべて、はるかに可塑的である。同じ状況・おなじ目的であっても、人間は利用しうる行動の定型を複数もっていることがある。人間は、いわば行動のレパートリーをもっている。選択は、これらのレパートリーの中から、ひとつの定型行動を選びだすこととして存在している。これは小さな違いに見えるかもしれない。しかし、複雑な状況のもとでは、本質的な違いである。

新古典派のシナリオでは、人間は、選択に先立って、まず状況を定義し、目的を定め、最適な結果がもたらされる行為を選択しようとする。このため、状況の因果モデルが必要となる。結果が一義的に予想できない場合は、(主観)確率に基づいて期待効用を最大化しようとする。しかし、適切な因果モデルを構築し、選択肢ごとの結果を推定することができるのは、きわめて単純な状況に限られる。モデルの推定と結果の計算は、関係要素がすこし大きくなるとほとんど不可能になる。もしできたとしても、実質的な意義は期待できない。このような選択の考え方は、視野と合理性の二つの限界を無視するものである。

複雑系経済学の考え方では、行動の選択は二つ以上の定型の間でなされる。もっとも簡単には、定型行動は「兆候→行為」というパタンである。比較すべきは、このパタンが平均的にもたらす成果である。同一と定義される状況において、行動乙が行動甲より平均的に成果が高いなら、行動甲から行動乙へと乗り換えることは、妥当な判断である。この比較は、経験と記憶さえあれば、高度な推測や計算はいらない。この判断においては、行為者が適切な因果モデルをもつ必要もない。

新古典派では選択はすべて事前に行われると考えられている。ことが起こってから選択はできないから、これは当然のことのように思える。しかし、これは世界理解や計算能力に限界のある人間にとっては、かならずしも適切なものではない。すべてを事前に計算しようとすれば、モデル構築や結果の推定に多くの恣意的な想定を入れざるをえない。選択の対象を繰り返しの可能なひとつのパタンととらえるとき、事情は変わってくる。ある方式を実際にやってみて、結果をみるということが可能になるからである。これを吉田民人（1990）は「事後選択」と名づけている。正確には、行為の事後に選択されているのではなく、複数の方式を実際に試してみて、よい方式を選択するという意味である。正しくは「実績に基づく選択」というべきであろう。選択は、つねに事前になされなければならないものではない。選択の水準を変えることにより、経験や試行・学習のあとで選択することができる。これが可能になるためには、選択の対象が繰り返し可能なものとして同定されることが必要である（塩沢 1998）。

このような選択の結果得られた行動は、一定の合理性をもったものといえる。これは事態の予測可能性に基づいたものではなく、具体的な状況の中で選びとられた合理性（目的への適切性）である。八木紀一郎（1998）は、トニー・

ローソンなどの後を受けてこれを「状況づけられた合理性」(situated rationality) という概念でとらえることを提唱している。西山賢一 (1997) は、これらを「状況に埋め込まれた活動」として理解しようとしている。経営学にいう計画・実行・検証 (Plan, do, see) のサイクルも、複雑な環境においてある行動を計画するとき、事後の検証と実績に基づく選択の必要を例証している。

(2) 前提とすべき状況

行動の基本は [兆候→行為] というパタンからできている。より複雑なものも、これらを順番に組み合わせたものである。これがなんらかの意義をもつためには、環境世界そのものにある定常性が仮定されなければならない。シャックルは、経済を無限に変化する万華鏡であると主張した。しかし、万華鏡がまったく新しい世界を前後の脈絡なく示すものであれば、人間は行動できない。定型行動は、時間経過の中で特定の兆候に対し、特定の行為を行うと一定の状況を導くことが多いと期待できることに基づいている。環境世界にこうした構造がないならば、行動の平均的成果が存在することも、測定されることもない。

人間にとって、環境世界は大きすぎる存在であり、多くの場合、その全体は物理法則に基づく予測可能な体系ではない。しかし、多様に変化する現象の中に、一定のパタンを見出すことができることがある。それはある特定の予兆が見られるとき、ある結果の到来を推測させるものである。二つの事態のそうした継起は、古いことわざの中にも数多く見られる。「西の空が夕焼けになると、翌日は天気になる」。これは、素朴な観察に過ぎないが、農業の時代には重要な知識のひとつだった。

高度な実験科学においても、類似の状況がある。実験上の仮説が正しいものと確認されるためには、他の実験者による追実験において同じ結果が得られなければならない。これを再現可能性という。近代科学は予測可能性を持たなければならないという主張が経済学の内部でなされたことがある。しかし、近代科学といえども、未来の事象に対する予測可能性をもっているものは少ない。太陽系の運動予測は、系が比較的単純で摂動計算が可能だったという幸運に依存している。科学技術の恩恵は、それが予測を可能にしてくれることにではなく、再現可能な多くの知見を与えてくれることにある。

現象の中に特定のパタンを見つけることは、じつは動物たちも行っていることである。この点において、動物から近代科学にいたるまで認知のパタンは、基本的には変わっていない。西山賢一（1999）は、ギブソンの生態学的心理学を受けて、環境が行為者にアフォードするものの意義を強調している。その議論を読むと、動物や人間の行動が環境世界の定常的な特徴をいかにうまくとらえているかがわかる。

人間の経済行為も、状況がアフォードするものに依存し、それにうまく適応したものにすぎない。その前提として、経済は一定の定常性をもつものと前提しなければならない。それは同じ事態が繰り返されていることを意味しない。経済は莫大な数の変数をもつシステムであり、すべての変数が同時に同じ値を繰り返すことはありえない。個々の変数を時系列的に調べてみても、完全な周期性は認められない。しかし、ある変数が特定の変化を示すとき、同じあるいは別の変数がある特定の動きをすることはしばしば観測されることであり、こうしたパタンがかなりの頻度で繰り返されることが定型行動の前提となる。こうした定常性をもつ時系列を「ゆらぎのある定常過程」と呼ぶ。これは確率過程論にいう「定常過程」よりずっと広い意味にとらえなければならない。

定型行動の選択の前提はゆらぎのある定常過程である。この定常性はもちろん一定の時間幅の中でいえることである。もし、その変動様式が大きく変化するならば、実績による選択の結果であろうと、もはや他の行動よりよいものとはいえなくなる。

(3) 進化するもの

行動以外にも、経済のいくつかの重要なカテゴリーで、定型行動とおなじように反復可能であり、実績に基づいて取捨選択されているものがある。商品・技術・制度である。これらは、定型行動と同じように、「進化するもの」ととらえられる。

進化するものは、単に変化するものではない。これらの変化の仕方に特徴があり、その変化を進化ととらえることが適切だからである。

商品・技術・行動・制度は、それぞれ小さな独立の存在から構成されている。たとえば、商品の多くは、個体性をもち、同じものの複製を作ることができる。行動や制度も、これ以上分解すると、ひとつの行動や制度と見なせなくなるまとまりがある。技術をひとつひとつの単位に分解することはかならずしも容易ではないが、ある機能を実現するのに必要な技術をひとつの単位として考えることができる。

これら四つのカテゴリーは、他と区別される個別性をもち、学習や模倣を通して、他の個人や社会に複製される。商品・技術・行動・制度は、この意味で複製子（replicator）と見なすことができる。生物進化論では複製されることが重要であるが、経済において「進化するもの」の特徴づけを与えるより重要な特質は、これらが時間を通して繰り返し可能なことである。たとえば、商品は、同じものを別の時刻に作ることができる。行動や制度も、条件となる状況が満たされれば、繰り返すことができる。技術も、特定の機能を実現するノウハウと考えれば、繰り返し適用可能である。

時間の中で反復可能性なものでは、実績に基づく選択が可能である。商品・技術・行動・制度は、改善・改良・革新・普及を試みることができる。市場経済では、これら四つの重要なカテゴリーは、実績に基づいて選択され進化する。

(4) 過剰適応・過剰学習

進化の過程では、多くの選択肢の集合の中で、基本的には成功したものが採用される。これが経済の進歩・発展していく一般的道筋であるが、ときにはこの仕組みがうまく働かず、状況への過剰適応や過剰学習が起こる危険性がある。成功経験は、多くの場合、有益な経験であるが、それが固定化されるときには「成功の罠」に転化する可能性がある。フィンケルシュタイン（Finkelstein 2003）は、失敗する経営者の七つの習慣のひとつに「かつての成功経験にこだわる」を上げている。

過剰適応は、ときに防ぎようのない過ちである。過去に成功した商品・技術・行動は、それらを維持・発展させる方向に圧力が働く。新しい可能性が出てきたとき、過去の技術や販路、顧客などを犠牲にしてまで、新しい可能性に賭けることには、大変な決断がいる。新しい可能性がよほどの確実性をもつものでないかぎり、そのような決断はできないし、やってもならない。銀塩フィルムで成功した企業が、ディジタル・カメラの出現を捕らえて、うまく業種転換を図るというのは、至難の業というべきである。

過去に投下された埋没資本にしばられない企業家のみが新しい可能性に挑戦できる。このような機構が働くかぎり、企業の新陳代謝はつねに幾分かは必然である。

過剰適応・過剰学習は、特定の動的状態＝定常過程が長く続く場合に起こりやすい。このとき、特定の定常過程ではよい成果が得られるが、認知されない変化が起こった場合に行動を変化させることができず、状況への不適応が生ずる。生物は、つねに環境の変化にさらされてきた。生物が一定の確率で自発的な突然変異を起こすのは、環境が一定の頻度で変化することを前提とした適応戦略であると考えることができる。

進化するものどおしが相互に関係をもって、他の一定の進化がなければ、自己の進化自体が成立しない（つまり、存続できない）とき、このような進化関係を共進化（coevolution）という。技術と商品の間、制度と行動との間には、このような共進化が生まれやすい。また、技術と技術の間の共進化や制度と制度の間の共進化のように、同一種類の進化するものの間の共進化もある。収穫逓増などの効果としてシステム全体が一定の方向への進展を見せる場合、進化そのものが定向進化の傾向を見せることがある。

9 知　識

知識は、通常の理解では、経済学の対象というより、哲学や心理学の対象である。しかし、経済学には、経済学として知識を問題にしなければならない事情がある。経済学の問題とする知識は、真理である命題ばかりではない。ノウハウのように、真偽ではなく、有用性のみが問題となる知識もある。人間社会に関する知識の中には、人々がそれを信じて行動すればそれが真となるような構造の知識もある。

経済学が知識を問題にせざるをえないのは、最近、知識の役割が重要性を増したからではない。すでに論じたように、分権的な意思決定により進行する経済過程の中で分散した知識がいかに調整され生かされるのかという問いは、市場経済を対象とする経済学のもっとも重要な問題である。しかし、知識は、人類の共通資産として、市場経済の展開とは異なる発展の様式をもっている。そこに以下に示すように経済学として考えるべき興味深い関係が生ずる。知識と私的財産制とをいかに調和させるかは重要な制度設計問題である。

(1)　支えとしての知識

商品・技術・行動・制度の四つのカテゴリーは、それらが進化するものとしての特性を持っているだけでなく、ひとつの共通の支えをもっている。それが知識である。たとえば、商品は、それ自体が利用法、生産方法、デザインと包装、原料獲得方法、販売経路、開発方法など、多数の知識・ノウハウの塊である。技術は、しばしば技術知識といわれるように、一般に知識的なものと考えられている。技術知識も、さまざまな知識を組み合わせて使われている。ひとつの機械をとってみても、その操作・保守・改善などに多様な活動があり、それぞれに必要な知識がある。これらがすべて備わって全体として機械がうまく動く。新しい機械や装置、システムを開発するとなれば、そこに必要とされる技術は列挙しきれないほど多様である。

行動は、ふつうは知識とは考えられていない。しかし、定型行動が四つ組反射の集合として表わされること、四つ組反射がCD変換でもあることを考えれば、行動はまさに知識に裏づけらている。異和感があるとすれば、知識には、事実に関する知識とやり方に関する知識とがあるためであろう（Rhyle 1949）。前者は、真偽が問題となる知識であるが、後者には真偽はなく、それが有用であるかどうかだけが問われる。人間の自覚的な行動は、こうした知識により支えられている。制度には、個人の行動を制約する側面と、選択の負担を軽減する側面とがある。制度には、強制が伴うものばかりでなく、それに従って行動することにより、紛争も少なく、交渉もうまくいくといったものも存在する。制度の多くも、自発的な学習に基づく知識に支えられている。

(2)　知識の共同体

科学は知識の全体の中で重要な地位を占めている。現在各企業で行われている研究・開発は、その研究手法や目標設定において科学に示唆を得ているものが多い。逆に、技術の発達が科学の進歩を助けている面もあり、科学と技術とが互いに携えて発達してきたことを否定できない。

科学の進歩・発展は、知識の共有や形式化に負うところが大きい。科学研究の重要部分が大学でなされているが、そこでの研究は公開を原則としている。この原則なしに、大学が社会の知の中心であり続けることはないだろう。公開は、たんに科学者の知的栄誉のためにのみなされるものではない。公開による相互刺激なくしては科学の迅速な発展は期待できない。和算は、江戸の初期、当時としては相当の水準にまで達したが、秘密主義と実用との分離から、その後、大きく発展することはなかった。

公開による知識の共有は、科学の発達のためには必須の条件である。自然科学だけでなく、社会科学・人文科学においても、同じことが言える。知識の公開は、学問の発達を促す重要な環境条件である。しかし、商品や技術など経済の重要なカテゴリーを背後で支えている知識については、競争上、ノウハウとして秘匿されることが多い。ここにひとつのずれが生ずる。知識の発展という観点からは、それらすべてを企業の内部に秘匿することは経済全体としてはかならずしもよいこととはいえない。しかし、企業で研究開発にお金と人員を投下するのは、利益の追求のためである。この研究結果をすべて公開していては、「ただ乗り」が生ずる。企業は、研究開発に投資するより、他社の研究成果を借用しようとするだろう。企業は研究開発から離れざるをえなくなる。この意味で、一定の知識（競争段階の技術）は、企業の内部に秘匿されるのを認めなければならない。

知識の進歩に知識の公開と共有は大きな意義をもっている。他方、企業の研究開発を推進させるためには、その成果が（少なくとも一定期間）秘匿されることや独占利用権を認めなければならない。二つの要請を同時に満たすことはできない。

既成の技術知識が秘匿されたり、有償で開示されたりすることがある。これは知的財産として、特殊な所有概念として処理されている。そういう擬制の上に、知識は市場の論理の内部で処理されている。しかし、知識には、市場経済の論理には収まらない側面がある。市場経済は、分散した知識を全体しとして活用する注目すべき装置であるが、そのすべての側面を市場の論理で覆うことはできない。

知識は、知の共同体の内部で発達する。ここには市場の論理とは異なる協力の論理がなければならない。市場の論理のみでは処理しきれない問題を知識は提起している。

10　経済のシステム特性と経済学の方法

複雑系については、それが方法論的全体主義に立つという理解がある。そういう主張をする論者がいることは確かだが、これは誤解である。少なくとも、複雑系経済学は、このような方法的観点に立っていない。方法論的個人主義も方法論的全体主義も、ともに不適切であるというのが複雑系経済学の立場である。

方法の議論は、対象となる経済のシステムとしての特性を抜きにしては語れない。複雑系経済学が方法論的個人主義にも全体主義にも立ちえないのは、経済のシステム特性について、複雑系経済学が従来とは異なる見方をしているためである。

(1)　経済のシステム特性

経済は多くの要素からなる巨大なシステムである。それが正常に機能するためには、多くの性質が前提されなければならない。

まず、システムの特性として以下の三つに注目しよう。

① 時間特性　経済の状況は、ゆらぎのある定常過程としてある（ゆらぎ）。

② 連結特性　経済の諸変数は、緩く連結されている（ゆるみ）。

③　個体特性　経済の個体（主体）は、生存のゆとりを持っている（ゆとり）。それぞれシステムの時間変化・連結・構成個体の生存に関する条件である。

これらが、経済内の諸主体の自律的な行動の環境要件となっていることに注意しよう。すでに指摘したように、有限の働きかけ能力しかない人間が経済に有効に働きかけられるためには、経済の諸変数が緩く連結していることが必要であった（第5節　結合関係）。行動の基本は［兆候→行為］というパタンからできている。これがなんらかの意義をもつためには、環境世界そのものにもある定常性（すなわち特定の継続パタンの反復）が仮定されなければならない（第8節　選択と進化）。経済が緩やかに連結され、特定の行動パタンを可能にする定常性をもっていても、行動の成果は、つねに期待通りの成果を収めるものとは限らない。多くの場合、行動は失敗に終る。すべての失敗が致命的なものであるなら、経済には早晩、それを担う主体は存在しなくなる。その意味で、主体は、多少の失敗や状況悪化に耐えられる生存のゆとりをもっていなければならない。

第3節で、人間は、生物的な条件として⑴視野の限界、⑵合理性の限界、⑶働きかけの限界の三つに条件づけられていることを指摘した。このような限界のもとにある人間が生存し、行動していくためには、環境としての経済システムには、ゆらぎ・ゆるみ・ゆとりの三つの特性が必要である。

重要なことは、この論理が循環していることである。経済システムは、人間行動の総過程として存在している。人間行動自体が経済の総過程の中で進化し、選択された結果である。したがって、経済の総過程が人間の行動から生成されることを確認するだけでは十分でない。それらの行動の相互作用として展開される経済の総過程が広い意味で定常的なものであり、行動と過程の間にある種の両立関係があることを証明しなければならない。これがミクロ・マクロ・ループの主題である。これについては、すぐ後で考察する。経済学が行動科学であるだけでなく、システム科学でもなければならないのは、こうした関係があることによる。

経済システムが全体としてどのような調整システムであり、それをどう定式化し分析していったらいいかについては、さまざまな提案がある。均衡理論は、基本的には調整の進行をアプリオリに前提するが、新しい提案はシステム内部にそうした調整機構が組み込まれていると考える点では共通している。西山賢一（1995）は、免疫系に類した自己調整システムを想定している。金子勝と児玉龍彦（2004）は、多重フィードバックシステムというアイデアを提起した。しかし、これらのアイデアの本格的な考察は、まだ始まったばかりである。経済行動の総過程として定常性が具体的に確認されている例は多くないが、谷口和久（1997）・森岡真史（1993）はこうした事情に対する貴重な例外である。

(2)　自己組織するシステム

交換が恒常的なものとなると、分業の利益が生ずる。生産方式によっては、規模の利益や範囲の利益が生ずる。分業の結果、特定の産業に関する知識と熟練が集積される。規模の利益があると、生産者にとって規模を拡大した方が得であり、市場は過剰な生産容量における数量調整となる。このような競争においては、実際にどれだけ売れたかは、企業の利益率と利益量を決める大きな要因となる。より大きな数量を売り上げた企業は価格・広告・販売ルートの確保などにおいて有利となる。ここには、小さな差異を増幅するメカニズムが働いており、差異は時間の経過を通して拡大する。経済には状況の分岐を促す多数の機会があり、それぞれの分岐における歴史的経緯を無視して現在の状況を理解することはできない。これは経済現象の経路依存性と呼ばれ、複雑系経済学のひとつの重要な議題となっている（Arthur 1994）。

時間経路の分岐をもたらす機構は、経済には多数認められる。規模の利益・範囲の利益・学習の効果・連結の効果などが代表的なものであり、それらは広く収穫逓増とよばれることがある（塩沢 1996：三四八頁の整理をみよ）。経済学としてはもっとも古い概念である「分業の利益」も、収穫逓増のいくつかの組合せと考えることができる。収穫逓増などを含め、経済にはさまざまな逸脱自己増幅機構が存在する。このような機構とそれが引き起こす現象は、すでに一九六〇年代に丸山孫郎（Maruyama 1963）により第二サイバネティックスと名づけられ、システム論ではひろく知られていた。この概念が経済学に入りにくかったのは、需給均衡理論が収穫逓増を排除しなければならない理論構造をもっていたことによる。

(3) ミクロ・マクロ・ループ

経済は、分散した決定と行動に基づくネットワークであるが、それは個人（ないし個別企業）の行動からすべてが構成的に出来上がっているものではない。ある一定の範囲内では個人の行動は経済過程の決定因である。しかし、その個人の行動については、以下の三つの注意が必要である。

①現在の行動は、過去の状況の中で発見・採用されたものである。

②行動は、任意の状況に対応できるものではなく、一定の適用範囲をもつ。

③適用範囲外の状況については、アドホックな解決策が立てられる。

経済で通常観察される行動と総過程とは、相互に規定する関係にある。行動は、過去の歴史の中で進化してきている。経済主体は、任意の状況に適用できる既成の定型行動をもつことはない。これは経済主体に仮定できる能力を超えている。現在は、長い共展開（convolution）の結果としてある。[6] それは多重に分岐した結果としての現在であり、無前提の構成を可能にするものではない。

経済で重要なことは、任意の状況でなにが起こるかではなく、経済はどのような状況に構造化されており、そのことが経済発展や経済変動にどのような知見を与えるかにある。経済の全過程はミクロの行動の相互作用としてあるが、その行動は全過程の特別な構造化に適応した結果としてある。このミクロ・マクロ・ループの存在に注意することなく、経済学の方法は論ずることはできない。ミクロ・マクロ・ループに注目するとき、経済学は、方法論的個人主義も、方法論的全体主義も採用することはできない（塩沢 1999）。

(4)　構成的方法の破綻

一般均衡理論は、資源の配分状態・技術知識・消費者の選好が与えられれば、現在の状況がそれらの構成要素から再構成される理論構造になっている。一般均衡理論は、方法論的個人主義ないし方法論的構成主義の立場のひとつの模範例となっている。

アローとドブルーの理論では、凸性などの条件はつくが、基本的には任意の資源配分や技術知識、消費者の選好において、一般均衡が存在することを証明している。一般均衡理論は、与件の一般性において理論の卓越性が証明されていると一般に思われている。しかし、この一般性のために理論は隠れたところで大きな犠牲を払っている。任意の状況に即座に対応できる人間などいない。アローとドブルーの理論では、そこを所与の資源配分と所与の価格体系において自己の効用を最大化するという定式を置くことによって切り抜けている。すでに説明したように、そのような計算能力＝合理性を人間は持たない。

複雑系科学が明らかにしたひとつは、学問の守備範囲と内容の深さに関して一種のトレードオフがあるということである。これは、学問研究においてもわれわれの知的能力に一定の限界があり、一般により広い状況を説明する理論では、特別な与件において成立する特殊な構造を説明することは一般にはできないからである。一般均衡理論は、非現実的な仮定を導入することにより、この点を誤魔化しているが、経済は時間的な経過の中で成立した自己組織系であり、任意の与件から一挙に再構築できるものではない。J・シュンペーター（Schumpeter 1912）はこのような再構築を「ab ovo の構成」と名づけたが、生物生態系においてであれ、人間の経済においてであれ、先立つ生態系・経済を無視して現在はありえない。

L・アルチュセール（Althusser 1965）は、現実は「つねにすでに所与」の構造（le toujours-déjà-donné d'une unité complexe structurée）として存在すると注意している。ミクロ・マクロ・ループの存在と自己組織化に留意するとき、経済はつねにすでに構造化され、経済として存在していると考えなければならない。過程分析は、白紙の出発点を持ちえないのである。

11 新しい分析用具

これまで記述してきたような、経済過程がもつさまざまな特質を組み込みながら、経済学の諸問題に有益な示唆を与えるような分析方法は存在するだろうか。とくに、定型行動のレパートリーをもち、ミクロ・マクロ・ループの存在に矛盾しない分析枠組みないし分析用具は存在しうるであろうか。エージェント・ベースのモデル分析がそれであるとわたしは考えている。そう期待するに十分な理由がある。

(1) 数学的方法を超えて

経済学は、これまで主としてふたつの研究方法を用いてきた。ひとつは文学的方法であり、もうひとつは数学的方法である。

文学的方法は、経済学の主題が明らかになる前から、経済の諸事実を観察し蓄積するために用いられてきた。経済史や実証的な調査報告などは、現在でも多くは文学的な方法によっている。古典経済学の時代の理論研究は、主として文学的方法によってなされた。数値例の検討も、基本的には文学的方法の一部と考えることができる。

経済を数学的方法によって研究しようとする動きは、すでに一九世紀はじめに見られる。一九世紀の最後の四半世紀になると均衡概念や限界効用の概念が導入された。二〇世紀には数理経済学は厳密な数学となった。数学的定式化と計算や証明の必要が、経済学の概念と論証を厳密なものにした。しかし、それは、経済に対する総合的判断を欠いたものであった。一九七〇年代前半には、数学化された経済学の現状に対する反省の声が上がり、既定の研究プログラムに対する危惧が表明された。ベトナム戦争終了後、アメリカの大学が保守化するとともに、主流の経済学は、本章で指摘したような各種のアノマリーを内包しながら、理論的な不整合には目をつぶり、合理的期待形成、実物景気循環論（real business cycle theory）、内生的成長理論など、あまり根拠はないが論文が書けるというだけで研究される多くの流行が交代で現れることとなった。

複雑系は、複雑な状況における人間をテーマにするとともに、科学研究そのものに対する複雑さの影響にも関心をもつ。数学そのものに理論的限界はないものの、数学的思考や数学的分析は人間の能力の限界に規定されている。そのため、一定の定式化と分析はどんどん緻密になるが、解析に適さない主題は無視されるということが起こりやすい。マーシャルやケインズは、この点に気づいていた。そのため、かれらは極端な形式化に走ることはなかった（Marchionatti 2002）。

経済学が均衡と最大化・最適化を主題としてきたのは、経済過程それ自体の特性を反映するというよりも、こういう枠組みでなければ数学的分析に上らないという事情によるところが大きい。この枠組みがさまざまなアノマリーを内包することが意識されながら、保守的な態度が繰り返されたのは、結局、最適化と均衡という枠組みを放棄するとき、理論経済学にはなにも残らなくなるという恐怖があったからにちがいない。数学化は、一九世紀の末には前進的研究プログラムであったが、現在ではまったく別の意義をもつものとなっている。実情がこのようなものであるとき、必要なものは経済学に新しい分析用具を導入し、分析可能領域を拡大する以外にない。そのような可能性としてエージェント・ベースのモデル分析がある。もちろん、複雑系としての経済への接近方法は、エージェント・ベースのモデル分析とは限らない。アンダーソン他（Anderson etc. 1988）やアーサー他（Arthur etc. 1997a）、シュヴァイツアー（Schweitzer 2002）、ローザーら（Rosser & Rosser 2004）、さらには雑誌 *ECONOMICS & COMPLEXITY* などの諸論文で採用されている方法も、過程分析の枠の中で複雑さの観点を忘れないかぎり、それぞれ有用な分析方法となりうる。

(2) 第三の科学研究法

経済学が直面している事態は、もっと広く科学一般が直面している状況と類似している。科学の方法で一番古いのは、理論（theoria）である。これは古代ギリシャに起源をもつ。theoria は「観想」とも訳され、観察すること、じっくり考えることをいう。論理による推論は、人間の思考の中では古い階層に属する。これに対し近世にいたり、科学の方法として実験が登場する。これが錬金術などと深い関係をもつことはよく知られている。実験は、はじめ、オカルティズムと近いところにあった。これが科学の方法として確立するには、数世紀の時間を要している。近代にいたり、理論もまた革新された。物理理論の発展は、解析幾何学と微分積分学という新しい数学の開発と密接に絡み合っている。

ガリレイ以来の近代科学は、理論と実験の二つの方法の上に立つことはよく知られている。とくに現代物理学では、理論家たちが大胆な仮説を提出し、実験との対比によってそれらをひとつに絞り込むという形で理論が進んできた。しかし、現在、理論と実験の二つに加えて、新しい科学研究法が浮上してきている。それが数値実験ないしコンピュータ実験という方法である。この方面でとくに進んだのが化学である。化学では、理論的推測と実物による実験に加えて計算化学による検証があって初めて完全な論文と認められるとまでいわれる。

コンピュータの記憶領域の拡大と高速化とが従来はできなかった多くの計算を可能にした。これらは数値実験とも言われるが、現実には実験できないような状況・設定においてなにが起こるか研究するためには、現在では欠かせない方法となっている。「現実には実験できない」状況・設定はたくさんある。数十年を超える長い時間がかかるもの、費用がかかりすぎるもの、調べるべき組み合わせが多数ありすぎるもの、実験ではとらえ切れない短期的な変化などである。

従来、社会科学には実験がないといわれてきた。失敗に終わった計画経済のような人類の運命をかけた実験がなかったわけではない。実験経済学がカバーできる範囲は、そう広くはない。経済で通常の意味での実験を大きな規模で行うことは難しい。こうした状況においても、コンピュータによるシミュレーションは可能な場合がある。コンピュータ・モデルは、必要なメカニズムが抜け落ちていても、それ自体としては検証するすべをもたない。シミュレーションが現実の実験や理論の代わりになることはありえないが、これまで実験や理論による分析の及ばなかった状況・設定を研究する大きな可能性をもっている。とくに経済学では、主体の異質性・変数の多さ・変化の複雑さなど、数学的分析に乗りにくく、避けて通らねばならなかった過程や機構が多い。経済学は、数学という分析方法の桎梏を脱ぎすてて、新しい方法・分析用具を開発すべきときである。

従来のコンピュータ・シミュレーションには、経済機構の模擬というにはあまりにも迂遠でしかも単純なものが多かった。手続き的なコンピュータ言語では、大規模なシステムを専門家以外の人間が組むことは困難であった。ＪＡＶＡのようなオブジェクト志向の言語が開発され、広範に使われるようになり、状況は変わりつつある。コンピュータ・シミュレーションという第三の科学研究方法を、いまや経済学として開発研究するときがきている。そのもっとも有望なものは、少なくとも現時点では、エージェント・ベースのシミュレーションでありモデル分析である。この点では、サンタフェ研究所も、ほぼ同様の見通しをもっている（Arthur etc. 1997b）。

(3)　エージェント・ベースのモデル分析

エージェント・ベースのモデルの構成方法等ついては、生天目（1998）に譲る。この方面でのひとつのマニフェストとして出口弘（2000）および出口（Deguchi 2004）がある。実際的に展開した事例としては和泉潔（2003）がある。エージェント・ベースのモデル分析を実際に展開するのは、大規模なプログラム作成が必要となるなど、経済学を学ぶものには容易ではないが、Ｕ－Ｍａｒｔ研究会から近く発刊予定の二冊は、経済的な解説からシステム設計までを詳しく解説している。付録のＣＤを利用することにより、人間を含む実験も可能である。

エージェント・ベースのモデル分析には、他の方法では実現できない多くの長所がある。それらの中でも重要な特質として以下の利点が挙げられる。

①プログラム行動

エージェントの行動は、プログラムで書かれている。モデル分析では、多数のエージェントの相互作用を問題にするから、個々のエージェントの行動様式として、計算負荷のかかる最大化計算などは通常は組み込まれない。比較的簡単なプログラムで書かれた定型的な行動が採用されている。意識しなくても、おのずと合理性の限界が考慮される。

②異質なエージェント

異なる特性もつエージェントの相互作用を数学的方法によって分析することは容易ではない。方程式は多次元のものとなり、均衡などの特異点を除いて解析はほとんど不可能である。コンピュータをもちいる分析では、多様なエージェントを組みこむこと、それらの相互作用を追跡することは難しいことではない。

③過程分析

コンピュータを用いて時間経過を追うことは簡単である。プログラムを組むうえでは、諸変数の決定関係は明瞭であり、循環的な因果関係は排除される。分岐やそれに基づく構造化も、時間ステップを追う分析では、特別な困難なく実行できる。

④行動の進化

ホランドの遺伝的アルゴリズムは、突然変異と交差の二つの操作により、クラシファイヤーを進化させている。行動の基本形は、クラシファイヤーと同型であり、行動の進化をモデル内に取り込むことは可能である。こういう枠組みの中でなければ、行動と状況とのミクロ・マクロ・ループを観察することはできない。

⑤ストーリー分析

与件に適切な変化をもたせることにより、時系列にストーリーを持たせることが可能である。

⑥メカニズム理解

プログラムを組むためには、相互作用の機構を明らかしなければならない。その機構を変化させることの効果も見やすい。

⑦多層的調整

変数の変化するリズムを適切に与えることにより、諸変数の多層的な調整を組み込むことができる。

⑧制度の比較研究

複数の代替的制度があるとき、同じ条件下でそれぞれの制度がどのような結果をもたらすか比較できる。

このように見てくると、複雑系経済学の明らかにした経済過程の特質はほとんどすべて実現的できる。エージェント・ベースのモデル分析以外に、このような特質をもつ研究用具を開発することは、現時点では想像できない。これがエージェント・ベースのモデル分析にそのユニークな地位を保証している。

(4) 今後の課題

問題は、結果として得られる時系列があまりに多様で、そこからどのような意味を汲み取るかが容易でないことにある。エージェント・ベース・モデルの実験に対する批判として、「ヤッコー」というものがある（和泉 2003）。「やってみたら、こうなった」という結果は容易に出てくるが、その結果からいくらかでも経済について理解を深める知見が生まれているのか、という疑問である。もし得られた結果がなんら新しい知見や理解をもたらすものでないなら、エージェント・ベースのモデル分析は、いくらか複雑なおもちゃで遊んでいるだけだという批判をかわすことはできない。

エージェント・ベースのモデル分析は、従来の数学的定式にくらべれば、はるかに自由度があり、行動や相互作用についても現実的な設定が可能である。エージェント・ベースのモデル分析は、モデル構築よりも、結果の解釈において困難に遭遇している。それは従来の研究方法にはない種類のものである。与件として与えられる自由度は高く、そこから得られる時系列は変化に富んでいる。辛抱強く実験を続けていけば、いつでも期待するシナリオに近い時系列が得られるといったことにもなりかねない。

このような問題点があるものの、エージェント・ベースのモデル分析は、従来用いられてきた分析枠組みにくらべれば、経済現象を分析・研究するのにはるかに適した研究方法である。コンピュータ実験の結果を解析する方法が確立されるまでには、まだ長い模索が必要とされよう。しかし、方法に関する理解は、抽象的な議論により解決できるものではない。具体的な実験プロジェクトを計画・運営する中で成功や失敗を重ねることと並行して考えていく以外にない。実験が科学の方法として確立されるまで長い時間が必要であったとおなじく、エージェント・ベースのモデル分析も、それが科学の方法として確立するにはなお長い時間が必要と考えなければならない。

注

（1）"Complexity in Economics"をgoogleで検索すると六四四件にヒットする。"Economics of Comlexity"は六三件、"Economics of complex systems"は三四件であり、日本人の作成したサイトが半分以上を占めている。二〇〇四年九月一二日現在。

（2）Uexküllの後、かれの思想を受けてbiosemiotics（生物記号学）という学問分野が生まれている。今後の発展を注目しなければならないが、現在のところ「記号」作用に焦点が集まりすぎている印象がある。［Biosemiotics］http://www.ento.vt.edu/˜sharov/biosem/

（3）この定理およびその証明は、二〇〇二年一一月までに著者により発見され、著者の講義などで紹介されている。公刊物で発表されるのは、この論文が最初である。この定理の工夫は、所有ベクトルの成分が0である場合になおかつ交換が可能となる条件をいかに与えるかにある。

（4）証明は、難しくない。ふたつの凸錐$C(a), C(b)$が原点を除いて共通部分を持たないから、分離定理により、両者を分離する超平面Σがある。このとき、Σへの法線ベクトルsが存在して、$C(a)$に属する0でない任意の縦ベクトルuについて$\langle s, u\rangle > 0$、$C(b)$に属する0でない任意の縦ベクトルuについて$\langle s, u\rangle < 0$となる。このとき、$a' = a + s, b' = b - s$とおけば、$\langle a', v_a\rangle > \langle a, v_a\rangle$かつ$\langle b', v_b\rangle > \langle b, v_b\rangle$となる。実際、$v_a$が$C(a)$に属することから$\langle a', v_a\rangle = \langle a, v_a\rangle + \langle s, v_a\rangle > \langle a, v_a\rangle$。第二の不等式も同様に示せる。

もしベクトルa、bが正のベクトルならば、ベクトルsの大きさを適当にとれば、ベクトル$a' = a + s, b' = b - s$はともに非負ベクトルとなる（必要ならば、sに小さな正の数εを掛ければよい）。ベクトルsを二つの非負ベクトルの差$s_{(+)} - s_{(-)}$となるよう分解しよう。このとき、甲から乙に$s_{(-)}$を委譲し、乙から甲に$s_{(+)}$を委譲する交換により、甲の所有ベクトルはa'に、乙の所有ベクトルはb'となり、それぞれv_a、v_bにより評価してより高い値を得る（これが系の場合にあたる）。

問題は、ベクトルa、bの成分がある財について0となる場合である。ここで、$C(a), C(b)$が直交双対凸錐を含むという条件が効く。この詳細は、ＷＥＢ上に掲載する。http://shiozawa.net/ronbun/keizaigakunogenzai1.html

（5）最小生産価格の存在定理は、他の文献では「代替定理」「非代替定理」などと呼ばれている。しかし、ここで重要なことは、技術が代替するかどうかではなく、一定の上乗せ率のもとではすべての財について最小の価格を実現するような技術の体系が最低限ひとつ存在することである。

（6）　共進化（coevolution）という表現がしばしば用いられるが、この語の正確な意味は進化する二つのものの双方が、他の存在を前提に、同時的に進化することである。これに対し、ミクロ・マクロ・ループで問題となるのは、状況一般とある進化するものとの相互規定的な発展であり、用語としては区別することが望ましい。

参考文献

Anderson, P. W., K. J. Arrow and D. Pines（eds.）（1988）：*The Economy as an Evolving Complxe System*, Addison-Wesley.

Arrow, K. J., and G. Debreu（1954）："Existence of an equilibrium for a competitive economy," *Econometrica, 22*（July）: 265–90.

Arthur, W. Brian（1994）：*Increasing Returns and Path Depedence in the Economy*, University of Michigan.（有賀裕二訳『収穫逓増と経路依存——複雑系の経済学』多賀出版、二〇〇三年）。

Arthur, W. Brian, Steven N. Durlauf, and David A. Lane（eds.）（1997a）：*The Economy as an Evolving Complex System II*. Addison-Wesley.

Arthur, W. Brian, Steven Durlauf and David A. Lane（1997b）：Process and Emergence to the Economy; Introduction to Arthur, W. Brian, Steven N. Durlauf, and David A. Lane（eds.）（1997）*The Economy as an Evolving Complex System II*. Addison-Wesley.

Axelrod, R.（1997）：*The Complexity of Cooperation, Agent-based Models of Competition and Collaboration*,（Princeton Studies in Complexity）, Princeton University Press.（寺野隆雄監訳『対立と協調の科学——エージェント・ベース・モデルによる複雑系の解明』ダイヤモンド社、二〇〇三年）。

Axelrod, R. and M. D. Cohen（1999）：*Harnessing Complexity, Organizational Implications of a Scientific Frontier*, Simon & Schuster.（高木晴夫監訳・寺野隆雄訳『複雑系組織論』ダイヤモンド社、二〇〇三年）。

Althusser, L.（1965）：*Pour Marx*, Francoit Maspéro.（河野健二・田村俶・西川長夫『マルクスのために』平凡社ライブラリー、一九九四年）。

Beer, S.（1972）：*Brain of the Firm*, Allen Lane.（『企業組織の頭脳』啓明社、一九八七年）。

Cyert, R. M. and G. March (1963 : 1992) : *A Behavioral Theory of the Firm*, Second Edition : Blackwell.（松田武彦・井上恒夫訳『企業の行動理論』ダイヤモンド社、一九六七年）。

ダイヤモンド編集部編（1996）：『ダイヤモンド』（知の大革命：「複雑系」の衝撃）一一月二日号。

ダイヤモンド編集部編（1997）：『複雑系の経済学』ダイヤモンド社。

ダイヤモンド編集部＋ダイヤモンド・ハーバード・ビジネス編集部共編（1998a）：『複雑系の経済学（入門と実践）』（協力：京都大学経済研究所複雑系経済システム研究センター）ダイヤモンド社、二月。

ダイヤモンド編集部＋ダイヤモンド・ハーバード・ビジネス編集部共編（1998b）：『複雑系のマネジメント』ダイヤモンド社、二月。

Dechert, W. Davis (1996) : *Chaos Theory in Economics: Methods, Models and Evidence*, an Elgar Reference Collection.

出口弘（2000）：『複雑系としての経済学——自律的エージェント集団の科学としての経済学を目指して』日科技連出版社。

Deguchi, Hiroshi (2004) : *Economics as an Agent-Based Complex System*, Springer-Verlag, Tokyo.

Finkelstein, Sydney (2003) : *Why Smart Executives Fail: and What You Can Learn from Their Mistakes*, Portfolio.（橋口寛監・酒井泰介訳『名経営者が、なぜ失敗するのか？』日経ＢＰ社、四六九頁、二〇〇四年）。

現代思想編集部（1996）：『現代思想』（特集：複雑系）青土社。

濱口惠俊（1998）：『日本社会とは何か——〈複雑系〉の視点から』（ＮＨＫブックス833）日本放送出版協会。

Heiner, R. (1983) : "The origin of Predictable Behavior", *American Economic Review*, 73 (4), 560–595.

Horgan, John (1995) : "From Complexity to Perplexity", *Scientific American*, 272 (6), 104-106. Reprinted in Rosser and Rosser (2004).

和泉潔（2003）：『人工市場』森北出版。

金子勝・児玉龍彦（2004）：『逆システム学』（岩波新書875）岩波書店。

Kantorovich, L. V. (1959) : Ekonomicheskii raschet nailuchshevo ispolzovania resursov, Moscow.（吉田靖彦『社会主義経済と資源配分』創文社、一九六五年）。

河合忠彦（1999）：『複雑適応系リーダシップ』有斐閣。

Katona, G.（1951）：*Psychological Analysis of Economic Behavior,* McGraw-Hill.

Kelly, Susanne and Mary Ann Allison（1999）：*The Complexity Advantage,* the McGraw-Hill Company.（岩山知三郎・夏目大・人見久恵訳『シティバンク　勝利の複雑系』ＣＡコンピュータ・エージ社、二〇〇〇年）。

北浜流一郎（1997）：『株は「複雑系」でわかる』ダイヤモンド社、六月。

吉次望・西部忠（2004）：「自律分散型市場における多階層調整企業モデル」西部忠編、第六章。

Loasby, B. L.（1976）：*Choice, Complexity, and Ignorance: An Enquiry into Economic Theory and the Practice of Decision Making,* Cambridge University Press.

Loasby, B. L.（1991）：*Equilibrium and evolution: An exploration of connecting principles in economics,* Manchester University Press.

町田洋次（1997）：『複雑系から見た日本経済――ソフト経済学原論』ＰＨＰ研究所、九月。

Mandelbrot, B.（1997）：*Fractals and Scaling in Finance: Discontinuity, Concentration, Risk,* Springer-Verlag, New York.

Mantegna, M. and Stanley, H. E（2000）：*Introduction to Econophysics,* Cambridge University Press.（中嶋眞澄訳『経済物理学入門』エコノミスト社、二〇〇〇年）。

Marchionatti, Roberto（2002）："Dealing with Complexity. Marshall and Keynes on the Nature of Economic Thinking" WORKING PAPERS 01/2002, Centro di studi sulla storia e i metodi dell'economia politica "Claudio Napoleoni", Torino. http://www.cesmep.unito.it/WP/1_WP_Cesmep.pdf

Maruyama M.（1963）："The Second Cybernetics," *American Scientist,* vol. 51, pp. 164-179.（佐藤敬三訳「セカンド・サイバネティクス――逸脱増幅相互因果過程」『現代思想』一二―一四頁、一九八―二一四頁、一九八四年）。

Minsky, M.（1985）：*The Society of Mind,* Simon & Schuster.（安西祐一郎訳『心の社会』産業図書、一九九〇年）。

森岡真史（1993）：「多部門在庫調整過程の安定分析」『立命館国際研究』第六巻第二号。

森谷正規（1997）：『「複雑系」で読む日本の産業大転換』毎日新聞社。

中岡哲郎（1971）：『工場の哲学』平凡社。

中岡哲郎（1990）：『人間と技術の文明論』（ＮＨＫ市民大学テキストブック）日本放送協会出版。

中田善啓（1998）：『マーケティングの進化／取引関係の複雑系的シナリオ』同文舘。

生天目章（1998）：『マルチエージェントと複雑系』森北出版。

Nelson, R. and S. Winter (1982) : *An Evolutionary Theory of Economic Change*, Harvard University Press.

西部忠（1996）：「市場の多層的調整機構（上）」『経済学研究』（北海道大学）第四五巻第四号、六九～九五頁。

西部忠編（2004）：『進化経済学のフロンティア』日本評論社。

西山賢一（1995）：『免疫ネットワークの時代／複雑系で読む現代』（ＮＨＫブックス）日本放送出版協会。

西山賢一（1997）：『複雑系としての経済／豊かなモノ離れ社会へ』（ＮＨＫブックス）日本放送出版協会。

西山賢一（1999）：『文化生態学入門――複雑系の適応戦略（増補新装版）』批評社。

野田聖二（1999）：『複雑系で解く景気循環』東洋経済新報社。

Ormerod, Paul (1998) : *Butterfly Economics, A New Genreal Theory of Social and Economic Behavior*, Faber and Faber Limited.（塩沢由典監修／北沢格訳『バタフライ・エコノミクス――複雑系で読み解く社会と経済の動き』早川書房、二〇〇一年）。

Rhyle, G. (1949) : *The Concept of Mind*, Hutchinson.（坂本百大・宮下治子・服部裕幸訳『心の概念』みすず書房、一九八七年）。

Rosser, J. Barkley Jr. (2004) : Introduction, in Rosser (2004).

Rosser, J. Barkley and J. Barkley Rosser Jr. (Eds.) (2004) : *Complexity in Economics*; v. 1: *Methodology, Interacting Agents and Microeconomic Models.*; v. 2: *Macroeconomics, Financial Markets and International Economics*; v. 3: *Urban-economic Models, Evolutionary Economics and Ecologic-economic Systems*, Edward Elgar.

齊藤了文（1998）：『〈ものづくり〉と複雑系』（講談社選書メチエ144）講談社。

塩沢由典（1981）：『数理経済学の基礎』朝倉書店。

塩沢由典（1990: 1998）：『市場の秩序学――反均衡から複雑系へ』筑摩書房、一九九〇年、新書版：ちくま学芸文庫、一九九八年。

塩沢由典（1997a）：『複雑さの帰結――複雑系経済学試論』ＮＴＴ出版。

塩沢由典（1997b）：『複雑系経済学入門』生産性出版。

塩沢由典（1998）：「判断の論理とわれわれの知識」『比較経済体制研究』第五号、五月号。

塩沢由典（1999）：「ミクロ・マクロ・ループについて」『経済学論叢』（京都大学）第一六四巻第五号（一九九九年一一月刊予定、実際の出版は二〇〇〇年一〇月）。

Shiozawa, Y.（1999）："Economics and accounting: a comparison between philosophical backgrounds of the two disciplines in view of complexity theory," *Accounting, Auditing and Accountability Journal*, Vol. 12, No. 1, 1999.

Simon, H. A.（1947）：*Administrative Behavior*, Macmillan.（松田武彦・高柳暁・二村敏子『経営行動』ダイヤモンド社、一九八九年）。

Simon, H. A.（1972）："Theories of bounded rationality," in C. B. McGuire and R. Radner（eds.）, *Decision and organization: A volume in honor of Jacob Marschak*（Chap. 8）. North-Holland.

Simon, H. A.（1976）："From substantive to procedural rationality," in S. J. Latsis（ed.）, *Method and appraisal in economics*, Cambridge University Press.

Silverberg, Gerald（1998）：Review of Arthur, W. Brian, Steven N. Durlauf, and David A. Lane（eds.）（1997）：*The Economy as an Evolving Complex System II.* Addison-Wesley, published in F. Schweitzer and G. Silverberg（eds）, *Self-Organization and Evolution in Economics*, Berlin: Duncker & Humblot. See also http://www.santafe.edu/arthur/Papers/Pdf_files/Silverberg_Web.pdf.

Sraffa, P.（1926）："The Laws of Returns under Competitive Consitions," *Economic Journal*, Vol. 36.

Schumpeter, J.（1912）：*The Theory of Economic Development: An Inquiry into Profits, Capital, Credit, Interest, and the Business Cycle*, translated by Redvers Opie, with a special preface by the author, Harvard University Press.（塩野谷祐一他訳『経済成長の理論』（上）（下）岩波書店、一九九七年）。

Schweitzer, Frank（ed.）（2002a）：*Modeling Complexity in Economic and Social Systems*, Singapore: World Scientific, 2002.

Schweitzer, Frank（2002b）：Introduction of the Editor, in Schweitzer, Frank（ed.）（2002a）.

高安秀樹・高安美佐子（2000）：『経済・情報・生命の臨界ゆらぎ』ダイヤモンド社。

高安秀樹・高安美佐子（2001）：『エコノフィジックス――市場に潜む物理法則』日本経済新聞社。

田坂広志（1997）：『複雑系の経営』東洋経済新報社。

田坂広志（1997）：『複雑系の知』講談社、九月。

田中三彦・坪井賢一（1997）：『複雑系の選択――「カオスの縁」の自然科学と経済学』ダイヤモンド社。

谷口和久（1997）：『移行過程の理論と数値実験』啓文社。

植村博恭・磯谷明徳・海老塚明（1998）：『社会経済システムの制度分析』名古屋大学出版会。

Uexküll, J. von, und Kriszat G.（1934）：*Streifzuge durch die Umuelten von Tieren und Menschen: Ein Bilderbuch unsichtbarer Welten.*（Sammlung: Verstandliche Wissenschaft, Bd. 21.）Springer.（日高敏高・野田保之訳『生物から見た世界』思索舎、一九七三年、の一部として翻訳されている）。

Waldrop, Mitchell M.（1992）：*Complexity: the Emerging Science At the Edge of Order and Chaos*, Simon & Schuster.（田中三彦・遠山峻征訳『複雑系』新潮社、一九九六年）。

涌田宏昭編（1999）：『複雑系の経営学』税務経理協会。

Weaver, W.（1948）："Science and Complexity", *American Scientist*, 36, 536–544.

八木紀一郎（1998）：「進化経済学をもとめて：西山賢一『複雑系としての経済』によせて」『社会科学論集』（埼玉大学）第九五号、pp. 93–102。

吉田和男（1997）：『複雑系としての日本型システム』読売新聞社。

吉田和男（2002）：『複雑系経済学へのアプローチ』東洋経済新報。

吉田雅明編（1997）：『複雑系社会理論の新地平』専修大学出版会。

吉田民人（1990）：『自己組織性の情報科学』新曜社。

吉永良正（1996）：『「複雑系」とは何か』現代新書。

第3章　社会経済学の現在

松原隆一郎

はじめに――新古典派経済学の限界――

経済学には、支配的学説という意味でのパラダイムが存在している。いわゆる新古典派経済学である。ここで新古典派と呼ぶのは、一八七〇年代に限界効用概念を基軸に経済学の刷新を図ったW・S・ジェヴォンズやC・メンガー、一般均衡理論を唱えたL・ワルラスから、部分均衡分析のA・マーシャル、さらには初期のJ・R・ヒックスやP・サミュエルソンら戦後英米の理論家たちといった、学説史上の狭義の系譜のことではない。現在、「ミクロ経済学」という名称の教科書において定式化されている思考様式一般のことである。

経済学にはいくつかの立場があるが、それらはⓐ経済主体の性格としてどのようなものを想定するか、ⓑ市場における秩序をどう理解するのか、そしてⓒ経済と、それを観察し記述・分析する「分析者」と経済の関係をどうとらえるのか、にかんして際だった差異を示している。

新古典派はこれら三点で、経済主体についてはⓛそれ以上分割しえない要素に還元されるとする方法論的個人主義、および②目標に対し手段を選択するに当たって無限の計算能力を有するとみなす合理主義を仮定する。また市場秩序については③それぞれの財や資産にかんする需給の均衡のことだと理解する。さらにまた分析者たる経済学者は④経済システムを他の社会システムから分離して扱うことができ（孤立系の仮定）、⑤対象としての経済を客観的に観察しうると前提している。社会経済学（Socio Economics）は、新古典派のこれらの特徴に限界を認め、社会と経済の関係を強く意識するところから出発した一群の理論である。

学術のどんな専門分野にも、支配的学説なるものは存在している。けれどもそれを論拠なく信じている者、もしくは信じていなくともそう見せかける者が多くいることだけで、それが真理だとは言えない。陳腐な言い方ではあるが、科学とは、仮説を模索し、演繹的に敷衍し、事実と照合するという地味な手続きのことである。ところが最近では、一部の新古典派経済学者は自分たちの主張が、「専門家のコンセンサスであるからたんなる仮説ではない」と断言している。

専門家と呼ばれる特権的な集団が共通に受け入れている考え方であるから、たんなる仮説ではなく真理に準ずるというのであるが、そもそも「専門家」というのは、科学の手続きを見失うなら意見を同じくする仲間の言い換えでしかなくなる。新古典派的な人間観から言えば、特定の学説を選択することはその人が所得や効用を最大化するための手段にすぎない。多数と意見を同調させることもそのための最適戦略と判断されているはずだ。どのような学説を奉じるのも自由ではあるが、コンセンサスが戦略の均衡点であると自覚せず、それをもって真理だと言い張る人が現れるようになったという事態は、新古典派もまた現実離れしたイデオロギーと化しつつあることの証拠である。ここで、経済学の支配的諸仮説を社会諸科学の常識によって相対化し、それを通じて経済的な事実に対しより包括的な解釈の光を当てようとする「社会経済学 socio-economics」が登場する機縁が生まれる。

(1) 新古典派経済学の特異な性格

新古典派は「ミクロ経済学」と呼ばれる通り、社会を個人に分解しうるとみなす方法論的個人主義(①)を採用する。逆に言えば、社会とは個人を集めたものであってそれ以外ではなく、集団の動きに何らかの傾向が見られるとしても、それは個々人の意思決定や個人間の契約から説明できるものと考える。また人は感情を煽られたり価値観に奉じたり、習慣にしたがったりさまざまに行動するが、新古典派はそれを「合理的な選択」という観点から理解する。経済主体による合理的な選択(②)は一般に「最適化」と呼ばれ、消費者なら商品の価格や機能にかんして知りえた情報をもとに効用を最大化し、企業ならば価格や費用、他の企業の行動にかんする予測などにもとづいて利潤を最大化するように行動を決定するといわれる。さらに、消費者や企業は効用や利潤を定量化しており、意思決定とは数学的最適化のことだとみなされる。

新古典派は当初、ジェヴォンズやマーシャルに典型的であるように、限界効用概念を用いていた。ここで「限界」が数学的最適化の萌芽であるのに対し、「効用」は心理的快楽の尾っぽを示している。効用が注目されたのには、一八世紀イギリスを席巻した功利主義の影響を見て取ることができる。ところが今日ミクロ経済学の消費者行動論においてエッジワースの無差別曲線が中心的位置を占めているように、消費者の行動は快楽という実質抜きに最適化という数学的な形式によって記述されるようになる。そして企業もまた、利潤の最大化という最適化問題を解く計算主体として描かれている。

数学的な最適化を行い方程式を解くには、経済主体は自分の有する効用や費用（技術）について熟知しており、また将来の情報についても確率分布まで知っていなければならない。ところが将来の情報にかんしては、確率分布さえ想定できないほどの不確実性が存在しうる。そこで最近の新古典派は不完全情報の理論を展開し、代替仮説として「限定合理性」を挙げて、エージェンシーとの不完備契約を論じたりしている。だがここでも不完全な情報のもとで最適な行動が選択される、という合理性の前提そのものは覆っていない（新古典派の「限定合理性」理解が偏っており不十分であることは、塩沢由典の複雑系経済学が指摘している）。

新古典派は市場秩序にかんし、「市場における均衡」の状態と理解している（③）。それは個別市場で需給の量的一致すなわち部分的均衡が成り立つということだけでなく、経済の全体において価格が調整することにより、総供給が総需要に一致するというセイ法則が成り立つことも意味している。総供給が所得として分配され、そのうち消費されなかったものは家計・企業および政府の貯蓄となるが、貯蓄を貸付資金の供給、投資を貸付資金への需要とみなすと、利子率が両者を調整して均衡させるならば、総供給は消費と投資からなる総需要と一致する。

これが長期において成り立つのに対して、短期的には価格のうちで賃金が硬直的であるために労働市場で需給が均衡しないならば、失業が発生する。これは労働組合が賃金の柔軟な調整を阻んでいることをもって失業の原因とみなしたA・C・ピグーの立場である。ちなみに、このように短期的に賃金が硬直的であることを失業の原因と考える人々は新古典派の中でケインジアンと呼ばれているが、彼らはケインズが批判したピグー説にしたがっているのである。

経済システムの孤立性（④）とは、経済現象やそれを生じさせる経済主体の活動が、他の政治や社会、文化といった領域から独立しており、自己完結するとみなすことを言う。もちろん新古典派においても、政治過程において税率が決まり再分配がなされるというように、政治は所得分配という経済現象に影響する。複数の個人からなる家族を単一の意思決定主体であるかのように構成するのも、核家族化が進んだ先進国では現実妥当性があるし、文化的流行は商品に対する人々の嗜好を変えるとされ、科学技術の発展は経済成長のエンジンとみなされている。だが、ここで経済システムと他のシステムとの関係は、それぞれが自律したうえで連携すると考えられている。税率は家計や企業の活動にとって外生変数であるし、家族の集団としてのあり方が個々の構成員の嗜好といかに関係しどのように単一の意思決定を生むのかは問われない。流行などの社会心理は需要を変動させるはずだが、それもまた個々人の嗜好との関係は追求されず、技術も生産関数として計測されるだけである。まして途上国であれば、独立の意思決定が親族のどのレベルでなされるのかは人類学的な調査を待つしかない。「家計」とは何かが自明ではないのである。

それゆえ経済学がかかわるいわゆる「学際研究」では、それぞれの分野の教科書的前提が独立に妥当と考えられているため、相互批判することなく両立しえない可能性のある仮説が連立させられたり、時には「法と経済学」のように、法学よりも経済学の論理を優先し、法を「経済合理的に」改造させようとすることもある。

経済の認識にかんする客観主義（⑤）は、「分析者」をいかに位置づけるかにかかわっている。新古典派では、個別の市場で財の「需要」や「供給」が量的に測定できるとみなされている。そしてたとえばAという商品に対する市場需要曲線と市場供給曲線の交点で価格P_aが決まる、という言い方がなされる。ここで、Aという商品が何を指しているのかについては、すべての市場参加者が共通に理解しており、分析者もまた理解をともにしている、すなわち識別は客観的に行われるとみなされている。ところが現実の築地の魚市場では「タイ」と呼ばれる魚が多数取引されており、その中にはエボダイのように生物学的にはタイと類縁関係にないものまで含まれている。市場における「タイ」というのは取引の歴史によって培われた分類枠であって、学術的な意味での客観的な定義とは別物なのである。エボダイがタイと代替材であるとすればそれは東京卸売市場の中でのことであり、他の市場では事情が異なる。しかもそれは生物学における識別の枠組みとは一致していない。

ハイエクは、財の区別は「主観」によるものであり、それを客観的に行うことができると考えるのは「科学による反革命」だと述べている(1)。つまり市場は、物理学の対象のように分析者が別次元から客観的に観察できるものではないのである。それにもかかわらず、新古典派では特定の商品にかんして需給が量的に測定されるとみなされている。これは「分析者」を、客観的な情報を有する超越的な存在と仮定しているからであろう。けれども現実には商品の識別ひとつとっても、その基準を十分に理解するためには、取引の現場に長時間かかわって、経験的に修得するしかない。

新古典派においては、市場経済が上記五つの性質を純粋に備えており自由化が十分になされていれば、経済は潜在的な生産性を最大限に発揮すると考えられている。そして市場において個々人が自由に取引することで最大の効率が達成されるという理屈からの市場への政府の介入や制度による生産要素の固定化（雇用慣行など）は否定されるようになる。このような新古典派の考え方は一九世紀後半から欧米において優勢となり、これに対して、有力な経済学者がときどきに異議を唱えてきた。興味深いのは、彼らの多くが批判の論拠として社会的要因に関心を示していることである。制度を思考習慣ととらえ、消費にかんしても社会的イメージの側面を強調したT・ヴェブレン、生産要素にかかわる制度が自由化によって破壊されることを批判したK・ポランニー、将来に対する確信の危機を唱えたJ・M・ケインズ、合理的な経済計画が自生する法のもとでの市場秩序を破壊するというF・A・フォン・ハイエクらの洞察は、新古典派の前提を根本から疑うものであった。彼らについて特筆すべきは、経済システムが孤立系ではありえず、他のシステムや諸制度に向けて開かれていることを共通に示唆している点である。

その見解を受ければ、ブランドに見られるように社会的イメージで動く消費は方法論的個人主義では分析できるはずもなく、労働や土地といった生産要素をめぐる制度を解体すれば生活や自然は混乱し、将来に対する確信が揺らいで総需要不足となれば不況に陥り、現場において分権的に知識を生かさないような経済システムは市場の秩序を破壊してしまう。彼らは自称こそしなかったが、社会経済学の祖であった。一九七〇年代から日本において独自の展開を遂げることになる社会経済学は、彼らの業績を明確に意識している。というのも、新古典派において消費に対して社会が与える影響は無視しうるほどのものでしかないが、ブランドのような社会的イメージを抜きにして七〇年代以降の消費社会化を論じようもないし、労働や土地、資本を固定化させるような日本的経営や日本型金融システムといった諸制度が高度経済成長と無関係とみなすのには無理がある。また日本の生産現場や官僚による市場介入は、客観的と官僚が考える情報を民間に押しつけるのではなく、逆に分権的に知識を活用することを促進するものであった。そうした点を考慮すれば、戦後の日本経済の分析に新古典派の枠組みが限界を有していることは明らかであった。また社会的要因や諸制度が経済発展に寄与したと認めて初めて、制度変化が起きる理由についても検討できると思われたのである。

1　経済社会学の構想

戦後日本ではながらくマルクス経済学が優位にあり、それは冷戦の終了まで続いた。そうした中で新古典派はいわゆる「近代経済学」として徐々に導入されていったが、それは当初、オーストリア学派に学ぶ形で行われた。高田保馬は大正時代、日本における「理論社会学の父」として活躍したが、昭和期に入ると経済学に転じ、オーストリア学派に準拠しつつ、「経済社会学」を構想した。彼は市場における商品価格（とりわけ生産要素市場における賃金）が、純粋に個々人の欲求にもとづく需要と企業の費用条件を基礎とする供給の相対的な大きさによって決まるのではなく、階級という集団が有する「勢力」によっても左右されるという勢力説を唱えた。これは、経済主体については方法論的個人主義を維持するものの、市場秩序にかんしては経済を孤立系とみなさず階級の政治的圧力とも相関させて理解するという、社会経済学的かつ現実的な発想であった。これは経済学および社会学という西欧出自の社会科学を導入する最初期において、すでに社会経済学の萌芽が芽生えていたことを示している。

また高田は勢力説を援用しつつ利子論をも構築しようとしたが、経済学界における後進にはまったくと言って良いほど受け継がれなかった。高田はのちに勢力説のトーンを和らげ、一般均衡理論を「第一次近似」として受け入れたが、「第二次近似」としても勢力説は経済学において主要な学説とはならなかった(2)。

新古典派では、経済を孤立系と見立てる理由として、「第一次近似としての純粋理論を論じ終えたのちに第二次近似を受け入れる予定である」といったことがしばしば語られる。高田の勢力説はヴェブレンの「衒示的消費」説と同様、経済学の主要な学説とはならず、社会学の一部でのみ受け継がれた。それはこの段階近似論がたんなる建て前にすぎず、新古典派が方法論的個人主義および孤立系の前提を堅持していることを示している。

オーストリア学派そのものは社会学の泰斗M・ウェーバーにも強い影響を与え、「主観にもとづく行為」という観点を共有するにいたったが、第二次大戦後になると日本人経済学者の関心は英米系の新古典派に移って行った。それとともに、「オーストリア学派のそれとはまったく反対に、社会学を何か汚いものでも振り払うかのように経済学から排除してしまおうとする強い性癖」(3)が顕著となり、高田を継いだ青山秀夫が経済システムを社会システムのサブシステムとして位置づけようとした試みは、近代経済学者からは「耳を覆いたくなるような」(4)営為と受け取られた。ウェーバーが提示した経済主体の動機づけにかんする多面的な理解も合理的な選択という単純な人間観の前に忘れ去られ、欧米経済学の戦後日本への導入が本格化するにつれ、新古典派を中心とする経済学が社会学から影響を受けるという回路は閉ざされていった。

だがそれにもかかわらず、社会学者の一部には、新古典派理論を参照しながら社会学の理論体系を整備しようとする「経済社会学」の系譜が残った。それはあくまで経済学を参考にしつつ社会学を構想するというものであり、社会学を射程に収めて経済学との総合化を図る社会経済学とは視線の向きが逆転してはいるのだが、早くから社会と経済とのかかわりを考察し、社会経済学とも基本的な論点を共有してきた。その系譜には、二つの流れがあると思われる。

(1) 交換の論理で人と人をつなぐ――社会的交換理論――

新古典派経済学からアイデアを得た「経済社会学」の第一の流れは、富永健一によれば「社会的交換」の理論である。個々の行為者は各人の主観の世界で価値を抱いており、その背後には欲求がある。ここまでは新古典派の主体と同じであるが、行為者は絶えず他者と相互行為を重ねるうちに社会化されて主観を重ね合わせ(相互主観)、価値観を共有するにいたる。(5)ここでは、コミュニケーションを重ねる過程で有力な幾人かの価値観に同調していくという、「ホモ・ソシオロジクス」が仮定されている。こうした相互行為の考え方は、各個人は他者によって直接に選好を左右されず、価値は個人の主観のみに内包されるという個人主義を採る新古典派経済学とは、表面的には対極にある。ところが富永は、両者には関係があると言う。「ホモ・エコノミクス」は市場における経済的交換によって財を得て消費し、欲求を充足させている。一方、他者との「社会的交換」においては、相互行為によって、物財からは得られないようなタイプの欲求（夫婦関係、友人関係、師弟関係、近隣関係など）も充足される。経済的交換と社会的交換は、「交換」という一点で共通性を持つというのである。しかもそうした欲求の充足は、合理的に行われている。そこから恩や義理、人情といった信頼関係が形成されていく。

こうした内容を持つ社会的交換理論は、諸個人がさまざまなファクターを交換することという点に注目すれば、主体にかんして個人主義と合理主義を採っているようにも見受けられる。けれどもこうした観点が重要なのは、まず純粋な経済的交換なるものは存在しない、と示唆するからである。貨幣を媒介として財や生産要素を交換する経済的交換においても、人は他人とコミュニケートする。そこで多かれ少なかれ、同時に社会的交換も行われているはずなのだ。八百屋が顔なじみの主婦に特別に値引きするのは、それによって顧客をつなぎとめ、長期的な利益を得ようとするからである。それは一物一価という経済交換の原則には反しているが、非合理的な行為ではなく、いわば政治的判断によっている。経済行為と見えるものにも、社会的・政治的ないし文化的な要素が付随しているのである。

富永の紹介する社会的交換理論が示唆するもうひとつの重要な論点は、交換の当初においては各人がバラバラの個人であるとしても、顔をつきあわせて交流を重ねるうちに価値観を共有するにいたるとしていることである。アダム・スミスは、人は他人の立場を想像することで「立場の交換」を行うと言っているが、ここで経済主体は個人性とともに共同性をも獲得している。経済行為が政治的・文化的・社会的な行為でもあるとともに個人的かつ共同的な営みでもあるというのが、社会的交換理論が社会経済学に与えた教訓であろう。そしてその発想は、のちに青木昌彦の比較制度分析に汲み取られていく。

(2) 動態理論としての構造 - 機能主義

経済社会学の第二の流れは、煩雑で難解なT・パーソンズの構造 - 機能主義に、新古典派の一般均衡理論を参照しつつ明快な理解の枠組みを与えようとするものである。そうした営みに巨大な足跡を残したのが、小室直樹(6)であった。小室は、社会現象を単一の原因で説明する「単一原因説」は人が犯しがちな誤りだと言い、その弊を逃れるのが、社会を多くの変数が複雑に結びつく全体としてとらえる社会システム論だと述べている。すべての社会現象は、多くの変数の相互作用の結果として生じるのである。社会科学の中でいちはやく社会現象を多変数の相互連関によって描き出したのが、L・ワルラスの一般均衡論であった。そしてワルラスは各市場において需給の均衡が成立するための条件(均衡条件、安定条件、存在条件)を定式化するという問題を残したが、それを解明したのがJ・R・ヒックスやP・サミュエルソンであった。小室は彼らを、一般均衡理論を数学的に定式化した点で高く評価し、さらにサミュエルソンによるケインズ解釈(45°線分析)をも称揚する。

経済学は小室の言うようにシステム論によって社会(の一部である経済)を描写するのに成功したのだが、それにはもっぱら価格や需要・供給量といった変数が、数量で表されたことが決め手となった。ところが社会学の場合は変数の大半が質的なものであり、市場調査においても定性的なものが少なからぬ効力を発揮する。それにもかかわらず、T・パーソンズは社会にかかわるあらゆる構成要素をシステムだとみなした。人格は、意識される部分、されない部分を併せてパーソナリティ・システムである。家族や企業、学校などの集団も、人間関係の束としてシステムである。そして日本社会やアメリカ社会といった全体社会も、システムである。一個のシステムは変数の結びつきによって構成されるが、それが個々に特徴を持つのは結びつき方に違いがあるからで、諸変数の結びつきが示すそうした安定的なパターンを、パーソンズは「構造」と呼んだ。パーソンズの叙述はいささか曖昧であったが、それを新古典派からの類推によって整理し直したのが小室である。彼は変数間のさまざまな制約関係を関数関係と読みかえてそれを構造と呼び、構造が所与であるときに得られる変数の値を均衡と理解したのである。

社会が有する構造が、構造としてあるあり方を壊されずに維持存続させられてシステムも安定するとき、その条件をパーソンズは「機能」と呼んだ。そして彼は、個々人というシステムは自己保存を目的とするという[7]。社会にかんしては、A（適応：経済）、G（目標達成：政治）、I（統合：社会）、L（潜在パターン維持：文化）という四つの機能があると見る。構造を安定させるような生活水準や心理的満足、宗教的一体感などのことである。パーソンズはこのように社会の安定に議論を集中したが、小室は逆に、これらの機能が一定水準を満たさないと評価されたときに構造が変動し、社会は深刻な危機状態に陥って、人々は無規範状態におののく（アノミー）[8]と論じた。すなわち、構造が変動するか否かの条件として、機能をとらえたのである。人々の行動パターンを形作り社会構造をも決めるのが機能としてのエートスであるとすれば、社会の均衡値がエートスを満たさないときに社会は危機に瀕する。ここから、小室が旧ソ連に対して行った「崩壊の予言」が出てくる。社会構造としての計画経済体制の生み出す経済パフォーマンスが、共産主義は人間の幸福を保障するというエートスを満たさなくなったために、計画経済体制は崩壊するだろう、と言うのである。

富永もまた、敗戦や長期不況、外国からの衝撃などにより社会システムの現行の構造が成員にとって満足できるものでなくなれば、システムの機能要件は満たされなくなって、構造を変えようとする動機づけが成員のあいだで広がり、均衡は破壊されるという。そして社会的な緊張・対立ないし闘争が蔓延し、それは新しい構造が形成されるまで続く、とした（構造‐機能‐社会変動の理論）。

日本ではこのように、小室直樹および富永健一によってパーソンズの構造‐機能主義は社会変動の理論として整理された。それは出発点で一般均衡理論に着想を得ているが、社会変動という結論では新古典派から大きく距離をとるにいたった。というのも新古典派では、変数間の関数関係を決めるような与件は消費者における欲求（効用関数）や企業における技術（生産関数）であるが、諸変数の均衡値に対する評価によって与件である関数関係が変動するといった論理を持たないからである（わずかにJ・A・シュンペーターが、利潤を追求するために企業は技術革新を行う、という筋立てでこの点を論じている）。その理由について富永健一は、経済学と社会学とでは、採用するシステム論そのものが異なっているからだと指摘する。経済学が採用しているのは「力学的システム概念」であり、「均衡の概念と密接に結びついており、そこでは諸部分の相互依存の中から、諸力のバランスした状態としての均衡が成立してくる過程が、分析の中心になる」。さらにこのシステム概念は、物理学や化学から援用されている。一方、社会学が依拠するのは「有機体論的システム概念」であり、「機能の概念と密接に結びついており、生物学、とりわけ有機体の機能についての学問である生理学において、身体の部分である諸器官が相互依存しつつ、生命の維持に必要な諸機能を分担しているメカニズムをあらわすのに、用いられてきた」。人間の身体が環境変化に適応しつつ体内の恒常性を維持する生理メカニズムとしてキャノンが指摘した恒常性維持原理（ホメオスタシス）が、こちらのシステム概念を代表している。経済学の扱う変数が量的であり、社会学の扱う変数が質的であるのも、システム概念の相違によるといえるだろう。

以上のように経済社会学は、新古典派に範をとりつつも、社会学が扱う現実ゆえに異なる理路をたどった。主体にかんしては、個々人が欲求充足を目的に、物財に限らずさまざまな関係を他者とのあいだで交換する。だが各人は、次第に価値観を共有するにいたる。つまり、諸個人が共同性を獲得してゆくという点で、方法論的個人主義に固執する新古典派からは大きく逸脱してゆく。さらに市場秩序にかんしても、社会構造が安定している限りで均衡が存在することは認めつつも、しかし均衡が機能要件を満たさなくなった場合には、与件である価値観や欲求、技術が変動するとみなした点で大きく異なっている。とりわけ人々に共同性を与えるエートスが満たされないときに生じるアノミー化は、新古典派経済学にはありえない射程を示している。

けれどもとりわけ構造－機能－社会変動の理論については、抽象論に止まらず現実の経済・社会に対する評価に適用されるとき、現実をいかに理解し判断するかという分析者のセンスが問題となる。ある社会にとって「構造」が何であり「機能」が何なのかということは、自明ではない。分析者の解釈次第なのだ。そして構造－機能主義は、日本では近代化の指針として用いられた。マックス・ウェーバーは周知のように、近代化の精神的な原動力として、西欧に浸透する「禁欲的プロテスタンティズム」を挙げている。(9) 構造－機能主義ふうに言えば、中世の伝統社会という構造がもたらす安定は、プロテスタンティズム（という機能）が要求する活動水準を満たせなくなり、資本主義なる社会構造が現れた、ということであろう。ならばキリスト教国でない日本はどうやって近代化をなしとげたのか、を問うたのである。

富永は、社会システムは経済・政治・社会・文化という四つの下位領域（サブシステム）から成り立っており、近代化とはそれぞれにおける制度的な社会変動のことだと述べている。(10) 経済分野では、産業革命をへた資本主義の成立がある。政治においては、市民革命による民主化の達成とそれを現実に運営するための官僚制の発展があり、社会にかんしては「家」共同体と封建領主の支配した村落共同体の解体が生じた。文化においてはルネッサンスと宗教改革を通じたキリスト教の合理化（プロテスタンティズムの勃興）が起きた。これらがからみあって「近代」が出現したのだと見るのである。

前三者は法制など外在的な制度であるから、日本が真似ることは可能であろう。現に明治政府は、資本主義への適応に熱心であった。そして天皇主権とイエ・ムラは持続したものの、民主化と都市化・核家族化は第二次大戦での敗戦によって進行した。だがやっかいなのは文化である。「精神」にかかわっており、簡単に輸入できるものではないからだ。文化面での合理化こそが近代化の決定的な原動力となった、ということだろう。

プロテスタンティズム（カルヴィニズム）の予定説は世俗の生活において勤労と禁欲を命じたから、生産と蓄積が促進される。現世を変えるように強い圧力を与えるのである。ところが仏教は俗世を超越するものであり、儒教は現世を肯定しすぎるから、そうした圧力をもたない。日本に残された宗教は「天皇教」とでもいうべきものだったが、それも戦後否定され、ここに「精神なき資本主義」が成立してしまう。富永によれば、文化的な合理主義は宗教によってではなく、明治時代の明六社のごとく啓蒙的な社会思想として持ち込まれた。ところがこの合理化は付け焼き刃でしかない。宗教的エートスこそが文化の中心にあるからだ。とすれば、日本の近代化はいびつなものになる。ロッキード事件では、政財官が癒着し腐敗した（政治的未成熟）。またオウムのごとき新々宗教では薬物すら用いられ、非合理な呪術がまかり通っている（文化的未成熟）、云々。

けれども、社会変動が文化領域における合理化＝プロテスタンティズムによってもたらされると考えるなら、それは社会的交換理論の一部に収められた新古典派経済学とは矛盾する可能性がある。新古典派の言う合理性は、たかだか消費や生産に当たって「選択に矛盾がないこと」を言うにすぎない。蟻のように勤勉かつ禁欲的であったり、もしくはキリギリスのように放蕩を好んでも構わない。蟻とキリギリスの二つの人格を同時に兼ねることを非合理と呼ぶだけだからだ。オウム真理教の薬物にしても、好みが一貫しておればそれを選択することを許容してしまうのである。また新古典派理論は、欲望の内実を変える圧力を組み込んでいない。つまり社会変動の理論をもっていないのである。そもそも不確実で未知な将来に挑むというウェーバーの近代人観は、行為の一貫性を求める（それゆえ確実性を前提せざるをえなかった）新古典派の人間観を逸脱するものであろう(11)。

小室も同様に、大塚久雄のウェーバー解釈および西欧経済史に依拠しつつ、「資本主義の精神を欠く日本経済」を批判的に分析している(12)。日銀の低金利政策や系列下請けから高価な原材料を調達してきた大手メーカー、横並びの銀行が資本主義の合理主義精神に反する、というのである。だが大塚史学には痛烈な反論が加えられており、現在では批判側が共感を集めている(13)。小室はそうした決定的な論駁に対して有効な再反論を行っておらず、黙殺するだけとなっている。

なぜこのようなことになったのか。一因は、日本における構造‐機能主義者が欧米社会もしくはウェーバー・モデルを近代化論の絶対的な目標としてしまったことにある。構造‐機能主義における「構造」が現実には何に相当しており、機能をどう評価するのかは、論者の解釈に帰着する。それは経済とのかかわりにおいてイエや共同体、政治制度や宗教意識といった諸制度をいかに位置づけるかということでもある。唯一絶対の答が与えられているわけではないのだ。

分析者は社会の一員として外部に絶対的な手本を持つことなく、自前の解釈をめぐらせるしかないのである。そして分析者の解釈と社会システムとのかかわりを明示する自己組織系の理論は、のちに社会学においても展開されることになる(14)。ところが小室は、新古典派理論から乖離する経済の現実を「資本主義の精神を欠く日本経済」と批判し、日本的な制度や慣行の後進性を執拗に糾弾している。それは、経済の認識において欧米の理論を手本としてのことである。けれども「構造」はそもそも社会の安定のために必要とされるのであり、社会によって異なるものであるから、安易に撤廃できはしない。対照的に社会経済学は、経済社会学が近代化の遅れの産物とみなした日本的な諸制度を肯定的に評価する思想運動として、登場するのである。制度変化はそれぞれの経済社会がおかれた文脈に即して起きるしかなく、分析者はその内部で趨勢を観察できるだけなのである。

2　社会経済学の胎動

戦後日本の近代経済学は、戦前のように独自の学説を模索するのではなく、マルクス派と拮抗しつつ、アメリカの学界の動向を追っていった。そうした中で、当初はミクロ経済学とマクロ経済学が、サミュエルソンの唱えた「新古典派総合」のプラン通りに、論理的な関係を問いつめられないまま曖昧に並立させられていた。

ところがアメリカでは六〇年代も終わりになると、ベトナム戦争の泥沼から財政赤字とインフレが定着するようになり、それにもかかわらず失業率が下がらなくなったため、ケインズ政策の有効性に疑いの目が向けられていった。そうした現実を前に、七〇年代後半にはM・フリードマンの唱えるマネタリズムが勢力を増し、さらに一切の裁量的なマクロ管理政策は無効だと説く点でより徹底的なルーカスやバローらの合理的期待形成学派が学界で一世を風靡し、またアメリカのレーガン政権やイギリスのサッチャー政権、日本の中曽根政権では新自由主義が採用された。市場への介入や管理を否定する姿勢が、現実にも強まったのである。そこで新古典派総合というミクロ・マクロ折衷案は、新古典派の逆襲を受けることとなった。マクロ管理政策理論としてのケインズ経済学は、新古典派的な「ミクロ的基礎」を厳密に問われることにより、理論的にも骨抜きにされていった。そうした中で、アメリカ経済学界の知的支配下に組み込まれるという学界の動向から離反しつつ、日本の社会経済を総合的に分析するという野心をもって、社会経済学を構想する人々が現れる。

(1)　村上泰亮――イエ社会論と自己組織系――

一九三〇年代以降の資本主義経済は、経営者支配（バーリ＝ミーンズ）、経済システムと政治システムの接合（ケインズ）、所得革命と福祉国家化（クズネッツ、ゴールドスミス）、さらには技術革新にもとづく経済成長やその帰結としての高度消費社会化などの点で、古典的な市場経済とは異なるとされてきた。そして既存の新古典派経済学や社会学の近代化論は、日本の高度経済成長がなぜ起きたのか、日本的な経営や国家による市場介入をどう評価するのか、さらには先進国の一員となった現在、どのような政治経済体制が望ましいのかを分析するのには、決定的に不十分とみられていた。日本的経営慣行や官僚による介入を新古典派のごとく否定するだけでは、現に出来した高度経済成長を説明するのにいかにも無理があるし、欧米を理想化する社会学的な近代化論も戦後的文化人の幻想にすぎないことがもはや明らかとなりつつあったからだ。

村上泰亮は社会的選択理論および経済体制論から出発したが、社会学から歴史学にいたる社会諸科学の成果を積極的に取り入れ、現代日本の産業社会という現実を分析するための理論的基礎を模索した(15)。村上によれば、資本主義社会は、文化システムにおいて「手段的能動主義 instrumental activism」を価値として共有している。産業社会においては組織や技術を用いるに当たって手段的な合理性が要請され、また不確実性に満ちた外的世界を冒険的に作り変えようとする能動性が必要となるからである。村上は公文俊平・佐藤誠三郎との共著『文明としてのイエ社会』(中央公論社、一九七九年)において、日本における手段的能動主義はイエ社会において発生したと唱え、その歴史的由来を描いた。また日本的経営と戦後型行政介入の経済的含意については、「長期平均費用逓減説」によって説明を試みた。経済主体が抱くエートスや企業が有する技術について、歴史的な背景を画定しようとしたのである。

わが国では、鉄鋼・科学・自動車など資本集約的な重化学工業が戦後の経済成長の担い手であった。労働力が豊富で賃金が安いことが決定的であれば、国際貿易にかんする比較優位説によって労働集約的な産業が繁栄したはずであろう。村上はこの矛盾を、「長期平均費用逓減説」によって解き明かす。平均費用が逓減するなら、企業が利潤を最大化しようとすると生産量は無限に拡大してしまう。いわゆる過当競争である。村上は長期的な費用の逓減が、戦後日本は後発国であったがゆえに先進国であるアメリカの産業技術を模倣したことから生じたとみなした。そうであれば、好況期には設備投資競争が起き、不況時には集中豪雨的な輸出が図られる。日本的経営は、技術の模倣に適した経営形態だったというのである。また村上は、過当競争を避けるために通産省が講じたのが、産業ごとに外国企業の参入を規制する設備投資規制と、不況カルテルを指導する行政指導カルテルだったとみる。「仕切られた競争 compartmentalized competition」によって、日本は追いつき型近代化を達成したというのである。そして日本的経営にせよ、戦後型行政介入にせよ、歴史的起源はイエ社会に求められる、と村上はいう。[16] 新古典派が現実妥当性を無視して仮定するように費用が逓増するならば、各企業の生産量は価格が限界費用に一致するところが上限となり、過当競争などは生じえない。平均費用の逓増は、経済システムが孤立系でありうるための前提でもあった。

ところがそもそも手段的能動主義において、(新古典派が前提とした)手段的合理主義と(ウェーバーが注目した)能動主義という両価値の結合には、不安定が伴っている。前者はなんらかの目的を前提するものだが、後者はその目標が無限遠に存するとみなしており、結局は目的喪失の不安を招くだろうからだ。また、「豊かさ」は、実現されれば目的たりえなくなってゆく。そして豊かな消費社会において大衆的な広がりを見せた個人主義は、人々の自己主張を尖鋭化・多様化させ、目的喪失の不安を現実のものとするのである。そこで村上は、『産業社会の病理』(1975)[17] や『新中間大衆の時代』(1984)において、市場システムを支える文化システムが資本主義の変貌によって撹乱され破壊されつつある点にこそ、現代の産業文明の病理があると主張した。近代化論とは逆に、合理主義や能動主義を十分に備えた日本の産業社会は、豊かな消費社会の達成というその成功の頂点において没落の危機に瀕していると診断したのである。

高度成長の後半から、手段的(まじめ)でなく即自的(あそび)な価値を求め、行政や日本的経営に懐疑を抱き、しかし既得権益には敏感な人々が登場して、選挙で利益を提供する党を支持する層を広汎に形成した。これが、七〇年代末に自民党支持に回った「新中間大衆 new middle mass」である。彼らは手段的能動主義から離反し、オイル・ショック後に保守回帰して、わが国の産業社会にゆらぎをもたらした、というのである。この分析は、同時期に著されたD・ベルの『資本主義の文化的矛盾』(林雄二郎訳、講談社、一九七六年)にも共通するものだったが、日本における近代化論が産業の側にのみ注目し、ウェーバーの論じたような禁欲的プロテスタンティズムの機能的等価物を探した地点から数歩進んで、消費文化のあり様にまで論及しつつ日本社会におけるエートスの変容を批判的に検討した点が斬新であった。

さらに晩年の村上は、アメリカとの貿易摩擦を受け、日本経済が国際社会で果たす役割について考察した。高度経済成長を達成してからのちの日本は、経済自由主義のルールを奉じる欧米諸国から経済構造が異質だという批判をしばしば受けてきた。これに対し村上は、『反古典の政治経済学』（中央公論社、一九九二年）において、日本経済は異質ではないものの、産業先進国となった今日、経済自由主義に服さねばならないという理解を示した。制度変更の勧め、である。

村上のいう「古典」的観念とは、経済自由主義と国民国家システムによって仕切られる世界像のことである。その背後には、後発国経済についても費用逓増を想定し、経済自由主義にしたがえば国際経済秩序がもたらされるとみなす新古典派経済学と、国際紛争は国家間の戦争によって解決されるという国民国家論とがある。けれども産業化とナショナリズムのさらなる進展のもとで、経済のボーダーレス化や情報化、アメリカ経済の衰退、ＮＩＥＳ諸国の台頭そして冷戦体制の崩壊といった新しい現実に直面すると、古典的な世界像によっては十分に取り仕切れなくなる。

日本が高度成長期に実現した「費用逓減」は、特異な現象ではない。かつての通説である従属論によれば、後進国は一部近代化（民主主義化・産業化）された先進国にずっと従属するしかない、とされてきた。ラテンアメリカがその好例で、日本はその経営方式もあいまって唯一のそして異常な例外だとされてきたが、日本につづくＮＩＥＳ諸国の台頭で、この通説は反証された。村上は、これをもたらしたのが後進国にも可能であった、費用逓減を自覚的に目指した技術開発だったのだという。ラテンアメリカの低迷は、技術開発の余地の狭い一次産品に経済を特化させたせいだ、というのである。

ＮＩＥＳ諸国の急激な産業化が衝撃的であったのは、これらがいわゆる民主主義国でなかったことにもよっている。

政府が産業政策をもって市場に介入する、いわゆる開発独裁に近い形で経済が発展したのである。これを村上は、「開発主義」と呼ぶ。費用が逓減的であるために競争が激しくなれば生産の拡大とともに単位当たりコストが下がり、勝ち残った企業は市場を独占できる。政府は産業政策を講じ製造業界に規制を課して「仕切られた競争」を導入する。また分配の平等化を図り、大衆消費を促して国内需要を育成する。企業間競争を、「過当」でなく「妥当」な線におさえ、大量の製品は海外市場への輸出に振り向けるよう指示を出す。いわば国内での競争を国外に掃き出すわけで、当然国際的に経済摩擦が生じる。日米間の経済摩擦は、その象徴的な事例である。こうした「開発主義」は、前著までは日本の高度成長期の説明に用いられたが、経済発展においては普遍的に妥当する原則であり、八〇年代の東アジア諸国のみならず、近代初期のイギリスですら高度経済成長を実現するのに用いたとされる。開発主義にとって、模倣すべき先進国の技術が存在することが必要である。それゆえ発展した途上国が産業において先進国となれば、基礎技術の開発費用を負担しつつ経済自由主義に切り替えねばならなくなる。

現在の世界経済に対してこうしたルールを適用すると、国際経済摩擦は解消よりも拡大の方向に向かってしまう。一国において開発主義的な競争は産業政策によって調整されるが、国際社会においては個々の企業に対しての一国政府に相当する強力な仲介者が存在しないからだ。

そこで村上は、さまざまな二国（ないし少数国）間協力を貼り合わせた「重複する安全保障同盟」の原則と、先進国にはこれまで通り経済自由主義を守らせ、後進国には開発主義を認める「多層的な経済自由主義のルール」を提唱した。これら二つの提言は、より根底的な原則から派生している。「思想の自由」こそが、この書物を基礎づける根本概念である。古典的観念では、欧米を理想として歴史は一元的に進歩するものだと想定していた。それに対してこうした「新しい経済自由主義のルール」は、多元的な文化や理念にもとづく多系的な発展がありうるとみなす。村上が唯一の正義を求める「超越論的反省」でなく、他の文化や理念に対する理解と寛容を求める「解釈学的反省」を思想の自由の基礎にすえようと説くのは、それゆえであった。

村上は当初から[18]「各個人がシステムを認識する目をもっていることを媒介として、自分自身を再組織していくようなシステム」に注目し、そのような自己組織系としての社会システムを分析するための「超分析的方法」を提起している。関数の連立系によっていったん社会システムが構成されるとしても、その連立系の全体を認識する目があり、それを通じて新しい変数が生まれ関数の連立系のさらに関数として表現されるとき、自己組織系である社会システムは、関数と超関数の連立系として示される。こうした自己組織系は、その中にシステムとメタシステムとメタメタシステムを含んでいるのだから、対象として分析するのはおよそ困難であろう。そしてなんらかの分析が行われたとしても、それは自然科学の法則のように万古不易の存在ではありえないのである。ところが新古典派の分析は「呪術」と化し、自省する契機を失っている。それに対し「超分析的方法」とは、「なんらかの近似によって接近するしかない」社会を分析する者にとっての「心構え論である」、という。

人がシステムそのものを認識するときに当のシステムには何が起きるか、という自己組織性の問題は、社会学においても関心が持たれたが、経済にとってはより根本的であった。政策的に計画を立てる者は経済システム全体を観察しようとするのだし、景気動向などを推測したうえで投資の指針を決めようとする企業などもまた、経済の全体を観察しようとしているのだといえる。それゆえ自己組織系は、新古典派にも取り入れられることになった。「合理的期待形成」仮説がそれである。経済人はみな将来の経済システムについて正しいモデルを得ており、それにしたがうことで予想は実現する、というのである。このように現実離れした仮説が立てられた理由は明白である。というのも、システムの中にメタシステムが入り込むようなこうしたモデルでは、システムとメタシステムが同型であると仮定しなければ、定式化して分析することができないからだ。つまりここでは「分析する」という科学的認識にとっての手段が目的と化しているのである。まさにこれは「呪術化」の好例と言えよう。

このように自己組織系は、村上にとって経済学に自省を促す概念だったが、逆に新古典派にとっては自省しないことのあらわれとして現前化した。だがそれにもかかわらず、学者が社会について理解しようとするとき、不断の自己反省が必要になるということは変わらない。

以上のように村上は、経済主体については手段的能動主義やその喪失、さらにはイエ社会という歴史的背景を描いた。日本のみならずアジア諸国が離陸し、プロテスタンティズムの機能的等価物を探し求めることそのものが無意味になっている現在、「日本には資本主義の精神が定着していない」といった社会学系の近代化論を脱し、さらに保守化・消費社会化した現実を「目的喪失」という観点から一種のアノミーとしてとらえる現代感覚は鮮烈であった。市場秩序については新古典派の市場均衡論が長期的費用逓増という非現実的な仮定にもとづくためにこれを批判し、長期的費用逓減と官僚による「仕切られた競争」をこれに代えた。費用逓減という視点は、のちに複雑系経済学に引き継がれることとなる。そして日本的な経済制度の発生については、イエ社会という歴史・社会分野に起源を求めた。この点が、進化ゲームによって制度の存在意義を導き出す青木昌彦の比較制度分析とは対照的である。さらに経済学者の位置づけとして、解釈学的反省を課したのである。

(2) 青木昌彦——ゲーム論に映し出された制度——

青木は七〇年代、経済体制の分析に従事した。当時の経済体制論はもっぱら市場経済と計画経済の効率性の比較を論じ、青木はL・ハーヴィッチの指導のもと、情報効率性と誘因両立性を基準として経済体制を分析した。ところが市場経済においても国により制度や組織の構成に違いがある点に注目し、資本主義内の制度比較を行うようになってから、のちに青木の名を高からしめる比較制度分析に着手する。情報の効率性や分権性に注目した点では、社会主義経済計算論争におけるハイエクの主張を受け継いだとみることもできる。各国制度の相違を指摘しつつ、普遍言語である数式でそれぞれの制度を定式化し、ゲーム理論を用いて分析したのである。

それは当初は日本企業の組織分析（『現代の企業――ゲームの理論から見た法と経済――』岩波書店、一九八四年）であったが、じきに日本企業を取り巻く官僚組織や政治制度にまで射程は広がり（『日本経済の制度分析――情報・インセンティブ・交渉ゲーム――』筑摩書房、一九九二年。原著は一九八八年）、東アジアの経済発展や社会主義経済の市場化を踏まえて市場と国家の補完的な関係をも視野に収め、制度の静態だけでなく制度が変化する動態過程にも論を進めつつある（『比較制度分析に向けて』NTT出版、二〇〇一年）(19)。

また、分析の道具としても、分配の交渉にかんしては参加者が合理性を発揮する非協力ゲームを数学から導入した(20)が、さらに限定合理性しかもたない人々がより少ない情報のもとで他の人々の行動を見ながら行動し、慣習やルール、制度を形成してゆく過程を分析するに当たっては、進化ゲームを進化生物学から取り入れるようになった(21)。

そうした知見をもとに、戦後を支配してきた日本的経営や企業――銀行関係のメイン・バンクシステム、さらに市場や産業に官僚と政治家が介入する「仕切られた多元主義」といった諸制度の有効性を指摘し、さらには一九九三年頃からそれが優位性の消失とともに崩れ始め、新たな制度への移行が模索されているという見通しを打ち出して、単純な悲観論やアメリカ的制度礼賛に警鐘を鳴らしている（『移りゆくこの十年、動かぬ視点』日経ビジネス文庫、二〇〇二年）。

新古典派では、資源配分のための制度としては市場だけが想定され、利益の分配も労働・資本・土地などの限界生産力に応じて市場が行うとみなされる。それに対して、市場以外の制度にも資源配分の働きがあると主張する流れは、旧制度学派から脈々と息づいてきた。ところが旧制度学派は制度の比較記述に偏る傾向があり、数学的な定式化をもって客観的な論述と考える現代の経済学界では無視されてきた。青木が取り組んだのは、コースやウィリアムソンら新制度学派以降定着するようになった数学的な組織分析である。方法論的個人主義を起点とし、進化ゲームにおいて限定合理性を仮定するところまでは新古典派の手法を引き継いでいるが、経済を孤立系とみなさず組織科学や政治学、社会学にも積極的にまなざしを向ける点で社会経済学の領域に踏み込んでいるといえる。

これまで経済学は財を共同使用するコモンズのドメインと（私的財の）取引ドメインとを扱い、組織科学は権限と貢献が交換され組織アーキテクチャとコーポレート・ガバナンスを定める組織ドメインを分析してきた。進化ゲーム理論は、組織のもつ慣習や人的資産そのものが人々がランダムに出会ううちに創出される組織フィールドのドメインを編成し、政治学は政治的権力と支持が政府と人々のあいだで交換される政治ドメインを考察、社会学は社会的なシンボルが交換される社会交換ドメインを扱うというように、それぞれが専門分野として自立的に議論を進めてきた。青木の独創性は、それら六つの「ドメイン」が制度にかんするプロト・タイプを構成しており、トランス・ディシプリナリーなアプローチであるゲーム理論によって統一的に分析されるというアイデアにある。これは個々人が物財には限らぬタイプの欲求を満たすために社会的交換を行うということだから、方法論的個人主義とゲーム理論にもとづく社会的交換理論だということもできよう。社会的交換ののちに、組織や国家や規範といった諸制度が創出されるというのである。

青木の比較制度分析を特徴づけているのは、「事実」と「理論」の二本柱である。新古典派においても事実と理論が考慮されはするものの、生産要素の初期保有量、生産要素と最終生産物のあいだの投入産出関係を規定する技術、そして消費者の嗜好を反映する選好という諸事実が特定できれば、あるべき資源配分は理論によって確定するとみなされ、市場はそれを実現するから現実がそれと異なっておれば規制や慣行などの諸制度が市場を阻害しているせいだと断定される。それに対して比較制度分析では、多様な制度の存在を認めたうえでそれらの制度にかんする情報にもとづき文脈特殊的なモデル・ビルディングを行い、ゲーム理論を用いて諸制度の有効性を分析、モデルの説明力を再び制度的情報に照らして吟味する、という「インタラクティブ・アプローチ」が採られている。(22)実のところ新古典派にしても、企業の支配権が株式市場で売買されるといったアングロ・アメリカ的な制度を暗黙のうちに取り込んでいる。それにもかかわらず制度が直接の分析対象とみなされなかったのは、新古典派がアングロ・アメリカ的制度を絶対的なものとみなしているからである。対照的に比較制度分析は、制度の多様性を重視するのである。

具体的に述べてみよう。青木は企業間の生産性の格差が、それぞれが有する情報システムとインセンティブの構造によって生み出されると考える。資本主義の初期に存在したアダム・スミスのピン工場では情報が企業家・経営者に集中していたが、現代の大企業は規模が巨大であるだけに、重要な現場情報は職場に分散しており、独占的には処理されない。そこで各職場がマネジメントから活動水準について指令を受けるスミスのピン工場的な「古典的ヒエラルキー」を企業における情報システムの基本形として想定すると、そこから二つの系列が派生する。第一の系列には、マネジメントが定めた組織ルールのもとでそれぞれの職場が個別環境についての情報を現場で収集し、活動水準について分権的に決定する「分権的ヒエラルキー」があり、それはテイラーの科学的管理法に相当する。さらにそれがIT化によって発展すると、マネジメントが組織ルールを定めはするものの、IT技術によりシステム環境にかんするデータも大量に伝達可能になったために分散的に各職場が意思決定するようになる。それが「情報分散化システム」である。この系列では、職場を越えて普遍的に価値をもつような「機能的技能」が重視される。

「古典的ヒエラルキー」から派生する第二の系列は、（終戦直後の日本のように）専門的な技能を持つ労働者が十分に存在しない状況で、労働者がチームとして互いに助け合い、職場で起きた問題を集団で解決するべく企業内のOJTで技能形成を行う「情報同化システム」と、さらに近年では組織内での共通知識だけではなく専門知識の必要も高まるところから、個別情報の処理能力を高めた「水平的ヒエラルキー」である。この系列では、個別企業や職場組織といった文脈の中でのみ有用であるような「文脈的技能」が用いられる。

ここで青木は、このような情報システムのいずれが各国経済において選択されるのかを、進化ゲームによって分析する。すなわち、機能的技能が優位を持つ産業と文脈的技能が優位にある産業を想定したとき、人々がいずれかの技能の形成に投資しつつランダムに出会いながら企業を作っていくとして、各国の人口はどちらの技能を有するように変化していくのかを数理的に分析したのである。その結果、いくつかの均衡点が現れ、そのうち安定的なものとして全員が機能的技能を持つA均衡、全員が文脈的技能を持つJ均衡、および各産業に属する人が機能的技能と文脈的技能を有する他の二つのケースに分かれるという。アメリカは「分権的ヒエラルキー」や「情報分散化システム」を選んでいるがそれはA均衡であり、日本は「情報同化システム」ないし「水平的ヒエラルキー」を選んでおりそれはJ均衡だ、というのである。

各国の企業における技能と情報のあり方についてこのような説明がとられるのは、そうした「慣習」もしくは「制度」が、社会の中で進化的な過程を経て到達された均衡点として現れたと理解するからである。そして複数の均衡が存在するのは、歴史的な初期条件に依存してそれらの慣習や制度が決まるという「歴史依存性」に由来することを意味している。ここで青木は制度について、一部の官僚や政治家などエリートが法や組織機構を勝手にいじったとしても創出しえないものだとみなしている。理想的な制度であれ、人々がそれが存続すると予想せず、戦略的にそれから離反するような行動をとるのであれば、早晩崩壊してしまうからである。ここで制度とは、それが生み出すような「人々に共通する期待や信念」ということになる。それがなぜ共有されるかといえば、各経済主体の戦略的行動の均衡形態を反映しているために、自己拘束的になっているからである(23)。かくして制度とは、「実際にゲームがどのように行われているのかについて、経済主体間で共有されている了解」と概念化される。

このように、情報について日本は現場知識を利用するためにヨコのつながりを、アメリカは専門知識を利用すべくタテのつながりを重視している。それと交差するのが労働者にインセンティブを与える人事である。日本ではタテの序列で統合を図り、アメリカは横断的な労働市場とのつながりを前提してきた。このタテ/ヨコの関係を、青木は「双対原理」と呼ぶ。

情報・人事についてJ均衡の理論的な裏づけができると、そこに次々と日本企業の制度上の現実が結びつけられてゆく。OJTやジョブ・ローテーション、トヨタ式生産方式におけるジャスト・イン・タイム、カンバン方式などは水平的情報ネットワークのあらわれだという。そこでは労働にもレントを発生させるだけの優位が認められるから、利潤は株主だけのものではなくなり、論理的には経営者が仲介しつつ労働者との交渉で分配され、賃金スケジュールや昇進といったインセンティブがナッシュ交渉解として決まる。文脈的技能に熟練するためには長期的な雇用が望ましくなり、終身雇用・年功賃金といった制度が生まれる。ここでは、小池和男の労働にかんする「知的熟練」論が援用されている。

集団（チーム）で生産しようとすると、各人の働きは特定されないため、「ただのり」が発生する可能性がある。株主はそれを防ごうとするが直接には監督できないため、企業を存続させるか否かについて判断を財務状態から決定する権限を外部モニターに移転する。これが「状況依存型ガバナンス」である。日本ではモニターの役割はメイン・バンクが引き受け、生産性の落ちた企業を救済するか解散させるかを決定している。アメリカでは、モニタリングは段階におうじて各種金融機関が分散的に担当している。

双対関係は、日本の自動車産業では原材料を提供する企業と購入する企業の関係においても見られる。情報は企業間で水平的に共有されるが、取引は垂直的な系列関係において行われる。当該企業間でのみ意味を持つ「関係特殊投資」が実施されると、長期的に取引が継続されない限り資金は回収できない。こうしてそれぞれの企業は、双方独占状態となる。これは、系列関係にかんする浅沼萬里の下請（サプライヤ）論を言い換えたものである。

最後は政府と企業だが、ここでも長期的で文脈依存的な関係が見て取れる。企業は事前に決められたルールにしたがって行動するが、政府は事後的にもルールを変更したり裁量的に運用したりしている。日本の官僚組織には二つのカテゴリーがあり、ひとつは直接に業界団体や企業と接触する「原局」、もうひとつは民間とは接触せず官僚組織内部を調整する「調整局」である。原局はひとつずつの「仕切り」を担当して、業界団体と全員一致的な利害調整を行う。業界団体には、産業団体だけでなく農協・特定郵便局長会・医師会・国立大学協会・遺族会などあらゆる利益集団が含まれる。そして業界間には族議員が介入し、調整局とともに行政内部の予算・権限の配分を通じて利害調整を行う。自民党はそうした利益の代表と調整を取り仕切っていたが、社会党もまた官公労組の利益を媒介し、補完しあって「官僚制多元主義」もしくは「仕切られた多元主義」を構成したのである。こうした調整が必要だったのは、長期的な雇用慣行や企業間関係が存在したことと相関している。石油ショックのような外的衝撃や衰退産業から発展産業への構造調整を市場に任せたとすると、短期的に激甚な組み替えが生じ、長期的な取引に対する信頼は失われただろうからだ。

制度が「人々に共通する期待や信念」に裏づけられた均衡状態におけるルールのことだとすると、制度変化はゲームのプレイの仕方について人々の予想が収束しなくなったときに生じるはずである。青木は、日本においては先進輸出産業が生産性の低い国内産業に利益を移転し、内外価格差・所得移転・参入規制によって所得を保証してきたが、それが先進的な産業を弱体化させてきたという。最近の彌縫策は、金融産業や公共事業を将来世代の負担（財政赤字）で保護することである。「仕切られた多元主義」にはこうしたジレンマがあり、それが有効である限りでは各制度はそれぞれが他の制度を前提とし、互いに補完しあっている（制度的補完性）。それゆえ制度が壊れるときには、芋蔓式に崩れていくという。

八〇年代末以降のアメリカ産業は、ＩＴ革命と組織革命を経験して劇的な回復を果たした。企業間をインターフェイスさせる連結ルールを設定することで、企業単位では個々に別々のまとまった機能（モジュール）を追求し、分業効率を上げたのである。「仕切られた多元主義」もひとつの「モジュール化」ではあったが、アメリカはＩＴ技術によって日本のそれを模倣した。そこで青木は、組織を小単位に分割し、それぞれが決定や判断の責任を明確化する方向に日本も進んでいくべきだと提言している。

青木の論述は過剰なほど分析的であるが、説明しようとした「事実」はほぼ村上のものと同様であった。従来の日本経済論は、新古典派のものは日本型経営や長期的取引慣行、仕切られた多元主義などをアメリカ的な制度を前提として断罪したし、マルクス派は高度成長について、過酷な労働と私生活領域にまでいたる搾取が実現したとみなした。これらはともに論述として自虐的であるのみならず、制度の理解においても先入観に支配されている。青木は、日本型の制度にも成長を支える論拠があるのだということを論証したのである。

ただし分析の手法は、村上とは異なっている。各経済主体は、六つのドメインで進化ゲームを行い、ゲームの安定的な均衡として慣習的な所有権と共同体規範、市場ガバナンスや貨幣、組織アーキテクチャやそれぞれの技能、そして国家を生み出すという。彼らは限定的な合理性しか有しないが、相互に交流する中で多様な制度を生み出す。ただし交流を媒介する情報には専門的なものだけでなく文脈依存的な知識が含まれるし、インセンティブも制度に組み込まれている。それらが日本の高度成長を可能にしたというのである。つまり経済主体としては、限定合理性しか有しないものの、経済のみならず社会・政治・組織の各領域において社会的交換を行うと想定されている。社会的交換は進化ゲーム理論が記述するように行われ、その結果として生起する市場秩序は、制度も含めて安定的な均衡状態としてとらえられている。

青木には、小池和男や浅沼萬理と共有するような制度の現実にかんする理解や、非協力ゲームにおいて合理的な主体を仮構することに対して批判が向けられている(24)が、前者についてはマルクス派的でない別の見方が提示されているとは思われないし、後者について青木は、限定合理性を採用する進化ゲームを用いるというように論点をずらしている。むしろ問題は、六つのドメインにおいて既存の社会科学が蓄積してきた知見がはたしてゲーム論によって十分に汲み尽くせるのか、という原理的な部分にあると思われる。つまり、ゲーム論が制度を分析するための「トランス・ディシプリナリー」な道具でありうるのか、ということだ。

ゲーム理論では、相手を想定してのゲームとはいえ、戦略の選択に当たっては、顔をつきあわせて交渉する場面は重要視されない。戦略の決定は、経済主体の頭の中で行われてしまうのである。それゆえ、経済主体にとっては利害だけが戦略の選択基準になってしまう。だが対面しての交渉となると、利害を念頭に置いて冷静な判断を行いつつも、相手とのあいだで了解しあったり感情的に反発したり、言葉によっては表現できないような交流も随伴する。対面的コミュニケーションは、ゲームとはいっても言語ゲーム（ウィトゲンシュタイン）の方に属しているのである。そして自然言語によるゲームは、利害では汲み尽くせない多面的な意味を含む。ゲーム理論は六つのドメインに注目した点でその多面性を配慮してはいるが、利害を超え自然言語でしか表現しえないような交渉については汲み取れていない。

また各経済主体は選択に際しては個人主義をとっているが、制度が戦略的行動の安定均衡として定着すると「期待や信念」を共有するようになり、その意味では社会化されている。けれどもここで言われる「期待や信念」は不完全情報のもとであれその範囲ではあたう限り合理的に計算されたものである。というのも、限定合理性とはいえ情報が不完全である一方、選択はすべて意識的に行われると想定されているからである。そのせいで、「期待や信念」は慣習や信頼の多くがそうであるように最終的には無根拠なものではないし、さらには制度論では説明されないようなマクロな経済状態は反映されない。たとえば長期的に雇用を保障するような制度が瓦解するという予想が広がれば、それによって安全な資産である貨幣を保有する人が増え、流動性選好の高まりを招いて総需要不足から不況に陥る可能性があるが、そうした経路は想定されない。青木の議論には供給・生産側しか登場しないのも、暗黙のうちに市場秩序にかんして均衡状態＝セイ法則が仮定されているからであろう。ちなみに貨幣は進化的に生成するとされているが、それは交換の媒体としての貨幣であり、マクロ経済において流動性の罠を招き寄せるような価値の蓄蔵機能は考慮されていない。

さらに、ゲーム論においてはゲームそのものの構造を決めるような「分析者」はいったい誰で、彼はどんな資格においてゲームの構造を決めているのか、という問題がある。静態における文化人類学的な現象については、レヴィ＝ストロースが神話の分析で行ったように、数学的に「構造」を取り出すことができるのかもしれない。その際、分析者自身が観察対象であるような原始社会に同化することすらありうるということを、レヴィ＝ストロースは『悲しき熱帯』(25)（1955）で報告している。けれども資本主義の動態においては、分析の対象を事実として確定するのにも、「解釈」がかかわってくる。ゲーム論においては、各人の収益や費用、プレーヤーの嗜好（効用）や相手の戦略にかんする主観的な確率分布などが、あらかじめ客観的な事実であるかのごとく提示されている。ゲームのルールや利得表の設定そのものが、なぜか特定のものとして与えられ、進化ゲームの過程でも固定されているのである。けれどもそのようなゲームのルールは理論家が勝手に設定したことであり、解釈に染まっている。現に、企業内での労使交渉も、比較制度分析の目から見れば対等な交渉であっても、むしろ対等な交渉や契約の形をとらないことに日本的制度の特色を見いだす立場もありうる。いずれの立場をとるのかということそのものが、解釈次第なのである。青木は、文脈的技能や現場の情報に注目した点ではハイエクを踏まえているが、主体による意識的な選択や分析者によるルール設定を前提とするゲーム論を採用した点では、ハイエク的な意味で「科学的」すぎるのではないか。『感覚秩序』（1952）にみられるように、ハイエクは一貫して意識以前で人々に共有されるルールの存在を指摘していた。これは認知心理学の先駆けとなる著作である。

旧制度学派の祖・T・ヴェブレンは制度を「思考習慣」と定義したが、それはゲームに参加する人々が交渉の結果として得る「共通する期待や信念」ではない。それは交渉において人々が戦略を選択する以前に巡らされるような思考の習慣である。そして分析者もまた、一定の「思考習慣」に染まっている。そうした「思考習慣」を、社会科学の蓄積から記号論の形を借りて抽出しようとしたのが、西部邁の業績であった。青木と西部の最大の対立点は、社会科学をより包括的に理解するうえで、参照されるべき理論をゲーム論と記号論のいずれとみなすかにある。

(3) 西部邁――二元論と経済倫理――

N・ハンソンの科学哲学が述べるように、経済学は事実を理論で分析するが、事実は多かれ少なかれ理論によって事実と認定される。そこで事実を論じることからひとまず距離を置きつつ、新古典派を論理の次元で超克しようとしたのが西部の社会経済学であった。その内容は、処女作であり社会経済学にかんする主著でもある『ソシオ・エコノミックス』(1975)[26]でほぼ論じ尽くされている。[27]ここで西部は、企業や消費者といった各経済主体の本質について理論的に検討しながら、日本的な経済慣行など現実の制度を正当化する論理を、七〇年代の半ばの時点ですでに独自に探り当てている。

ところが西部は本書で得た知見をその後も現実の分析に振り向けることはなく、より抽象的な相関社会科学(としての社会経済学)の構想へ歩を進め、他方では日本社会を一種のアノミーに陥らせている大衆社会化状況の指弾に立ち向かった。今日彼が保守主義者を自称するのも、後者における批判の橋頭堡を築こうとしてのことである。ただしその批判は、村上のように消費社会化といった現象にではなく、新古典派の立場から構造改革を主張する知識人などに向けられている。その意味では、西部の視線はいまだに新古典派的なるものへの批判、そしてそれが破壊せんとする「社会的なるもの」の擁護に向けられている。西部の言う「大衆」の典型は、新古典派エコノミストなのである。

青木は『ラディカル・エコノミクス』[28](1973)においてJ・ロールズの『公正としての正義』を取り上げ、それが「未知のヴェイル」に覆われた合理的諸個人の社会契約の結果として、「立場の互換性」を導いているという。これに対して西部は、ロールズをハーバーマス的な読みにおいて理解している。すなわち、「立場の互換性」は生命の不確定性に由来するような人間の根源的不安ゆえに基本的欲求として求められるのであり、合理的行動の帰結とみなすのは論理の逆立ちだと批判するのである。こうした批判は、方法論的個人主義にもとづくゲーム論によって制度を導出しようとする今日の青木にも向けられるとみてさしつかえないだろう。実際、本書において西部が徹底してこだわったのは、人に内在する根源的な社会性を経済とのかかわりで見いだすことであった。

ただし社会性といえば、個人に外在し自発性を拘束する何ものかが想像されるかもしれない。西部の言う社会性とはそうしたものではなく、言語によって媒介される「相互行為」であり、「相手の立場に立ち」「他者のうちに自己を見いだす」ような相互依存の契機を含むものである。「立場の互換」を唱えたA・スミス、他者とのコミュニケーションの内に自己形成が促されると説くG・H・ミード、外在的な規範が内在化する過程に注目するP・バーガー＝T・ルックマンら(29)は、いずれもそうした内発的な社会性に関心を向けている。それに比して、社会的交換理論や比較制度論における社会性や制度は、ともに個人に外在するものだろう。

もちろん社会性を強調するからと言って、個人性を否定するわけではない。社会心理学における相互作用派のT・M・ニューカムなどが主張するように、個人のパーソナリティは集団の構造が確定するとともに形成されていくのである。それゆえ新古典派やゲーム論が採用するような方法的個人主義は、事態の半面を強調するものだったといえる。そこで西部は個人性／社会性という二項対立の双方を満たすような主体の織りなす市場経済像の構築をめざすことになる。

コミュニティにおいて共有される規範が、人々に内在する根源的な社会性がかかわっていることは言うまでもない。けれどもそうした規範が具体的にどのようなものであるかについては、動態にある現代社会では不明瞭であらざるをえない。そこで西部は暫定的に、「コミュニティにおいては、コミュニケーション・システムに全成員が参加できるようにするための条件を整備すべきである、という共有規範が成立する」、という「参加原理」を唱える。これは人々に対して生活上のソーシャル・ミニマムを保障するというアイデアだが、個々人が厚生水準を高めるために所得移転を行うといった新古典派的な立論ではない。社会の成員たちはコミュニケーションに参加しなければ内発的な社会性を形成できず、さらには個人性さえ発揮できない。これは貧困を「潜在能力」を発揮させない社会基盤の欠如ととらえるA・センの議論を先取りする主張である。

組織については、西部は情報の不完全性ゆえに市場と対等の存在意義を認めるコースの議論を踏襲する。けれども組織が登場したからといって、個人が組織人として個別性を失うわけではない。組織の活動規則の変更をめぐっては対立が不可避であると示唆され、それにもかかわらず組織が組織であるためには、生産要素（とりわけ労働）の固定性が前提されるという。つまり、企業組織というより凝集性の高い場においても、個人性／社会性という二項は、対立性／固定性という形で表出するのである。企業の行動目標は、そのように企業内で固定化された労働者たちの共同利益を最大化することだとされる。そして分配においては、株主のみならず経営者と労働者が組織に参加するのであるから、共同利益はそれぞれに分配される。ただし労働は固定的だとはいえ、労働者が企業に留まるのは長期的な収入の見通しが立っているからであろう。つまり、賃金は少なくとも短期には固定的であろう。ただしそれは、近年新古典派の「マクロ経済学」が唱えているような、賃金にかんしては労働市場での調整速度が遅い、という技術的な問題ではないことに注意されたい。賃金の硬直性は、収入の長期的な見通しが労働者の社会生活上必要であることと、組織にとって一定の労働が固定的であることとの必要から帰結するのである。そして賃金が硬直的であるならば、商品の価格もまた短期的には硬直的になる。

西部はさらに消費についても、個々人の選好を前提とする新古典派とは対照的に、イメージの公共性を想定する。ガルブレイスが企業は消費者の選好を操作しているというとき、「本来の選好」なるものが前提されているだろう。

けれども何が「本来」なのか、と問われるなら、それを具体的に答えることはできない。それでもわれわれが「選好の歪み」を意識するならば、イメージにおいてもある程度の長期間安定していたものが「本来的」と感じられるのだということになるだろう。

このように西部は、社会への参加から生産、消費にいたるまで、論理の次元では新古典派が個人性と流動性を主張するのに対し、社会性と固定性を強調している。そのうえで、共同性／個別性、動態／静態、意識性／無意識性、合理性／非合理性といった二項対立によって経済的な事象を多面的にとらえることが唱えられている。経済主体にかんしては、このような多面性に生きる存在として理解しているのである。

また、市場秩序にかんしては、労働・賃金・価格の固定性を強調しているのであるから、ワルラス的な価格調整ではなくケインズ的な数量調整が想定されている。つまり市場は価格によって自動的に均衡するのではなく、企業の在庫調整によって秩序化されるというのである。また「参加原理」からはソーシャル・ミニマムの達成が求められるが、それはのちに公共政策の必要性として言い換えられているようである。

『ソシオ・エコノミックス』以降、ケインズやヴェブレンらの伝記的な評論や経済思想史をものした以外では、西部は経済に関してはいくつかの概念の二項対立を組み合わせ、総合的な解釈を可能にするような図式を追求するようになった。そのアイデアは七〇年代から断片的に表明されたが、現代社会を動態においてとらえようと記号論とパーソンズの構造機能主義を大胆に統合したその圧倒的な成果は、最終的には『知性の構造』（角川春樹事務所、一九九六年）に結実した。

けれどもそれは抽象論であったから、他方で声高に唱えられる時論とのかかわりが了解しづらいものともなった。規制緩和や構造改革を急進的に唱える論潮をひたすらに糾弾し、経営にかんして日本的な経営の伝統を守るべしと繰り返したからである。これは保守主義者を自称するようになったことからの連想でいえば当然とも思えるかもしれないが、時論を矢継ぎ早に公表する割には、青木が提示したような制度にかんする事実認識が提示されるわけではないために、頑迷な反動主義者の気配をも漂わせるようになった[30]。論理の次元で示したさまざまな「固定性」が日本的経営や官僚主義の正当化には切れ味を示したとしても、その限界がどこにあるのかは明らかにされていないからだ。IT技術の進展が一時的にバブルを起こしたことは事実であるし筆者もそう評したことがあるが、それとは別に、より長期的に深い次元で経済におけるコミュニケーションのあり方を変えつつあることもまた事実であろう。そうした現実によって「固定性」がどのような変容を受けるのかは不明のままである。

村上は日本的経営や「仕切られた競争」について、アメリカを追いかけ技術を模倣するなかで長期費用逓減が可能であった時期に有意味ではあったが、八〇年代に入り先進国となって以降は変容を余儀なくされたとみなしたし、青木は日本企業が比較優位を持ちレントが発生する特徴として情報にかんする「同化型システム」や「水平的ヒエラルキー」を挙げ、それが専門家の少なかった終戦直後から八〇年代いっぱいまで有効であったものの、アメリカ経済がIT化を急激に押し進め、日本的なモジュール化をわがものとするようになってからは優位を失ったというように、歴史の推移と制度変化のかかわりについて明示している。

だが西部が時論において示そうとしたのは、そもそも現実についての分析や提言などではなかったようにも思える。『知性の構造』の中心をなす主張に概念の「平衡」があるが、西部がこだわったのは社会の「思考習慣」における平衡、すなわち言葉遣いの秩序であった。西部にとって伝統とは、実体としての慣習ではない。人間はさまざまな二項対立にさらされているのだが、そこから選択し表現する精神の形式が、慣習を背後で支えている。レヴィ＝ストロースが主張するように、記号の中でも最も根源的なものが言語である。そして言語表現に平衡感覚を与えるのが伝統だというのである。ここで伝統は、構造機能主義ふうに言うならば言語活動の機能において、目標達成および潜在パターン維持と統合とを結びつけ構造を安定させている。抽象論において二項対立のあいだの平衡を論じるのとは対照的に、時論においては他の知識人の言論が偏ると、すかさず「逆張り」するのがならいとなったのもそれゆえであろう。「平衡」が、経済倫理を示す鍵となったのだ。西部が「大衆社会」を指弾するとき、一般人ではなく（彼らは「庶民」と呼ばれて伝統の担い手とされる）、経済を観察し分析する学者こそが平衡を失した大衆の原型として批判されているのである。

だがそれでもなお、西部の示した二項対立をいかに経済の現実に結びつけるかということは、重要な課題として残されている。倫理のみ論じて現実から遠ざかることもまた、平衡を失することと思われるからだ。

3　社会経済学の展開

村上泰亮・青木昌彦と西部邁は、それぞれが七〇年代から新古典派においては見失われていた経済と社会との接点を求めて独自の社会経済学を構築していった。彼らの個性ある構想を受け継ぎつつ、八〇年代後半からは複雑系・進化経済学・オートポイエーシスなど新たな思潮の登場とともに、社会経済学もまた異なった展開を見せ始める。

(1)　複雑系――限定合理性と収穫逓増――

近年、複雑系に関する研究が関心を集めているが、それは自然科学分野における研究に端を発している。複雑系の理論は、現在のところ、プリゴジンの非平衡系熱力学が明らかにした自己組織系と、八〇年代以降に盛んになった非線形力学のカオス理論とが合流したところで研究が進められている。システムを閉鎖性・線形性・要素還元性においてとらえるのが単純系である。その意味では、経済の孤立性や個人主義（そしてしばしば線形性）を前提とする新古典派は単純系である。複雑系は、さらに要素間の関係が非線形性によって支配されているシステムである。ところが非線形の方程式は、原理的にいっても解くのに困難を極める。そこで研究が線形のサイバネティクスに止まってきたという経緯があるのだが、コンピュータがパーソナルに普及するようになってからというもの、研究者たちは競うようにして非線形の方程式をシミュレーションにかけた。その結果、解のふるまいをパソコンのディスプレイ上で複雑な図形として追うことができるようになったのである。

要素間に線形の関係があるランダムな系は、臨界点を越えて平衡から離れると、要素間に相互作用が生じて関係は非線形になり不安定化する。一部のゆらぎが全体に波及し相の転移が起きて、そこに新たに定常的な秩序（「散逸構造」）が自生してくる。このとき、パラメーターの同じ値に対して複数の解が可能となるが、そのうちいずれが実現するかは、まったくの偶然によっている。多くの可能性の中でひとつが偶然に選ばれたわけで、それは分岐する際の初期条件に鋭敏に依存している。その情報は、「歴史」として系に記憶されることになる。ここまでが、プリゴジンのいう「自己組織化」である。

その自己組織化にも、臨界点がある。ここでさらに非線形性が強まると、秩序相の定常的な秩序が崩れ、系全体の挙動に規則的な繰り返しのない、つまり一定の秩序に収束しないカオス相が現れる。ランダム相においては、臨界点に達しない限りではゆらぎによって局所に秩序が生まれたとしても、じきに解体され、その痕跡は残らない。ところがカオス相においては、局所のゆらぎは系のその後の振る舞いを決定し、「遍歴」を系に残すのである。[31] しかも、カオス相においては、秩序相で一度だけ生じる局所のゆらぎや分岐がいたるところで発生している。そのために、系の振る舞いが時々刻々変化するのである。そして情報もまた不断に生み出され、歴史として記憶されることになる。

このような複雑系を、「非線形の関係におかれたシステムの構成要素間のたえざる相互作用の結果、全体としては部分の総和以上の独自の振る舞いを示すもの」と定義するならば、それは秩序相とカオス相を含むものとなるが、生命など複雑系として考察されつつある現象は、秩序の維持と情報の創発の双方によって特徴づけられている。つまり、生命現象は秩序相とカオス相の中間領域に位置しているのである。S・A・カウフマンはその領域を「カオスの縁」と呼んだ。最近では、生命の進化はこの領域で起きるのだと見られている。この「縁」を越えてカオス相にいたるとき、システムは無秩序に陥るというのである。複雑系研究者は、このカオス相への転移の例として、ソ連の経済体制や株式市場の崩壊を好んで取り上げる。経済現象もまた、複雑系だというのである。しかし、物理学や生物学の領域で開発された複雑系の分析ツールを、人間の営む経済・社会にどのように当てはめるべきかは自明ではない。経済を複雑系とみなすという視点は単純系として経済を分析してきた新古典派から逃れるヒントを与えてくれはするものの、自然科学の分野で開発された複雑系の分析方法を人間の領域に応用するに当たっては、両者がどのような対応関係にあるのかについて解釈を施さねばならない。経済学界において最も早い時期にその解釈に挑んだのが塩沢由典であった(32)。

塩沢は複雑系経済学には二本の柱があるという。「限定合理性」と「収穫逓増」である。第一の「限定合理性」について塩沢は、経済の「複雑さ」を、三つの「限界」においてとらえる。人間がすべての情報を知ることができないという、ハイエクのいう「無知」に相当する「視野の限界」、行動の最適化が不可能だとするH・A・サイモンのいう「合理性の限界」、そして人間の行動の効果が限られており、目的を果たすのに繰り返しや人手を必要とするという「働きかけの限界」の三つである。人間はこうした限界を抱えているにもかかわらず、現に複雑な経済活動を行っている。塩沢はそれを可能にするのが「市場の秩序」だとみなし、その不思議を複雑系の経済学によって解き明かそうとするのである。

とりわけ重要なのは、新古典派が唱える経済主体の最適化すなわち条件つき最大化計算にかんして「計算時間問題」が存在することを指摘した点であろう(33)。新古典派では「限定合理性」を、情報が不完全であることに由来するとみなしている。ところが塩沢によれば、それは計算能力という意味での合理性の欠如に関連している。所得制約がある場合の効用最大化問題は、多くが原理的には計算が可能だが、現実には計算が不可能である。というのも、その計算をコンピュータ・プログラム化したときに、計算にかかる時間は選択の対象となる財の数が一〇で〇・〇〇一秒、二〇で一秒かかるとすれば、財の数がそれ以上増えた場合には飛躍的に伸び、八〇で三兆年を越えてしまうからである（ちなみに、一般的なコンビニエンス・ストアが陳列する商品の数は三〇〇〇といわれている）。したがって現実にわれわれは、財の選択にあたって多くの財を選択の対象として考慮しつつ最大化問題を解くというようなことは行っていないことになる。

では、消費や生産に際して人間は、どのようにして財を選んでいるのか。この問題に対する塩沢の解決は、人間の行動がなんらかの「繰り返しのパタン」つまり定型をもち、新古典派の想定するようにいちいち最適な行動を選ばないですませているとするものである。一定の状況では特定の習慣的な行動が反復されるが、それから逸脱するような場合に初めて意識的に対処されるというのである。このような個人的習慣は、社会的に共有されるときには慣習・慣行となる。慣習は、新古典派によれば合理的な選択に制約を課すしがらみでしかなく、青木においては各人の戦略が全体として均衡する結果、予想が共有されている状態である。

しかし、行動の定型がしがらみでしかないのは、レパートリーが少なく肝心な局面に対処できないからである。合理性の限界からすれば、新たな局面に即して新たな定型をもつことが必要なのであって、定型を放棄すれば計算の不可能性を前に立ちすくむしかなくなる。消費や生産は、そうした定型を数多くもつことで行われるというのである。また、青木においては各人は予想が実現するまで合理的な戦略を計算するのに甚大な努力を払うのだが、塩沢の経済主体はむしろ習慣に頼ることでそういった努力をしないですませようとしている。習慣や慣行が合理性を支える基盤だとする点で、塩沢の複雑系理論は西部の保守主義とともに、慣行を合理的な経済主体の交渉の帰結として導く青木の比較制度分析と対立している。

そのうえで塩沢は市場秩序について、取引のネットワークの全体が、個別の要素の緊密なつながりとしてではなく、ほとんどの変数がある程度まで独立に動きうるという「ゆるやかな結合系」となっている状態としてとらえる[34]。個々の経済主体がゆるやかに結合するのは、それらのあいだの取引が「切り離し」を受けつつ決定されているからである。たとえば在庫は、需要と供給を、つねに均衡させるという切迫した関係におかないための緩衝装置である。在庫をもつことによって個々の企業は、消費者の需要や生産要素市場の供給にいちいち反応しなくとも、定型的な供給活動を取ることができる。また、貨幣も「切り離し」の働きをする。物々交換の世界では、手持ちの財に対する双方の需要が一致するという、ありえそうもない「需要の二重の一致」の成立がなければならない。それに対して貨幣経済では、物をいったん貨幣と交換しておくことで、その困難が回避され、はるかに自由に交換が行われる。こうして市場は、「自律分散システム」としての経済にあって消費者と生産者、個別の経済主体（ミクロ）と経済システムの全体（マクロ）をゆるやかに結ぶネットワーク（ミクロ・マクロ・ループ）と理解されることになる。

塩沢は経済人を、上記の三つの限界によって性格づけられ、ルールにしたがう一個のオートマトンとみなし、市場をそれらの取引のネットワーク（オートマータ・ネットワーク）として理解して、経済システムの全体の振る舞いについて数学的な分析を行っている[35]。つまり、市場の均衡と経済人の合理性からなる新古典派の市場理論を、「ゆるやかな結合系」としての市場と、定型的行動をとる経済人とからなる「自律分散系システム」とに置き換えるのである。

ただしここで言う「経済システムの全体（マクロ）」は、複雑系経済学の第二の柱である「収穫逓増」の影響を受ける。塩沢は収穫逓増について、無定義で用いられてきた例を四つに分類している。生産規模が拡大したときに平均費用が逓減するというA・マーシャルの「規模の経済」、多品種生産において類似の製品を作るならば同じ製造装置を使えるので費用が節約できるというチャンドラーの「範囲の経済」、先進国経済の開発した技術を後発国が模倣・学習することで時間の経過とともに平均生産費用が低下してゆくという「学習の効果」、そして生産の過程においてではなく完成品の利用において、情報機器のOSのごとく互換性がある商品ではすでに普及しているものが圧倒的に需要されるようになるというB・アーサーの「連結の効果」である。ここでひとつのポイントは、村上の言う「長期的費用逓減」が「学習の効果」であり、時間の経緯とともに費用曲線が下方シフトするという効果であって、生産量とは無関係だという点である。村上はある国に生起する過当競争を、模倣によって費用負担をまぬがれる途上国性という歴史位置づけによって説明したのだが、塩沢の指摘が正しいならば、その論拠が失われることになる。

塩沢は、中でも本来の「規模の経済」が重要であり、これこそが新古典派が容認できないものだという。マーシャルは規模の経済について、知られるように外部経済と内部経済を区別している。地場産業のようにある地域に特定の産業が集積すれば、職人養成などの特殊なサービス活動が生まれたり鉄道が開通したりして、輸送費が削減される。そのメリットは産業に属するすべての企業に及び、全体では平均費用が生産規模の拡大とともに低下するという。それにもかかわらず、個別企業にとっては生産規模が拡大しても平均費用は変わらない、と主張した。

この主張が新古典派にとって必要なのは、完全競争の状態で個々の企業が価格と限界費用を一致させるとき、費用が逓減すると生産規模が拡大してしまい、独占を生じさせるからである。この帰結は、完全競争という前提と矛盾してしまう。ところが塩沢は、P・スラッファのマーシャル批判[36]を受け継ぎつつ、むしろ現実の経済にも見られるような個別企業にとっての収穫逓増こそが重要なのだという。「なぜ独占にいたらないのか」という問いに対してスラッファは、「個々の企業にとって生産規模の拡大を抑えているのは、費用の逓増などではなく、市場の狭さである」と答えている。これは、個々の企業にとって需要の大きさが生産拡大の制約となっているという命題につながり、スラッファ自身は「需要供給の均衡のターム」で市場を考察することを放棄するにいたった[37]。このような需要による生産の制約という観点をマクロ経済に適用すれば、ケインズによるセイ法則の否定が導かれる。市場秩序においては、総需要が総生産の規模を決定することになるのである。

このように塩沢の複雑系経済学は、「限定合理性」にかんしてはハイエク的なミクロの経済主体と市場秩序を想定するのであるが、「収穫逓増」にかんしてはケインズ的なマクロの需要制約を持ち込んでいるといえる。そして塩沢は、自律分散系システムがゆらぎながらも定常的でありうる場合とそうならない場合に分け、予想形成のあり方や技術変化の革新性によって、その違いが生じることを示唆している。けれども経済システムの個々の要素、すなわちオートマトンである経済人がしたがうとされるそうしたルール（特定の非線形方程式）が、分析者によって発見され、数式として定式化されることが果たして可能か、という原理的な問題が残されているのではないか。

分析者も観察対象と同じ経済システムに属しているのであるから、その経済システムについて、最先端で技術開発が行われている際にも時を経ずにモデル化するなど至難のわざであろう。市場における競争では、ルールにしたがって競争するというよりも、むしろどのようなゲームが行われているのか、そしてそのルールがどのようなものなのかをいち早く理解する才が必要なのである。これが、経済を含む社会現象が、生命をはじめとする自然現象と性格を異にする点のひとつである。自然現象においては、要素がしたがうルールそのものは、変化することがない。初期条件や環境の相違によって系のあり方が左右されるだけである。したがって、そのルールの外部からの発見が研究者の仕事となる。それに対して人間社会では、ルールがおのずから変化したり、適宜発見されたり、設計されたりしてしまう。経済における自己組織性は、自然におけるそれとは異なり、とりわけルールそのものの観察と解釈によっているのである。パーソンズの構造機能主義は社会システムを有機体との類比でとらえ、経済を力学になぞらえる経済学とは一線を引いたのだが、むしろ経済は有機体よりも複雑な現象である。

その点で塩沢の複雑系経済学は、新古典派批判としては限りなく精緻でありモデル・ビルディングに系統的に道を開いているものの(38)、他方では村上におけるイエ社会論のような歴史学、青木における制度発生の「六つのドメイン」、西部における二元論を駆使した相関社会科学などのように、ルール解釈において社会科学の諸分野に意識を向けようとする気配が薄いように思われる。

(2) 社会経済学と信頼

対照的に、社会経済学の色合いを彩かに浮かび上がらせているのが佐伯啓思の一連の仕事である。[39] 内容は多岐にわたるが、なかでも数学的なモデル・ビルディングを指向する複雑系経済学を補う意味で重要なのは、ルールの観察と解釈に焦点を当てると、三つの問題が浮上することを指摘した点であろう。市場経済には、その外部との境界をいかにして設定するのかという「周回問題」、価格メカニズムによる需給均衡とは別の市場秩序を考えるとき、ゆらぎや不確実性に抗してシステムを安定化させる原理とは何かを追求する「秩序問題」、そしてシステムを変化させる契機は何かを探る「変動問題」が存在するという三点である。[40] これらはいずれも直接には経済社会学の批判的検討から抽出された問題で、分析者が観察対象へ帰属していること、そして経済と他の領域との関係を分析者がいかに解釈するかを問題にするものである。解釈においては個別性／共同性、流動性／固定性、対立性／同調性などの多面性を汲み取らねばならないから、自然言語を基軸とした概念整理が必要となろう。

「周回問題」とは、経済システムが孤立していないとしたときに他の社会システムとどのような関係にあるのかを問うもので、経済主体の行為と認識の関係を検討している。パーソンズの構造機能分析では、社会システムは政治・経済・社会（共同体）・文化（価値パターン）の四つのサブシステムに分化しており、それぞれがシステムの維持に必要とされる四つの機能的要件（目標達成、適応、統合、潜在パターンの維持と緊張緩和）を満たしつつ、相互にも一定の様式をもって結びつけられる、とされていた。[41] つまり、政府や市場、組織、家族は個々に課された機能を遂行し、全体として社会システムを維持しており、そのために相互に制度的に結びつけられているのである。ここでは、市場は孤立系とはみなされない。

だがしかし、パーソンズの議論には多くの批判がつきまとった。中でも重要なのは、構造と機能が、さらには機能と現実が即応していると無条件に仮定されている、というものである。それだとサブシステム間に相互作用があるというのが事実だとしても、相互作用は現実とは無関係に生じていることになる。そこでパーソンズはのちに、その相互作用は、情報とメディアによる「サイバネティック・ヒエラルヒー」によって制御され、その中心には社会的な「価値」が置かれると言い換えた。つまり、構造機能分析ではひとつの価値の達成を前提にするというのである。この場合、システムはその価値が満たされないことを変動の理由とすることになる。そこで経済社会学は、プロテスタンティズムのエートスに注目した。

けれども今日、経済システムは価値規範の不満足に起因しない多様な不確実性や偶有性に揺さぶられているように見える。第一に、変動相場制に移行してからというもの、資本移動が巨額に膨れあがり、マネーの流れがモノの流れに緊密に結びつけられた。しかもマネーは一瞬のうちに逆流することもあり、幾度かの経済危機はそこから生じた。第二に資本移動の流れは国境という政治的単位を軽々と越え、それゆえに国家がマクロ管理政策によって景気を操作することが困難になった。国家と経済とのあいだの境界にゆらぎが生じたのである。第三に、情報化やサービス化のせいで、企業は巨大なヒエラルヒーと分業体系を維持することができなくなった。市場や情報の変化と多様化にフレクシブルに対応しなければならないからだ。第四に、消費社会の高度化により、消費はたんなる生活ではなく、文化を享受することとなった。そして消費文化が流行や集団心理によって浮動すれば、商品の価値もそれによって変動してしまう。文化が経済を動かすようになったのである。

佐伯はこういった例から、システムのゆらぎは境界において生じるのだと見る。経済のゆらぎは、政治や社会・文化からの影響のもとで生じた。そして境界は、ゆらぎをはらみつつも単一の社会的価値などによってではなく、システム自身が「自己遡及的」にその都度措定し直すのだと言う。そしてゆらぎに対してシステムがみずからを限定づけることで、システムは新たな秩序を得るのである。[42] これが「秩序問題」への回答である。市場はあらかじめ定められた構造のもとで、識別された財ごとに需要と供給が呼び起こされ、価格によって調整されて均衡するようなものではない。逆に、個々具体的な取引が継続され、ある取引は事後的に自動車、別のそれは食料品、さらに外国為替や株やといった個別の市場として分類されるだけである。そしてそうした分類が一時的に安定するならば、境界が生まれ、各市場では在庫調整などを含みながら秩序づけられてゆく。つまり、「構造」はあらかじめ存在するのではなく、「行為」や「出来事」の結果として生成するのである。

「変動問題」については、従来の経済学では、変動とは経済成長のことであり、それは労働人口の増大、技術革新や貯蓄率などによってもたらされると考えられてきた。というのも新古典派においては、そもそもエートスや慣行、制度が与件であるためにそれが変動する過程として制度変化をとらえることができないからである。けれども現代の経済では、企業がいかに消費者の欲望を開拓し、需要を拡大し、それを新たな製品開発と技術革新に連動させるかが経済成長の鍵を握っている。そのために広告とマーケティングは趣味の差異を強調し、人々が関心を微差に向けるようになると、そこから利潤機会が生まれる。市場はみずからのうちに「変動」の芽を胚胎したのである。

ここ数年の日本では、このような「周回問題」「秩序問題」と「変動問題」が決定的な論点として現れているように思われる。[43] 松原隆一郎（2002）『失われた景観』、同（2003）『長期不況論』は、社会経済学としてそれらを論じている。K・ポラニーは、労働・土地・貨幣が商品にはなりえず、制度によって守られねばならないと述べている。[44] 労働は従来、生活と経済の境界に位置するものとみなされてきた。日本においては、終身雇用制は雇用を守り、年功賃金制は生涯賃金におおよその見当がつけさせた。また土地は不動産として収益を生むだけではなく、一部は自然そのものであり、街並みや景観を形作る文化でもある。一般の商品は消費者にとって消費するだけであるが、景観は土地を持つ人自身がその一部を構成している。美しい街並みを好んで建てられたマンションがその街並みを破壊するといった事態が生じうるが、それは景観が一般の商品のように消費されるものではないからだ。それゆえ都市計画法や建築基準法により、自由な売買に規制がかけられてきた。さらに貨幣は間接金融優位やメインバンク制、大蔵省の指導のもと金融機関が互いに助け合う「護送船団方式」といった諸制度を通じ、通貨は価値を維持するように創出されてきた。日本的経営や都市計画法・建築基準法、護送船団方式などの諸制度は、市場と生活や文化・自然・価値などとの境界を確定し、そこに各生産要素を配してきたのである。

ところが小泉政権の「構造改革」では、このような諸制度は「構造」と呼ばれて解体されていった。リストラが定着し、雇用が流動化した。都市の収益を向上させる政策が「都市再生」の名のもとに遂行され、都市計画法や建築基準法は大幅に変更されて容積率は青天井となって、超高層ビルが次々に建築され巨大な不動産市場が都市部に発生した。銀行は合併され直接金融化が進み、さらにデフレを止めるためには、さほど優良でない資産と交換してでも貨幣は市場に放出されるべきだという暴論が「インフレ・ターゲット論」といったまことしやかな体裁で唱えられた。生産要素の境界を、市場を孤立させるように引き直したのである。だがそのせいで、日本経済は未曾有のゆらぎを体験した。

個々のリストラは偶然起きるだろう。けれども大蔵省が山一証券を自主廃業に追い込むというように、戦後の金融システムを支えてきた行政府がみずから制度の解体に着手したことをアナウンスしてしまうと、大蔵省が銀行を指導し銀行が企業を支え企業が長期雇用を保障するといった保障の連鎖が崩れるという予想が広がり、将来不安が蔓延して、安全資産である貨幣が保有され貯蓄率が一時的に上がって、総需要が減退した。不安に発する貨幣の過剰な保有が需要不足を呼び起こし、ミクロ・マクロ・ループが作動したのである。市場システムにとってのこのような危機は、将来に対する「信頼」が覆される時に生じる。というのも、信頼には決定的な根拠がないからだ。われわれは「明日太陽が東から昇る」ということを信じており、そうした信念を基礎にすべての制度や行動を形作ってきた。だがその信念には、経験と直感という以上の根拠はない。同様に、「護送船団方式」や「日本的経営」が永続するという合理的な論拠は存在しない。優良企業の銀行離れが八〇年代から進行していたことや組織横断的に職場を変えたいディーラーや弁護士などの職業専門家が登場していたという事実は、いつかは制度が解体されざるをえないことを示唆してきた。それでも制度の持続が慣性によって信じられてきたのである。そして制度の解体が突然であり、人為的でもあったために、不安が蔓延した。すなわち、周回問題に端を発して秩序問題が生じたのである。

ここでは市場システムと国政に対する信頼のゆらぎこそが危機の核心にあるのであって、それに対処するために市場原理を徹底したり（構造改革）、経済学の知見にのっとって金融緩和することでは対処できはしない。市場や経済学者に対する信頼の崩壊もまた、ここでは生じているからだ。

このような「秩序問題」に対処するには、制度を再構築し信頼を回復するしかない。ところが「信頼」は原理的に無根拠なのだから、普遍的に通用するようなシステムを設計することはそもそも不可能である。それゆえ危機において生じることに対しては、「出来事」として個別に対処するしかない。雇用にかんしては、長期雇用は維持しつつ成果主義を取り入れたり（キヤノン方式）、転職に際しては待遇に関する上辺の情報のみならず社風やトップの人柄など「集約的情報」を得た人の満足が高いことから、企業グループを越えて情報が伝わるネットワークづくりも試みる価値がある。(45) 将来不安を解消させる制度づくりがポイントとなるが、どのような制度が「人々に共通する期待や信念」となるかは偶然にしか判明しない。

「変動問題」にかんしては、マーケティング技術のみならず、消費者の変容こそが企業の成長の動向を定めた点に注目すべきだろう。(46) 低価格・大量消費を好むという消費動向は、日本ではおよそ一九七〇年代で終焉した。高度成長の終わりは、村上によればアメリカから技術を模倣できなくなったため、青木によればＩＴ化を通じてモジュール型の生産組織がＡ均衡において現れたせいで訪れた。それらはいずれも生産側だけで制度変化が起きるとみなしている。

生産側優位という新古典派的な視点を引きずっているのである。日本の現実からいえば、企業の組織変更もまた、消費者の変容に起因している。とりわけ七〇年代後半以降は、安価さではなく付加価値をいかに追加したかに消費者の関心は集まり、値引きしないのに品揃えがよく二四時間営業しているコンビニエンスストアが現在にいたるまで発展し、対照的に安くとも消費者の欲求に沿った品揃えに難のある総合スーパーは低迷している。そのうえ九〇年代からはＩＴ化も進行し、専門的な商品についても評価情報が共有されるようになり、マス市場で受け入れられるようになった。「売り手主導」から「買い手主導」へ、そして「マスメディア」から「パーソナル・メディア」へ、という二軸が消費者の変貌を示し、それに誘導されて市場の中から変動が自生してきたのである。

以上のように、新古典派経済学は現代の経済を分析するのにあまりに現実離れしており、多くの学者が戦略的に信奉しているという以外には有効性を持たない。そのことは、日本の長期不況に対して新古典派が唱えた対策が不況を深刻化させた構造改革論か、もしくはデフレのままで景気回復したからには無効であったインフレ・ターゲット論でしかなかったことからも明白だろう。経済と社会のかかわりに注目する社会経済学は分析者が経済を自在に操りうるとみなす構築主義や操作主義を否定するのだから安易な景気対策は打ち出せないが、それでも経済にかんするよりリアルな理解を生み出すであろう。「周回問題」「秩序問題」および「変動問題」を現実の中で読み取り、それに解答を与える試みが持続されねばならないのである。(47)

注

（1）Ｆ・Ａ・ハイエク（1952）：佐藤茂行訳『科学による反革命：理性の濫用』（思想史ライブラリー）、木鐸社、一九七九年。

（2）八木紀一郎（1996）：「経済学における社会的なるもの」、八木紀一郎・真継隆編著『社会経済学の視野と方法――ドイツと日本――』ミネルヴァ書房、一九九六年。高田保馬の業績については、『高田保馬・社会学セレクション』全六巻が現在、ミネルヴァ書房から刊行されつつある。

（3） 富永健一（1997）：『経済と組織の社会学理論』東京大学出版会。

（4） 同右。

（5） 同右。

（6） 小室直樹（1974）：「構造‐機能分析の論理と方法」『理論社会学』（社会学講座1）東京大学出版会。橋爪大三郎・副島隆彦（1992）：『現代の預言者　小室直樹の学問と思想――ソ連崩壊はかく導かれた』弓立社。

（7） T・パーソンズ／N・J・スメルサー（1956）：富永健一訳『経済と社会：経済学理論と社会学理論の統合についての研究』岩波書店、一九五八～五九年。T・パーソンズ（1964）：丹下隆一他訳『社会構造とパーソナリティ』新泉社、一九七三年。

（8） 小室はそうした危機をデュルケームとアメリカの社会心理学者にならって「急性アノミー」と呼んでいる。小室直樹（1977）：『危機の構造』ダイヤモンド社。

（9） M・ウェーバー（1905）：大塚久雄訳『プロテスタンティズムの倫理と資本主義の精神』岩波文庫、一九八九年。

（10） 富永健一（1998）：『マックス・ウェーバーとアジアの近代化』講談社学術文庫。

（11） アジア文化についていえば、その集団主義は、不確実性に立ち向かうに当たって西欧のように個人主義を取らない点にこそ特徴をもつのであろう。近代には不確実性がつきものだとすれば、アジアが興隆したのは、リスクを分散させるといった具合に集団主義がそこで生かせたからではないか。

（12） 小室直樹（2004）：『経済学をめぐる巨匠たち』ダイヤモンド社。

（13） 大塚史学に対しては、角山栄らの社会史が痛烈な批判を行っている。大塚は、価値の移転で金儲けする「商業資本」（前期的資本）は、どれだけ蓄積されようと近代資本主義における「産業資本」にはなりえない、と言う。商業資本は封建制におけるギルドのような前近代的な制度に支えられ、都会に蝟集している。そうした伝統主義をうち破るのは根本的なエートスの変化によるしかなく、その原動力となったのがプロテスタンティズムにおける「行動的禁欲」であり、現実には農村においてプロテスタンティズムを信奉する中産的生産者層（ヨーマン）たちが営みつつあった工業制手工業が、産業資本となっていったというのである。そして大塚は農村におけるマニュファクチャーの存在をジョージ・アンウィンやポール・マントゥらの著作を引きつつ強調しているのだが、ところが驚いたことにアンウィンらの本に、そもそもそうした記述は存在しておらず、理論に対する最大の論拠が捏造されていた、というのが角山らの批判である。しかも農村で羊毛工業を担ったヨーマンはいるにはいたが、大半は利潤を蓄積すると土地を購入して地主となり、村のジェントルマンとなっていた。それが社会的な評価を得る近道だったからだ。こうした考えは、今日ではケインとホプキンスの「ジェントルマン資本主義」論に結実し、イギリスの資本主義がアメリカのそれのように資本の論理から生み出されたのではないとしている。角山栄（2002）：「『大塚史学』との闘い」『歴史　諸君！』臨時増刊、文藝春秋、二〇〇二年五月。

(14) 代表的な著作として、今田高俊（1986）：『自己組織性――社会理論の復活』（現代自由学芸叢書）がある。新古典派ミクロ理論との比較がさまざまに論じられている。

(15) 村上の著作は、『村上泰亮著作集』全八巻（中央公論社、一九九七～九八年）で概観できる。

(16) 村上泰亮（1984）：『新中間大衆の時代――戦後日本の解剖学』中央公論社（『村上泰亮著作集５』）。

(17) 村上泰亮（1975）：『産業社会の病理』中央公論社（『村上泰亮著作集３』）。

(18) 村上泰亮（1975）：「経済学の科学性と超分析的方法」、『産業社会の病理』所収。

(19) 青木昌彦（1984）：『現代の企業――ゲームの理論から見た法と経済――』岩波書店、同（1992）：『日本経済の制度分析――情報・インセンティブ・交渉ゲーム――』筑摩書房（原著は一九八八年）、同（2001）：『比較制度分析に向けて』NTT出版。

(20) フォン・ノイマン、モルゲンシュテルン（1944）：銀林浩・橋本和美・宮本敏雄監訳『ゲームの理論と経済行動』東京図書、一九七二～七三年。

(21) J・メイナード＝スミス（1982）：寺本英・梯正之訳『進化とゲーム理論：闘争の論理』産業図書、一九八五年。

(22) 青木昌彦・奥野正寛編著（1996）：『経済システムの比較制度分析』東京大学出版会、第13章。

(23) 青木は明記していないが、均衡を「各人の予想がおおよそ成就された状態」であると最も早い時期に定義したのは、F・A・ハイエクであろう。Hayek（1937）："Economics and Knowledge", *Economica*, Vol. 4: pp. 33-54.

(24) 上井喜彦・野村正実編著（2001）：『日本企業理論と現実』ミネルヴァ書房。

(25) C・レヴィ＝ストロース（1955）：川田順造訳『悲しき熱帯〈1〉〈2〉』中公クラシックス、二〇〇一年。

(26) 西部邁（1975）：『ソシオ・エコノミックス』中央公論社。

(27) それ以外に西部が社会経済学を論じた著作としては、村上泰亮・西部邁編（1978）：『社会学的基礎：経済体制の原型を求めて』（経済体制論：第2巻）東洋経済新報社、単行本には収録されていない連載「信仰と懐疑」（『季刊　現代経済』）、同（1983）：『ケインズ』（20世紀思想家文7）岩波書店、同（1983）：『経済倫理学序説』中央公論新社（現在は中公文庫）、同（1987）：『近代経済思想』日本放送出版協会（放送大学教材）、同（2002）：『エコノミストの犯罪――「失われた10年」を招いたのは誰か』PHP研究所、などがある。

(28) 青木昌彦編著（1973）：『ラディカル・エコノミックス：ヒエラルキーの経済学』中央公論社。

(29) G・H・ミード（1934）：河村望訳『精神・自我・社会』人間の科学社、一九九五年、P・L・バーガー／T・ルックマン（1967）：山口節郎訳『日常世界の構成：アイデンティティと社会の弁証法』新曜社、一九七七年。

(30) この点を補う企業制度論として、経済慣行を西部的に理解しつつ青木の比較制度分析を整理した宮本光晴（2004）：『企業システムの経済学』新世社がある。

(31) 金子邦彦・津田一郎（1996）：『複雑系のカオス的シナリオ』朝倉書店。

(32) 塩沢由典（1990）：『市場の秩序学――反均衡から複雑系へ』筑摩書房（現在はちくま学芸文庫）など。同（1997）：『複雑系経済学入門』生産性出版、が、塩沢の業績を総括している。

(33) 塩沢由典（1997）：『複雑系経済学入門』第三章。

(34) 同右、第十章。

(35) 塩沢由典（1997）：『複雑性の帰結』NTT出版、第一章。

(36) P・スラッファ（1956）：菱山泉・田口芳弘訳『経済学における古典と近代：新古典学派の検討と独占理論の展開』有斐閣、一九五六年。

(37) P・スラッファ（1960）：菱山泉・山下博訳『商品による商品の生産：経済理論批判序説』有斐閣、一九七八年。

(38) 塩沢の複雑系経済学は、進化経済学と多くを共有している。西部忠によれば、進化経済学とは経済学における「構築主義」および「操作主義」を批判するものである。「構築主義」とは、①現実の経済は家計や企業といったそれ以上には分解されない要素に還元されると考え（方法論的個人主義）、②それぞれの要素はその内部に記憶や認知・意思決定・サブシステムといった複雑な構造を持たず動機や目的が選好関数・利潤関数の最大化という単純な合理性原理によって表現されるとし、③経済世界を外部観測的な視点から統一的に調整しうるパラメータが一組（ないし少数組）存在するとみなし、逆に④個々の要素のふるまいが外的環境を翻訳する調整パラメータを大きく変化させないといった諸仮定から成り、新古典派のミクロ理論に相当している。ここでは、経済主体のミクロなふるまいと、それらを調整ルールにもとづいて相互調整するミクロ的な調整パラメータ（相対価格）が相互作用する「ミクロ・ミクロ・ループ」が想定されている。

「操作主義」とは「構築主義」のうち①および④をはずしたもので、経済世界をミクロ的基礎に還元せずにマクロ現象のパターンを描写しようとする。これは経済状態を変化させるようなマクロ・パラメータ（金利や公共投資、税率など）を操作することで、インフレ率・失業率・成長率などのより望ましい経済状態へと調整しようとするもので、「マクロ・マクロ・ループ」が想定されている。

進化経済学は「構築主義」が挙げる四つの条件のすべてを排するものである。個々の経済主体のミクロなふるまいは経済システムの制度や構造にマクロな変動を生み出し、逆にミクロな経済主体はマクロ的な経済システムから規定を受ける。つまり、ミクロとマクロが一方向的にではなく双方向的に依存しあう「ミクロ・マクロ・ループ」を想定している。そしてそのループは、貨幣・信用や会計・在庫といった制度・媒体がメゾレベルにおいて両者をつないでいる。

ここまではほぼ塩沢と同様であるが、進化経済学はこれに「内部観測的視点」を付け加える。分析者は、外部からトップダウン的に経済を俯瞰し構築・操作するのではなく、内部から観測しボトムアップで記述するのである。またメゾレベルの諸制度が調整を行うだけでなく、互いにコンフリクトを孕むと仮定することで制度変化が生じるとみなす立場もありうる。植村博恭・磯谷明徳・海老塚明（1998）：『社会経済システムの制度分析――マルクスとケインズを超えて』名古屋大学出版会、を参照。これはレギュラシオン理論にアメリカの「社会的蓄積構造理論」も加味したものだとされる。またレギュラシオン理論については山田鋭夫（1993）：『レギュラシオン理論――経済学の再生』講談社現代新書、がある。

（39）　経済関係だけを挙げると、佐伯啓思（1993）：『隠された思考』ちくま学芸文庫（原著は一九八五年）、同（1991）：『市場社会の経済学』新世社、同（1993）：『「欲望」と資本主義――終りなき拡張の論理』講談社現代新書、同（1999）：『ケインズの予言――幻想のグローバル資本主義』ＰＨＰ新書、同（1999）：『アダム・スミスの誤算――幻想のグローバル資本主義』ＰＨＰ新書、同（2000）：『貨幣・欲望・資本主義』新書館、同（2003）：『成長経済の終焉――資本主義の限界と「豊かさ」

の再定義』ダイヤモンド社、など。

(40) 佐伯啓思（1995）：「自己組織性とポスト・モダン」、吉田民人・鈴木正仁編『自己組織性とは何か』ミネルヴァ書房。

(41) パーソンズ＝スメルサー（1958-59）。

(42) 佐伯は、パーソンズの構造‐機能分析やソシュールの構造主義言語学に対してこうした立論を行ったのがルーマンの社会システム論でありデリダのポスト構造主義だったと解釈している。直接には経済を論じてはいないが、河本英夫（1995）：『オートポイエーシス――第三世代システム』青土社、もこの点を扱っている。

(43) K・ポラニー（1944）：吉沢英成他訳『大転換――市場社会の形成と崩壊』東洋経済新報社、一九七五年。

(44) 以下の叙述は松原隆一郎（2003）：『長期不況論――信頼の崩壊から再生へ』ＮＨＫブックス、同（2002）：『失われた景観――戦後日本が築いたもの』ＰＨＰ新書、による。

(45) 佐藤博樹・玄田有史（2003）：『成長と人材』勁草書房、参照。

(46) 松原隆一郎（2000）：『消費資本主義のゆくえ――コンビニから見た日本経済』ちくま新書、参照。

(47) こうした課題に応えた近年の著作として、さらに佐伯啓思・松原隆一郎編（2002）：『〈新しい市場社会〉の構想――信頼と公正の経済社会像』新世社、がある。

第4章　レギュラシオンの経済学
——フォーディズムからグローバリズムへ——

山田鋭夫

1　レギュラシオン三〇年――研究史概観――

(1)　プレ・レギュラシオン

一九七四年、若きミシェル・アグリエッタは学位論文「長期における資本主義の蓄積と調整《レギュラシオン》」を執筆し、これをもとにしてやがて一九七六年、レギュラシオン理論の古典となる『資本主義のレギュラシオン理論』（Aglietta 1976）を出版した(1)。アグリエッタが非凡であったのは、この間、新進気鋭の経済学者たちを集めて幾度かにわたるセミナーを開き、自らの論文をめぐる徹底的な討論の場を組織したことであった。ロベール・ボワイエ、アラン・リピエッツをはじめ、多くの俊英たちとの論争を通して、当初の学位論文は大幅に修正されるとともに、いつしか参加者の間に「レギュラシオン」（調整）という共通の問題意識が胚胎し、かつ浸透していった。

この学位論文とその後のセミナーをもって、レギュラシオン理論(2)の生誕とされることが多い。とするならば、二一世紀初頭の現在、この理論はすでに三〇年の歴史をもつことになる。経済学のなかではまだ新参であろうが、それでも一世代を経たことになる。そしてこの間、この理論は、自ら課題とするテーマや方法を少なからず変化させ発展させてきた。それについては「フォーディズムからグローバリズムへ」という観点のもと(3)、本章の全体を通して検討する予定であるが、この節では最初に、この三〇年にわたるレギュラシオン的研究の概略を回顧しておきたい。

一九七四年といえば、第一次石油ショック（一九七三年）の直後である。その二年前（一九七一年）にはニクソン・ショック（金・ドル交換停止）が世界を震撼させ、戦後の国際通貨体制（ＩＭＦ体制）が崩壊した。いや、すでに一九六〇年代末頃には、欧米先進諸国において労働争議が続発しインフレが高進するなど、戦後の持続的高成長は明らかな翳りを見せはじめていた。レギュラシオニストは多くの場合、フランスの経済計画に最前線でかかわる官庁エコノミストであったが、こうした経済の変調によって、計画や政策の立案の前提となっていた従来のケインズ的マクロ経済モデルが妥当しなくなったことを思い知らされることとなった。若きエコノミストたちは深刻な反省を迫られる。アグリエッタはすでに、FIFIと呼ばれる中期の実物—金融モデルの作成にかかわり、これがフランスの経済計画に応用されていた。しかし一九七一年、モデルにおいて自ら前提としていたフィリップス曲線がもはや妥当しなくなったことを知り、そこから開放経済下でのケインズ政策には限界があることを示した。ボワイエもまた一九七三〜七四年、STAR（蓄積・分配の理論図式）と略称されるモデルを開発した。それらにおいて共通するのは、ケインズ政策の行きづまりに対して、あらためて資本蓄積、所得分配、インフレ、成長の関係を問い直すことであった。その時かれらに絶大な示唆をあたえたのは、新古典派経済学ではなく、ロビンソン、カルドア、カレツキらのポスト・ケインズ派であり、そして時にはマルクスであった。

従来型のモデルや政策の挫折を前にして、官庁エコノミストたちは、豊富な統計資料のもと、戦後先進諸国にかんする実証的研究を積み重ねていった。しかしこの時代、かれらは資本主義の長期歴史的動態についても、経済成長において「制度」がもつ重要な意味についても、いまだ十分な目配りはできていない。まして資本主義を「調整」（レギュラシオン）という視点に立って捕捉する点でも必ずしも十分ではない。その意味でこれは「プレ・レギュラシオン」（Vidal 2001）の時代ともいえる。

とはいうものの、かれらは、七〇年代初頭の経済的混乱は決して一時的攪乱ではなく、戦後的成長の黄金時代の終幕を告げるものだとの直観を共有していた。そして、新古典派もマルクス派も、既成の経済学はこうした時代の変化をとらえることができず、ましてかれらの直観に答えるものではなかった。若き俊英たちは、経済と経済学との二つながらの危機を克服し、来るべき新しい時代を先取りする経済学に飢えていた。あのアグリエッタ・セミナーは、そんな時代の渇望と熱気を映し出すものであった。

(2)　アグリエッタとボワイエ

レギュラシオン理論はアグリエッタとボワイエに代表される。主著（Aglietta 1976）においてアグリエッタは、アメリカ資本主義一〇〇年の長期動態を分析しつつ、「調整」（レギュラシオン）という考え方を提示する。新古典派の主張とはちがって、経済は「均衡」なるものへ収斂する運動ではなく、矛盾・対立・紛争のうちに「再生産」されてゆく。その再生産は、構造主義的マルクス主義が想定するように自動的に保証されるものではない。経済成長は生産方法の革新と生活様式の激変をともない、それは必ず社会政治的なコンフリクトを生み出し、したがってこれを首尾よく「調整」することなしには、経済社会には再生産も成長もない。そして、まさにこの調整のあり方こそは、各国各時代の資本主義の個性を形成し、また資本主義の歴史的変容を説明する。

そして、第二次世界大戦後のアメリカにあっては、新しい賃労働関係、新しい資本間競争形態、そして新しい貨幣・金融制度のもと、「フォーディズム」と呼ぶべき再生産／調整のメカニズムが実現した。それが未曾有の長期的発展をもたらしたのであるが、しかしそのフォーディズムも、一九六〇年代末には限界を露呈しはじめた。七〇年代に顕在化した経済的諸困難は、こうしたフォーディズムの危機を意味している。

最初の著作で資本主義をこう分析してみせたアグリエッタは、その後、貨幣・金融の問題、とりわけ国際金融の問題に焦点をしぼって、次々と話題作を問うことになる。ざっと見わたしてみても、『貨幣の暴力』（Aglietta & Orléan 1982）、『通貨統合の賭け』（Aglietta 1986）、『成長に反する金融システム』（Aglietta 1995）、『主権貨幣』（Aglietta & Orléan 1998）、『貨幣――暴力と信頼の間』（Aglietta & Orléan 2002）といった具合である。時代はスタグフレーションから、グローバル・マネーの暗躍、国際金融システムの不安定化、そしてヨーロッパ通貨統合へという、まさに国際金融の時代であった。この間また、アグリエッタはフランス中央銀行の顧問として、マーストリヒト条約の推進にもかかわった。彼の一貫した政策的主張は、ヘゲモニー国の通貨でなく、諸国間の「制度化された協力」による国際通貨の創設という点にある。

他方、ボワイエはといえば、彼はそのたぐい稀なオーガニゼーションとリーダーシップの能力を生かして、さまざまな研究グループを引っぱってきた。その最初の成果はフランス経済を分析したもので、これはまず『インフレへのアプローチ』(CEPREMAP-CORDES 1977) として小さな範囲に配られた。そこからやがて共著『蓄積・インフレ・危機』(Boyer & Mistral 1978) や、リピエッツの『なぜ危機とインフレか』(Lipietz 1979) など、数々の著作が世に問われることになった。

アグリエッタが国際金融問題に専心していったのと対照的に、ボワイエは賃労働関係の分析、マクロ経済のモデル化と計量、そしてレギュラシオン的諸概念の整理や研究プログラムの提起など、多方面にわたって斬新な議論を展開してきた。『レギュラシオン理論』(Boyer 1986a) は誕生後約一〇年という時点で、「制度諸形態」「蓄積体制(成長体制)」「調整様式」「危機」など、レギュラシオン理論の基礎諸概念をあらためて整理し、今後の研究プログラムを提起するものであった。『世紀末資本主義』(Boyer 1986b) は国際比較分析を通して資本主義の多様性を論じ、『第二の大転換』(Boyer 1986c) は、一九八〇年代という文脈におけるヨーロッパの労働のフレキシブル化を論じるものであった。

この間、ボワイエはフランス・アナール学派の歴史学に学び、またP・ブルデューの社会学にも注目を払っている。F・ブローデルの長期歴史の視点、E・ラブルースの国民的多様性の視点、そしてブルデューの「ハビトゥス」的人間観は、やがてレギュラシオン的に消化吸収されて、このアプローチの概念や方法に生かされていく。さらにボワイエは、他の経済諸学派との切磋琢磨にもきわめて積極的であり、アメリカSSA学派、構造的マクロ経済学、コンバンシオン学派、ポラニー学派、進化経済学派、そして最近では政治学出自の「資本主義の多様性」学派など、多数の潮流との対話と批判の道を開いている。

一九九〇年代以降のボワイエは、文字通りオールラウンド・プレーヤーとして、さまざまな領域で活躍している。彼の関心は、フォーディズムの崩壊後めまぐるしく変わる現代世界をリアルタイムで、しかも理論的な首尾一貫性をもって分析することにあるが、そうした課題は必然的に視野の拡大と理論の深化をもたらす。こうして賃労働関係から国際金融へ（Boyer 1999, 2000b）、フランス・ヨーロッパから東欧・日本・開発途上国へ（たとえば Boyer & Yamada 2000）、自動車産業からＩＴやバイオへ（Boyer 2002a）、一国分析から国際的地域統合・国際比較・グローバル資本主義の分析へ（Boyer 1998b, 2002b ; Boyer & Souyri 2001）、制度諸形態の補完性から階層性の強調へ（Boyer 2004）といった形で、レギュラシオン・アプローチは多方面にわたる拡大と深化を経験してきた。

(3)　第一世代から第二世代へ

アグリエッタとボワイエのほかにも、レギュラシオニストは多彩である。さきの『なぜ危機とインフレか』でリピエッツは、アルチュセール構造主義との格闘に始まり、マルクス『資本論』の再検討を踏まえたうえで、二〇世紀後半のフォーディズム的蓄積を問うた。以後、インフレ分析の『魔法にかけられた世界』（Lipietz 1983）、ＮＩＥＳの発展と困難を「周辺部フォーディズム」概念で分析して話題となった『奇跡と幻影』（Lipietz 1985）を経て、やがて彼は地球環境問題への関心を深め、経済学研究から一歩ぬけだし政治活動へと傾斜していく。この間「緑の党」にも参加し、その経済政策的提言をまとめたのが『勇気ある選択』（Lipietz 1989）である。その後も『砂時計型社会』（Lipietz 1996）、『政治的エコロジーとは何か』（Lipietz 1999）など、環境問題・南北問題・失業問題の交差する地点に身をおいて、時代を鋭くえぐり出している。

バンジャマン・コリアは労働過程論から出発したが（Coriat 1979）、やがてその延長上に企業組織（Coriat 1991）、企業理論（Coriat & Weinstein 1995）、産業競争力（Coriat & Taddei 1993）の分析へと進んでいく。パスカル・プチは経済のサービス化の問題に始まり（Petit 1986）、フォーディズム後の新しい蓄積体制にかんする分析へと及ぶ（Petit 1998）。その他、旧社会主義経済や移行経済の分野でのベルナール・シャバンス（Chavance 1989, 1992）やジャック・サピール（Sapir 1990）、国際経済論のジャック・マジエ（Mazier 1999）、国家論・財政論のブルーノ・テレ（Théret 1992）、包括的な理論的整理をするベルナール・ビヨドー（Billaudot 1996, 2001）など、多士済々である。

以上は、一九七〇年代あたりから活躍してきた、いわばレギュラシオン第一世代の論客たちである。これに対して一九九〇年代以降、第二世代とも言うべき新しい研究者たちが登場した。ブルーノ・アマーブル（Amable 2000, 2003 ; Amable et al. 1997）、フレデリック・ロルドン（Lordon 2002）らに代表されよう。(4) アマーブルを例にとっていえば、彼の主要な関心は制度経済学を再構築しつつ、現代資本主義の多様性を理論と実証の両面から説明することにある。そうした課題は、今日のグローバリゼーションのもと、アメリカ・モデルへの資本主義の収斂を説く主流派経済学への批判をなし、また実践的には、フランスをはじめとする大陸欧州（ＥＵ）の将来的軌道を展望することへと連なる。そのアマーブルは、アグリエッタやボワイエから決定的に影響を受けつつも、かれらに代表される初代のレギュラシオン理論を「ヴィンテージ（熟成）レギュラシオン」と名づけて、その問題点を指摘する。

すなわち、一九七〇年代に形成されたヴィンテージ・レギュラシオンにあっては、第一に、何よりもその「フォーディズム」論に示されるように、特定の歴史的時代におけるあらゆる先進資本主義国に妥当するような一般的モデルの発見に主要関心があったのであり、資本主義のモデル的な多様性への関心は、仮にあったとしても、あとから付随的に追加されたにすぎない。これと関連して第二に、あたかもフォーディズム論においてアメリカがモデル化されたように、フォーディズム以後の分析にあっても、日本モデル（トヨティズム）や再度のアメリカ・モデル（資産資本主義）という形で、特定の国民的モデルを特権化するきらいがある。第三に、ヴィンテージ・レギュラシオンは「制度諸形態」として五つの代表的諸制度を挙げていたが、これが必ずしも明確でなく、その結果、制度の階層性（ヒエラルキー）とその今日的逆転を語るとき、現代の支配的制度は何なのかについて、論者によって見解がバラバラになってしまう（後述）。

アマーブルは第一世代のレギュラシオン理論の弱点をこう衝きながら、特定諸国（たとえば日本とアメリカ）のみ、特定分野（たとえば労働と金融）のみ、特定観点（たとえばマクロ・パフォーマンスか企業か）のみに偏しない形で、現代資本主義の多様性を総合的に解明する方途を模索する。そのとき彼が設定するのが、「社会的イノベーション・生産システム」（ＳＳＩＰ）という概念である。ここにイノベーション・システムとは、それ自体一個のメゾ・システムでありつつも、同時にマクロ経済的パフォーマンスに強いかかわりをもつものとされる。いずれにしてもアマーブルは、賃労働関係を重視しつつフォーディズムを分析した第一世代を超えて、ＳＳＩＰという新しい概念とともに、大競争時代に突入した二一世紀資本主義の多様性へと切りこんでいく。一世代という時間の経過は、たしかにレギュラシオン理論を刷新しつつある。

(4)　レギュラシオン学派

自分たちの定期刊行物をもつことが「学派」の最低限の条件だとしたら、レギュラシオニストが「レギュラシオン学派」となるためには、かなりの年数を要した。たしかに一九八〇年代あたりまでは、レギュラシオニストは季刊誌『経済学批判』（*Critiques de l'économie politique*）に寄稿することも多かったが、そしてその編集委員としてなるほどボワイエやテレが参加していたのだが、これは固有にレギュラシオニストの雑誌ではない。しかもこの雑誌はやがて廃刊となる。

そんななか一九八八年、バルセロナで「レギュラシオン理論国際シンポジウム」が開催され、主催者の予想をこえて世界各国から五〇〇人が参加した。固有のレギュラシオニスト以外に、さまざまな理論潮流からの参加者も多かったが、このことは当時すでにレギュラシオン理論が世界的に波及し、あるいは少なくとも世界的な関心を集めていたことを物語る。実際この頃には、レギュラシオン理論はフランス以外に、ヨーロッパ各国、アメリカ、南米、そして日本や韓国にも紹介されはじめ、少なからぬ賛同者を見出していた。レギュラシオン理論は国際的な潮流として事実上成立していたと見て差し支えない。

そういった背景をもちつつ、ようやく一九九一年、『レギュラシオン・レター』(*La lettre de la régulation*)が発刊され、これが最初のレギュラシオン学派の定期刊行物となった。定期刊行物といっても、毎号四～六頁の学界ニュース的な性格のもので、短い研究ノートのほかに研究会や文献の情報が提供されている(5)。次いで一九九七年、『レギュラシオン年報』(*L'Année de la régulation*)が発刊された。年一回刊ではあるが毎号ほぼ三〇〇頁の大冊で、力のこもった本格的論文が満載される(6)。レギュラシオン理論はここに名実ともに一つの「学派」となった。

他方、レギュラシオニスト自身によるこの理論の到達点と課題を検証する作業も始まる。早くには一九八六年、ボワイエ(Boyer 1986a)によって反省と展望が示されていたことは先に述べたが、決定的に重要なのは一九九五年の『レギュラシオン理論――知の総覧』(Boyer & Saillard 1995)である。これは生誕後二〇年という時点で、世界各国約五〇名の執筆者の協力をえて、五〇余テーマをめぐって、その研究の現状と課題を総覧したものであり、いわばレギュラシオン的研究の百科事典的な集成である。全体は六部からなる。すなわち順に、レギュラシオン理論の源泉と展開、五つの制度諸形態(定義、歴史、八〇年代的変容)、蓄積体制の定式化と調整様式(成長から危機へ、そして調整様式の変化へ)、レギュラシオンの諸水準(地域、セクター、エコロジー、ヨーロッパ)、国民的軌道(OECD、東側諸国、途上国)、レギュラシオン理論の将来展望となっているが、これによってレギュラシオン的研究テーマの拡大と変化の姿が読みとれよう(7)。

その他、フランス内外で、さまざまな形でのレギュラシオン特集やレギュラシオン論文集には事欠かない。たとえばイギリスでは、政治学者のボブ・ジェソップが五巻本のレギュラシオン・アンソロジーを編んでいる（Jessop 2001）(8)。またフランスでは早くに、大学生向けの経済学説史のテキストに「レギュラシオン学派」が登場した（Baslé et al. 1988）。レギュラシオン三〇年――この新しい経済学はたしかに広く認知され、現代経済学の一角に位置を占めることになった。

2　歴史的制度的マクロ経済学――レギュラシオンという見方――

(1)　資本主義と社会的調整

レギュラシオン理論の生まれた背景が一九七〇年代初頭における経済的混乱にあったことは、最初に述べた。この時代、戦後資本主義の黄金時代を領導したケインズ的経済運営がもはや通用しなくなったことを悟ったフランス官庁エコノミストたちは、その原因と処方箋を求めて各種の経済学を訪ね歩いた。しかし残念ながら、当時の新古典派経済学も、また当時のマルクス経済学も、かれらに満足な解答をあたえるものではなかった。ケインズ主義の挫折を前にして、アメリカでは新古典派が新しい衣装のもとに復活していたが、これはフランス・レギュラシオニストにとっては到底受け入れることのできない代物であった。また、マルクスその人には学ぶべきものがあったとしても、当時支配的な国家独占資本主義論や構造主義的マルクス主義に対しては、批判的な距離を保つほかなかった。問題は経済社会を見る基礎的な視点にかかわる。

新古典派の方法論にあっては、あらゆる社会に先立つ普遍的経済主体として「個人」が想定され、しかもその個人は効用や利潤を最大化すべく「合理的」に行動するものとされ、そしてそうした諸行動の市場における総結果として、財の需給量と価格が同時決定されるような「均衡」が成立するとされる。経済活動はこの均衡に向かって収斂し、市場の安定がもたらされるとともに、そうした市場均衡は資源の効率的配分を保証するものだとされる。こうした均衡論的な経済観が一般に経済的現実とかけ離れているだけでなく、とりわけ一九七〇年代の経済的激動を説明しうるものでなかったことは言うまでもない。

この「均衡」論的視点とくらべるとき、特に構造論的マルクス派が依拠していた「再生産」という経済社会観はまだ妥当性がある。経済は「均衡」に向かう活動でなく、基本的に一定の構造が再生産されてゆく活動である。存在するものが存在しつづけていく活動であり、過去と類似の状態を生みだす活動である。そのことを押さえたうえで、しかしやはり指摘しなければならないのは、第一に、再生産の主張がともすると経済社会の統一性や不変性を強調するに終わって、そこでの対立や変化・動態に対して視野を閉ざしかねないという点である。第二に、そしてこれが重要であるが、経済社会の再生産は自動的に保証されるものではないということである。補足しておこう。

経済社会や資本主義は諸個人・諸団体の間の対立、闘争、矛盾、葛藤にみちており、だからこそ不可逆的に動いてゆく。そして、それら諸力がうまく方向づけられれば、資本主義は安定的に再生産されるし、そうでなければ不安定と危機に陥る。すなわち、対立しあっている諸力がうまく「調整」（レギュラシオン）されるならば安定的な再生産が保証され、資本主義は発展する。逆の場合には不安定化し停滞する。要するに、経済社会は「均衡」でなく「再生産」としてとらえられるべきだが、その「再生産」のためには「調整」が必要なのである。しかもこの調整は、ケインジアンがもっぱら依拠する政府政策のレベルを超えて、もっと広く深く各種制度のレベルから問われねばならない。加えて調整の内実は万古不易ではありえず、国民的にも歴史的にも異なるのであり、したがって経済を見るとき時間的空間的な可変性という視点が重要となる。

一九七〇年代的現実を前にして、また一九七〇年代的な経済学への批判のなかから、これがレギュラシオニストたちの探り当てた基礎的視点であった。こうしたレギュラシオンという見方は、その後一九九〇年代の現実のなかでも深まりこそすれ、後退することはない。アグリエッタはその古典的主著の増補新版へのあとがきにおいて、「資本主義とは、それ自身のうちにそれを調整《レギュラシオン》する原理をもたない変化させる力である。資本主義の調整原理は資本蓄積を進歩の方向に誘導する社会的諸媒介の一貫性のうちにある」（Aglietta 1976 : Nouvelle éd. de 1997）と述べたが、この短い文章のなかには、まさにレギュラシオンという見方があらためて凝縮されている。

ポイントは「資本主義」と「社会的諸媒介」（さしあたり「社会」ないしは「社会的諸制度」と理解されたい）との対抗と拮抗にある。すなわち「資本主義」とは人類社会に不断の変革をもたらすものであり、まさに「変化させる力」そのものである。「資本」という原理がなかったなら、「社会」はたしかに安穏であったかもしれないが、同時に固陋と停滞にみちたものであったであろう。しかし逆に「資本」にすべて委ねればよいかというとそうではなく、資本それ自身は必ず暴走し、社会そのものを不安定化し解体してしまう。要するに資本は限りない「変化させる力」ではあるが、しかし自らの運動を「調整する原理をもたない」のである。ではその「調整する原理」はどこにあるかというと、資本や市場のうちにでなく「社会的諸媒介」すなわち「社会」「社会的諸制度」のうちにしかない。「社会」がうまく「資本」を調整することができるならば、「資本蓄積を進歩の方向に誘導する」ことが可能となる。

さきに「再生産は調整されねばならない」と述べたが、換言すれば、このように「資本主義（市場）は社会の側から調整《レギュラシオン》されねばならない」のである。資本主義をこういう観点から見るところに、レギュラシオン的な見方の真髄がある。それは、市場経済や資本主義そのもののうちに均衡化力や自己調整力を見て、社会諸関係の市場経済化こそ正常な発展の道だとする新古典派経済学とは鋭く対立する。それはまた、市場や資本主義を廃絶しなければ経済社会のまっとうな調整がなされないと考えた従来のマルクス主義とも袂を分かつ。資本主義は社会の側から飼いならされねばならないのである。

(2) 五つの基礎概念

以上のような基本的な視点は基礎的な諸概念によって肉づけされる。正しく言いなおせば、レギュラシオン理論の基礎的諸概念は、フォーディズムやその危機の実際的な分析のなかから、あるいは近年のグローバリズム分析のなかから次第に練り上げられてきた。それゆえレギュラシオンの経済学は、最初に壮大なる理論体系があり、あとはその応用編だといった形をとらない。現実のリアルタイム分析に最大の関心があり、そのさいのいわば羅針盤として若干の基礎諸概念が漸次確定されてきたのである。ごくわずかな概念であるが、そこにはたしかに右の基本視点が生かされており、またこれによってレギュラシオン理論は「歴史的制度的マクロ経済学」（Vidal 2001；Billaudot 2001；Boyer 2004）と形容されるにふさわしいものとなっている。

図4－1を見ていただきたい。そこに太字で示した「制度諸形態」「成長体制（蓄積体制）」「調整様式」「発展モデル（発展様式）」「危機」の五つが、レギュラシオン・アプローチにおける基礎諸概念である。資本主義を、もっと正確には各国各時代の経済社会を、そしてその構造と変容を、わずか五つの概念でとらえていこうというわけである。順に説明しよう（Boyer 1986a；山田 1991）。

「制度諸形態」とは要するに「諸制度」のことである。諸制度を永遠不変のものとしてでなく変化するものとしてとらえるとき、制度諸形態と呼んでよかろう。論者によっては「構造諸形態」ともいう。経済社会の根幹はこのように各種の制度から成っているものととらえる。そして、そうした諸制度の一環として「市場」（といっても生産物市場、労働市場、株式市場、為替市場などさまざまである）も存在するのであり、新古典派のように市場のみを特権化する

図４－１　レギュラシオンの基礎概念

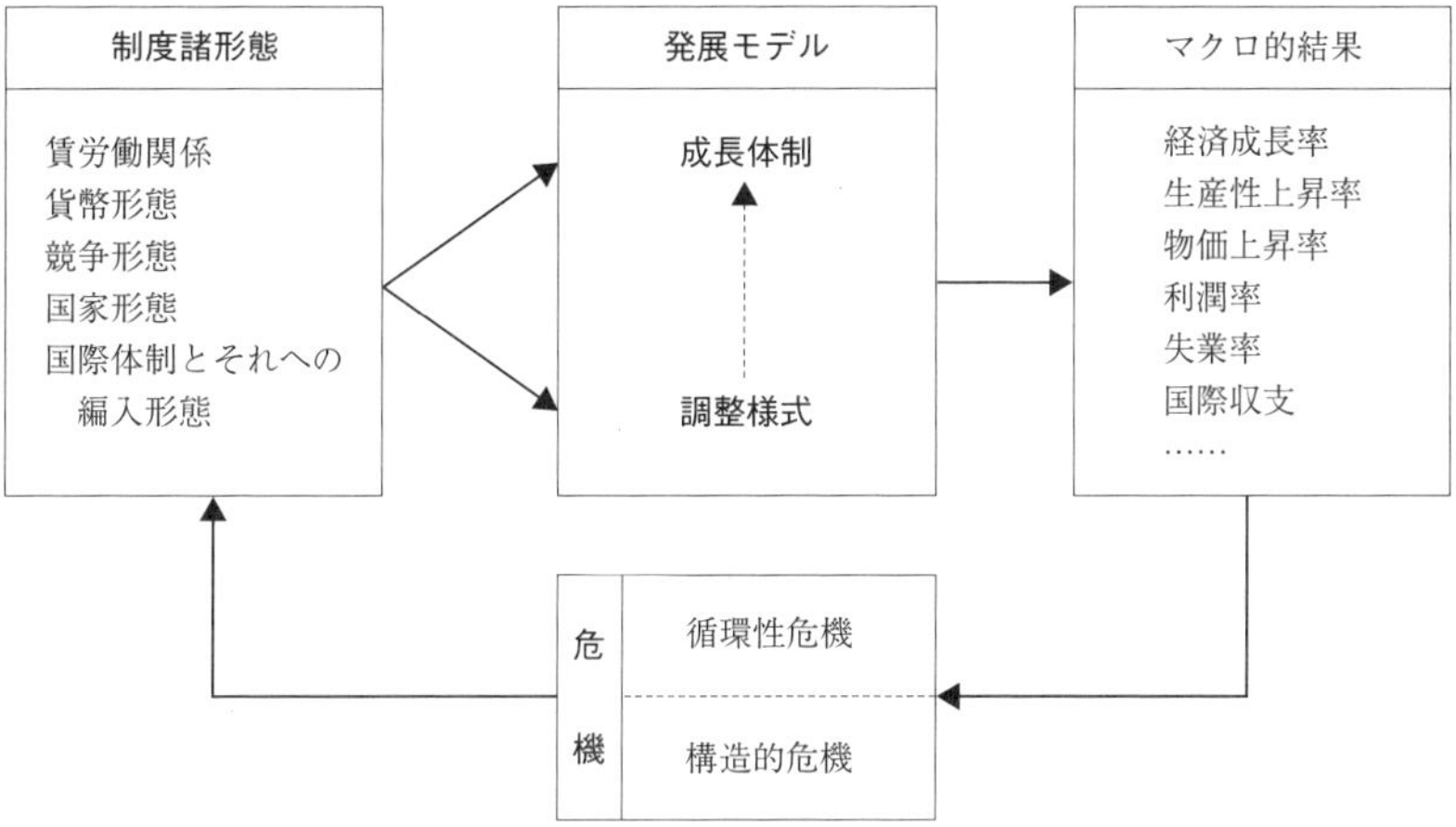

いわれはなかろう。さしあたり経済的に重要な制度を分類すれば、図中にあるように、賃労働関係（労働力の使用と再生産にかかわる諸制度）、貨幣形態（通貨・金融をめぐる諸制度）、競争形態（企業間関係・市場構造・価格決定方式などをめぐる諸制度）、国家形態（大きな政府、小さな政府、租税制度など）、国際体制とそれへの編入形態（国際通貨体制、各国の対外開放度、産業特化、財・資本の輸出入構造など）の五点を指摘できる。そしてこれら五点にかかわって、各国各時代において実にさまざまな制度が枚挙されうるであろう。

そうした諸制度のあり方はマクロ経済のパフォーマンスに影響をあたえる。たとえば賃労働関係における労働編成制度のいかんは、各企業——ひいては一国——の生産性の大小を規定し、また賃金制度のいかんは消費需要の大きさを決定する。要するに諸制度のいかんは、生産性、賃金、利潤、投資、消費、雇用などのマクロ経済変数に影響をあたえる。また諸制度が相互にどのような配置にあるかによって、マクロ変数間の相互規定関係も変わってくる。たとえば、ある制度配置のもとでは賃金は生産性に反応して変化するが、別の制度配置のもとでは賃金は雇用（労働需要）に応じて上下するというように、制度配置のいかんはマクロ経済的連関を左右する。そして、特定の経済社会に成立する特定の安定したマクロ的連関は「成長体制」ないし「蓄積体制」と概念化される。成長体制とは、資本主義がその矛盾や歪みを吸収しつつ特定の方向に回路づけていくマクロ的規則性の総体である。

ところで、資本主義の矛盾や歪みは自動的に吸収されるのではない。再生産は調整されねばならず、資本主義は調整されねばならなかった。いまの文脈でいえば、成長体制は調整されねばならないのである。その調整を保証するものは再び制度諸形態のなかにある。すなわち、一国一時代に成立する諸制度総体は、諸個人の行動を制約すると同時に、他人の行動への予測と期待を生みだし、こうして社会のうちに一定の規範やルールをもたらす。制度諸形態はいわば「ゲームのルール」を生みだす。そして特定社会、特定時代に形成されるゲームのルールが成長体制と整合的でこれを支えるようなものであれば、経済社会は安定し、そうでなければ不安定化する。このように成長体制を支持し操縦するか否かという観点からみたゲームのルールは、「調整様式《レギュラシオン》」と呼ばれる。

制度諸形態は一方に成長体制を生みだし、他方に調整様式を生みだす。一国一時代の経済社会は、特定の成長体制と特定の調整様式の組合せから成りたつ。そして経済社会の安定と成長は、成長体制と調整様式の整合性いかんにかかっている。この成長体制と調整様式の総体を「発展モデル」ないし「発展様式」と名づけて、これをレギュラシオンの基礎概念に数えいれることができよう。発展モデルの相違こそは各国各時代の資本主義の個性を形づくるのである。

さて、成長体制として総括されるマクロ経済的構図は数量的・統計的な手続きをへて、経済成長率、生産性上昇率、失業率、物価上昇率、経常収支など、さまざまなマクロ経済パフォーマンスとして表現される。いわば経済の数字の世界であり、その数字は特定の成長体制（マクロ連関）の統計的総括である。このあたりは通例のマクロ経済学が好んで対象とする領域であり、レギュラシオン理論も然りである。その意味でレギュラシオン理論はマクロ経済学の一環をなすが、通例のマクロ経済学と異なるのは、それが成長体制の背後に調整様式を、さらには制度諸形態を見すえているということである。レギュラシオン理論は「制度」を重視するマクロ経済学なのである。

レギュラシオンの最後の基礎概念は「危機」である。経済社会の何らかの不調であり不安定である。危機類型としては第一に、ジュグラー循環（中期波動）の谷に相当するような小危機（循環性危機）がある。これが繰り返されることによって、たしかに当初の制度諸形態は少しずつ浸食され変形されていくであろうが、しかしこの循環性危機は、基本的には矛盾や不均衡を当該の調整様式の内部で解消する局面であって、むしろ当面の調整様式が順調に作用している証であると考えられる。レギュラシオンの観点からみて重要なのは、コンドラチェフ循環（長期波動）の谷にあたる大危機（構造的危機）である。この第二類型の危機は、従来の成長体制や調整様式によってはもはや経済社会の安定や発展を保証しえなくなり、大幅な制度変革が必要とされるような局面を意味する。制度変革を通して新しい成長体制、新しい調整様式が創出され、そして両者がうまく整合するならば、危機の時代を脱して再び新しい確固たる発展モデルが形成されようが、そのようになる保証は何もない。かつて成長を誇った国も今日では衰退している例はいくらでもある。

歴史的には一九世紀末大不況、一九三〇年代恐慌、そして二〇世紀末不況などが構造的危機にあたる。二〇世紀末から二一世紀初頭の日本も、この構造的危機のうちにあるのかもしれない。資本主義は構造的危機を契機としてその歴史的個性を変えてきたのであり、つまりは成長体制や調整様式を変えてきたのである。レギュラシオン理論は「危機」の概念を把持することによって、歴史に開かれた経済学となる。一般に経済学は、少なくとも理論的根幹においては非歴史的な体系に落ちつきがちであるが、レギュラシオン理論は「歴史」を重視するマクロ経済学であろうとする。要するにこの経済学は、以上の五つの基礎概念を堅持することによって独自な「歴史的制度的マクロ経済学」を目指すのである。(9)

(3) 資本主義の時間的空間的可変性

こうした基礎概念のうえに立って、レギュラシオン理論が照準を合わせるのは現代のリアルタイム分析である。その「現代」なるものは当然ながら、かつてのフォーディズムの時代からフォーディズム的危機の時代へ、そして今日のいわゆるグローバリズムの時代へと歴史的に変遷してきた。いや、資本主義は生まれた時からつねに時間的可変性とともにあった。加えて同じ時代にあっても、各国ごとの様相は想像以上に異なる。資本主義は時間的にのみならず空間的にも可変なのである。というわけでレギュラシオンの経済学は、資本主義の「時間的空間的可変性」(Boyer 1986)に、すなわち「発展モデル」(成長体制/調整様式)の歴史的国民的多様性に強い関心をもつ。

可変性とか多様性とか言っても、歴史や世界はアトランダムな発展諸モデルの集合ではありえず、そこには自ずから一定の趨勢や傾向が見いだされる。一九世紀以降の資本主義を支配的な発展モデルの変遷として見れば、これまでに二つの安定した発展モデルが検出される。第一は一九世紀中葉の「イギリス型」ともいうべきそれであり、ここでは外延的成長体制(経済成長が主に資本・労働の量的拡大に依存する体制)が競争的調整様式(市場競争的賃金、企業間自由競争、金本位制、非介入的国家、植民地支配)によって支えられていた。第二は二〇世紀半ば、アメリカを筆頭に成立した「フォーディズム」であり、あとで見るように、内包的成長体制(大量生産―大量消費型の高い生産性上昇による成長体制)が管理された調整様式(生産性に比例した賃金、寡占競争、管理通貨制度、ケインズ的介入国家、IMF/GATT体制)によってうまく操縦され、史上まれにみる持続的かつ安定的な高度成長が実現した(山田 1994)。

この間、二〇世紀前半は途中に一九二〇年代の相対的安定期をもつとはいえ、大きくは第一次大戦、一九三〇年代恐慌、第二次大戦に象徴されるように混乱と停滞の時期であった。そこでは新しい成長体制が生まれつつあったが、これを支えるべき新しい調整様式が不在であり、ついに安定した発展モデルが形成されることがなかった。二〇世紀前半は、イギリス型からフォーディズムへの長い過渡期であったと見ることができよう。

他方、フォーディズムは一九七〇年代以降「危機」に陥ったが、爾後三〇年、二一世紀初頭の今日、これに代わる新しい発展モデルは生まれているのか。一九九〇年代アメリカの「ニュー・エコノミー」的繁栄に刺激されて、新しい発展モデルを「金融主導型成長体制」としてとらえようとの試みもあるが、しかしそれはかつてのフォーディズムのような普遍性と世界的普及性をもっているわけでない。たしかに「グローバリズム」の名のもと、アメリカによる金融自由化の圧力は各国で増大しているが、しかしそれは各国のアメリカ型発展モデルへの収斂を意味しないという点が重要である。レギュラシオニストはむしろ、同一のグローバリズム的圧力が各国で異なる反応、異なるハイブリッド化を生みだしていることを発見しており、であるがゆえに今日、発展モデルの歴史的変化（時間的可変性）の議論に加えて、その国民的多様性（空間的可変性）への視点が必要となる。

資本主義の多様性にかんするレギュラシオニストの議論はのちに触れる。ここでは、そうした議論の前提でもあり帰結でもある「制度の補完性と階層性」について、一言のみ付加しておく。レギュラシオン理論によれば、安定した調整様式が成立するためには制度諸形態が相互に整合性をもつことが必要であるが、この点は広く経済学において「制度の補完性」として理解されている。いわゆる日本型経済システムでは、長期雇用制度（賃労働関係）と間接金融方式（金融関係）が補完性をもっていたことは、しばしば指摘されている。各国ごとそれぞれ固有な諸制度が相互に補完的であればあるほど、資本主義の国民的多様性は確固たるものとなろう。加えて最近のレギュラシオン理論にあっては、諸制度のなかでも支配的役割を演じ他の諸制度に影響を及ぼすものと、そうでなく被支配的な位置にある制度という、「制度の階層性《ヒエラルキー》」という論点が強調されている（Boyer 1999 : Amable 2003）。かつてフォーディズムにあっては賃労働関係が階層的に上位の制度をなしたが、今日のグローバリズムの時代にあっては、国際関係や金融関係がその位置についた。かつては国内の労使妥協が主役であったが、今日ではグローバル金融の動きが労使関係を左右することになった。歴史の変化とは、こうした制度の階層性の変化と不可分であろう。

3　フォーディズムとその帰結

(1)　「黄金時代」の発展モデル

レギュラシオンの経済学は一九七〇年代に生まれた。この時期、「資本主義の黄金時代」ともいわれた一九五〇～六〇年代の持続的発展が頓挫し、不安定と危機の時代に突入したことは衆目の一致するところであった。しかし経済学はといえば、新古典派は危機をもっぱら例外視し、逆にマルクス派は成長を例外視し、そしてケインズ派は戦後ケインズ政策の挫折を前にして沈黙するのみであった。フランス官庁エコノミストの挑戦は、そうした成長と危機をともども正面から分析しうる経済学を求めて始まった。そのなかからレギュラシオニストが到達した答えは「フォーディズムの成長と危機」という語に要約される。そして「フォーディズム」の概念は、従来の「ケインズ主義」や「国家独占資本主義」の用語に代わって広範な支持を得ることとなり、戦後資本主義論を一新するとともに、レギュラシオン理論のトレードマークともなった。フォーディズム論こそはレギュラシオン理論の原点をなす。

レギュラシオン学派によれば、フォーディズム的発展の構図は図4-2に要約される。これはさきの図4-1（レギュラシオンの基礎概念）の形式に合わせた形で、フォーディズムの発展モデルを図式化したものである。戦後先進諸国の発展は、しばしば「大量生産—大量消費」「大衆消費社会」などとも形容されているが、レギュラシオン学派によれば、それは図4-2に「成長体制」として示したような独自なマクロ経済的構図が成立した結果であった。以

図4-2　フォーディズムの発展モデル

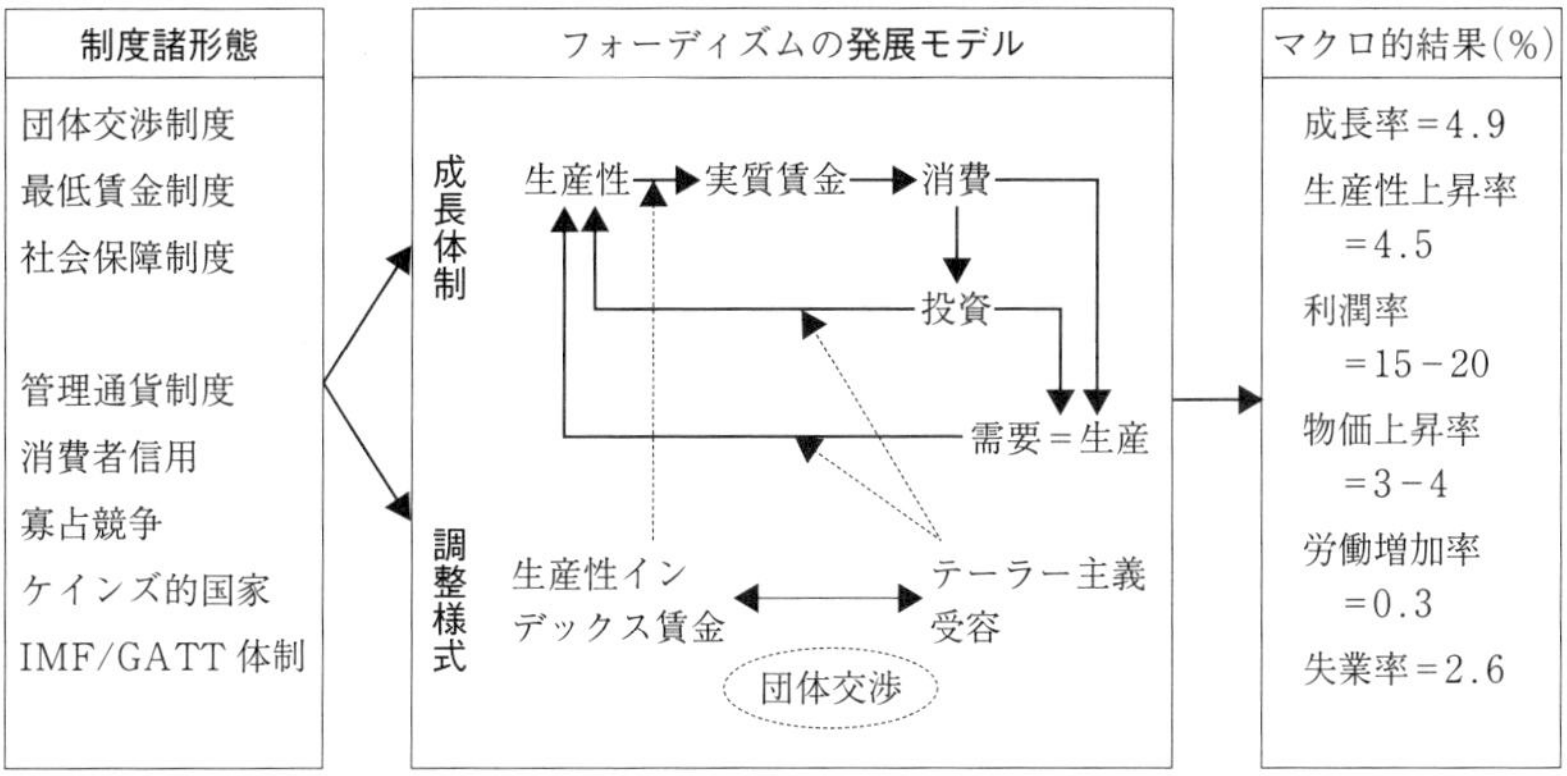

下、この図を参照しつつ要点を説明しよう。

すなわち生産性の上昇が何よりも実質賃金の上昇につながり、これが消費（大量消費）を刺激する。その消費に感応して投資が拡大する。いま簡単化のために、国民経済を製造業を中心にし、また政府部門や対外関係を捨象して考察すれば、この消費と投資が総需要を構成する。その総需要に応じて生産がなされるとしよう。さて、投資がなされると通例、新しい優秀な機械設備が導入され、これは生産性の上昇につながる。また需要（市場）の拡大はそれ自身で生産性（分業）の拡大につながることはアダム・スミスの昔から知られていたが、近年ではこれはN・カルドアらによって「規模の経済性」「収穫逓増」の効果として強調された（Kaldor 1978）。需要の拡大はそれ自体で生産性の上昇につながるのである。その他、さまざまな技術革新ももちろん生産性上昇に寄与した（大量生産）。

一九世紀や二〇世紀前半とくらべて何が特徴的かというと、第一に「生産性→実質賃金」の回路、すなわち生産性上昇に比例した賃金上昇が成立したことである。従来なら労働需要の大小が賃金の高低を左右していたのだが（市場的賃金）、この時代、それがまったく消滅したということではないにしても、生産性に連動して賃金が決定されるようなチャンネルが出現したのである（生産性インデックス賃金）。その背後には後述するように、戦後に独自な制度の形成があった（団体交渉制度、制度的賃金）。第二に特徴的なのは「消費→投資」の回路である。投資が利潤や利子率にまったく感応しなくなったというわけではないが、消費や需要が投資を規定するという加速度原理型の投資関数が見られるようになったことも、この時代の特徴である。そして第三に「需要→生産性」の収穫逓増効果であるが、これは一九六〇年代に強く作用したが、七〇年代以降は低減したことが確認されている（Boyer & Petit 1991）。

こうした独自なマクロ諸回路が成立することによって、全体としてはさきに見たように、一方、生産性上昇の成果が個人や企業に分配されつつ全経済に波及し、最終的に需要の増加（経済成長）へと連動していく。他方、高い経済成長はそのこと自体が高い生産性を確保させるが、これに投資や技術革新の効果が加わって、さらに高い生産性上昇をもたらす。要するに、生産性上昇と経済成長とが、あるいは生産性分配メカニズムと生産性確保メカニズムとが、累積的な好循環の因果関係を形成したのであった(10)。それがフォーディズムの成長体制であったのであり、いうところの大量生産─大量消費もこうしたマクロ的成長体制に支えられていたのであった。

さて問題は、なぜこうした成長体制が成立したかである。その秘密こそ、戦後に独自な「制度諸形態」の形成であり、それゆえの新しい調整様式《レギュラシオン》の成立なのである（以下再び図4－2を参照）。すなわち賃労働関係にあっては、周知のとおり団体交渉制度をはじめ、最低賃金制度や社会保障制度など、勤労者の所得上昇や分配の平等化をはかる諸制度の形成があった。ほかに管理通貨制度・消費者信用制度（貨幣形態）、寡占的大企業（競争形態）、ケインズ主義国家（国家形態）、IMF／GATT体制（国際体制）など、各種の新しい制度のもと、新たなゲームのルールが生まれた。グローバル金融の今日とちがって、戦後期は各国とも国内に安定した労使関係が確立することこそ最重要課題であったので、つまり賃労働関係が階層的上位を占めた制度であったので、とりあえず賃労働関係にかんする制度に焦点を当てて、フォーディズムのゲームのルールすなわち「調整様式」を問えば、以下のとおりである。

さきに「生産性インデックス賃金」について指摘したが、高い生産性上昇のもとでは、こうした賃金形成方式は高い賃金上昇をもたらす。事実、各国で労働者は戦後、団体交渉制度などを通して相対的な高賃金を獲得するようになる。そして高い生産性のゆえに、労働側に高賃金を支払っても、なおかつ経営側には相対的な高利潤が保証されたのであるが、それにしても生産性上昇益を経営側が独占していた戦前とくらべたら、これは経営側の譲歩である。だがしかし、この譲歩には対価があたえられた。労働者による「テーラー主義の受容」がそれである。すなわち、テーラー主義は労働から熟練・判断力・自主性を奪い、労働を単純単調な反復作業と化すものであるので、二〇世紀はじめ以来、労働者の強い反対にあっていたが、戦後、労働者は経営側に譲歩し、テーラー主義を受容した。要するに戦後労使の間には、団体交渉などを通して「生産性インデックス賃金の提供‐対‐テーラー主義の受容」という妥協が成立し、これがゲームのルールとなったのである。

ひとたびこれが成立すると、インデックス賃金は「生産性→実質賃金」の回路を刺激し、消費の拡大を支えた。またテーラー主義の受容は、大量生産型機械（投資）の導入を促進し（「投資→生産性」）、規模の経済性の効果（「需要→生産性」）をさらに高めた。要するに、賃金上昇‐対‐テーラー主義という労使の新しいゲームのルールは、フォーディズム的成長体制の回路を刺激し操縦するものとして作用したのであり、つまりはフォーディズムの調整様式をなしたのであった。フォーディズムは大量生産―大量消費の体制だといってよいが、それは生産性インデックス賃金―テーラー主義受容という調整様式によって媒介され誘導されたのだ、と理解することが肝心なのである。

以上のような成長体制（内包的成長体制）と調整様式（管理され制度化された調整様式）からなるものとして、レギュラシオン理論は戦後のフォーディズム的発展のモデルを描写した。そうした発展モデルのマクロ的統計的結果として、高度成長（先進国平均四・九％）、高い生産性上昇（四・五％）、安定的利潤（一五～二〇％）、低失業率（二・六％）、マイルドなインフレ（三～四％）によって特徴づけられる四半世紀の持続的成長が実現し（Maddison 1991：

Armstrong et al. 1991)、そして人々の生活スタイルや価値観が激変したのであった。このようにレギュラシオン学派は、市場経済の発展でもなく（新古典派批判）、政府介入でもなく（ケインズ派批判）、国家独占資本主義でもなく（マルクス派批判）、戦後的な制度とそれによる調整という視点から戦後的成長の構図を説得的に描き出したのであった。

(2) フォーディズムの構造的危機

草創期のレギュラシオニストにとって問題は、しかし、眼前に進行する経済の変調や麻痺を説明することであった。成長経済の一時的攪乱（新古典派）とか、独占資本主義本来の停滞傾向（マルクス派）といった危機認識を疑問視するレギュラシオン派は、フォーディズムが限界に達したのだという観点を押し出した。成長を特権化するのでもなく、危機を特権化するのでもなく、成長と危機の交替という観点に立つレギュラシオン理論は、成長と危機を同一の理論装置で解明しようとする。すなわち、フォーディズム的成長は構造的な危機に転化したのであり、その現れが一九七〇年代のニクソン・ショック、石油ショック、そしてスタグフレーションや国際経済摩擦の激化なのだという。それにしても、そういった諸現象の背後で何が起こったのか。

端的にいって、あの好循環の構図が崩壊したのである。第一に、テーラー主義による生産性上昇が限界に到達した。テーラー主義的原理をさらに推進することは、労働の細分化、断片化、無内容化をさらに推しすすめることになり、これは労働者の疲労を増大させ、労働意欲を減退させ、そして労働者の反抗を招来させる。事実、一九六〇年代末、西欧諸国ではストライキが激増する。ここにテーラー主義はもはや労働者が受容するところではなくなった。加えてテーラー＝フォード的な少品種大量生産の技術をもってしては、多様化する消費嗜好やサービス需要に対応できなくなってきた。テーラー主義はもはや反生産性要因に転化したのであり、それとともに「投資↓生産性」や「需要↓生産性」といった生産性確保の回路が瓦解した。労働危機と生産性危機が生じたのである。

第二に、生産性インデックス賃金も審判に付された。フォーディズムの工業化が成功し、多数の農村労働力が都市に移住した結果、労働者は全面的・終身的に資本主義のもとに編入された。このことは従来、大家族的・共同体的連帯によって担われていた養育・教育・介護などの福祉的諸活動が資本主義的に遂行されねばならなくなったことを意味する。それはさしあたり、労働者に間接賃金（社会保障的な諸手当）を支給する必要性を生みだす。他方、ケインズ的完全雇用政策が功を奏した結果、労働者の戦闘性が高まり、直接賃金の上昇圧力が増大した。フォーディズムの成功は、このように直接賃金と間接賃金の上昇を不可避とし、事実一九六〇年代末、各国で「賃金爆発」と「利潤圧縮」が発生した。こうした分配危機を前にして、経営側は当然にも「賃金緊縮」へと舵を切る。すなわち団体交渉制度を解体し、生産性インデックス賃金を解体し、制度的賃金から市場的賃金へと転換させる。ここに賃金妥協は崩れ、「生産性→実質賃金」の回路は麻痺する。

要するに、フォーディズムの成長体制と調整様式は二つながら崩壊した。フォーディズムの発展モデルは、その成功ゆえに限界に到達し、瓦解したのである。一九七〇～八〇年代の混乱は、このように、まさにフォーディズムの構造的危機の反映なのである。したがってこの危機からの脱出路は、生命力ある新しい成長体制や調整様式を、要するに新しい発展モデルをいかに創出するかにかかっている。

(3)　「黄金時代」のあとに

「黄金時代」は資本主義を大きく転換させた。今日、われわれはそこからさらに一回りした歴史時代に立ち会っているのであろうが、それにしても二〇世紀中葉のフォーディズムは、二〇世紀前半と二一世紀を分かつ大きな分水嶺をなし、また二一世紀資本主義の原点をなす。フォーディズムは、そしてフォーディズムの成長と危機は、先進諸国での国民生活を変えただけでなく、世界を大きく変容させたのである。

第一に、先進諸国のフォーディズム的成長は、「南」の世界からの安価な原材料やエネルギー資源の輸入を前提とするものであった。それは先進諸国民には賃金上昇と消費向上をもたらしたが、その裏で「南」は一次産品生産を強制され、バランスのとれた国民経済的発展を許されなかった。フォーディズムはそういった南北格差を前提とし、またそれに帰結するものであった。ようやく一九七〇〜八〇年代、フォーディズムの危機とともに「南」のなかから、輸出を起動力として国民経済的発展をとげる諸国が輩出してきた。ＮＩＥＳ（新興工業経済地域）と呼ばれる諸地域がそれであり、東南アジアを筆頭に、中南米、南欧の諸国がこれに該当する。このうち少なからずの諸国はやがて失速することにもなったが、とにかくフォーディズムの危機とともに、工業化は世界各地に広がり、国際競争はいっそう激化することになった（Lipietz 1985）。

第二に、フォーディズムの成功は社会主義体制を崩壊させた。いわゆる社会主義の崩壊は、政治・社会・文化など多様な要因によって説明されるべきであろうが、当面の文脈から見るならば「賃金上昇なきテーラー主義」という問題が浮上してこよう。資本主義の場合には、フォーディズム的労使妥協によって、労働者は非人間的なテーラー主義を受容したかわりに、生産性にインデックスされた形の賃金上昇を獲得し、これによって新しい消費財（自動車、住宅、家電）を購入しえた。しかしソビエト型社会にあっては、労働者はテーラー主義を受容したにもかかわらず、それは賃金上昇によって埋め合わせられなかった。仮に賃金上昇があったとしても、生産財・軍需財生産を優先した経済体制のもとでは、購入すべき耐久消費財は存在しなかった。またテーラー主義を導入しても、「不足の経済」のもとでは円滑な資材調達がなされず、大量生産による生産性上昇が実現しなかった。要するにテーラー主義の導入は、大量生産にも大量消費にもつながらなかったのである（Chavance 1992）。それでも一九五〇〜六〇年代あたりまでは、労働・機械など要素投入の外延的拡大によってそれなりに成長したので、社会主義もいわば「黄金時代」にあったとも言えるが、右の矛盾はやがて爆発することになる。すなわち七〇年代以降、先進資本主義のフォーディズム的危機とその後の国際競争の激化は、皮肉にも社会主義を直撃したのであって、以後「東」の経済体制は構造的危機を超えて最終的危機へと進み、崩壊した。

第三に、フォーディズムは資源と環境の危機を招来した。大量生産―大量消費の成長体制は、たしかに先進諸国において国民生活を向上させ、絶対的貧困を激減させたのであるが、しかし大量生産は大量採掘・大量伐採を前提し、大量消費は大量浪費・大量廃棄を結果した。石油などの地球資源の問題や、二酸化炭素や環境ホルモンなど地球環境の問題など、フォーディズムは現在世代の「ゆたかさ」のために将来世代に多大なる負の遺産を残すことになった。環境問題はひとりフォーディズムに起因するわけではないであろうが、フォーディズムがこの問題を格段に深刻化させたのは間違いない。そしてその環境問題は、さきの南北問題と重なりつつ、二一世紀世界の最大の問題軸を形成していくことになろう（Lipietz 1999）。

フォーディズムの帰結を「南」「東」「地球」と見てきたが、第四として、「西」（という表現は今日ではもはや必ずしも妥当しないが）でもあり「北」でもある先進資本主義諸国を問題としよう。フォーディズムの危機の時代は、同時にフォーディズムの「後」を模索する各国の試行の交錯と衝突の時代でもあった。そのなかで経済の国際化が進展したのであるが、しかしレギュラシオン学派が発見したことは、国際化のなかで各国経済モデルの収斂が進んでいるのでなく、むしろ「国民的軌道の分岐」が明瞭となったということである。フォーディズム時代以上に各国モデルの相違が顕在化し、いわば世界が多様化したのである。グローバリズムの時代といわれる二一世紀、レギュラシオン学派は「現代資本主義の多様性」（Amable 2003）を診断しているが、その萌芽はすでに一九七〇年代以来の「国民的軌道の分岐」にあったのである。多様な軌道といっても、代表的には四つの型に集約される（Boyer 1996）。

まずは米英の「市場主導型」軌道がある。ここでは経済を調整するうえで市場の役割が大きい。市場的調整の結果、各個人は能力や業績に応じて支払われ、貧富格差が拡大する。労働力は市況に反応して即座に調整されるが、新規創業や労働力移動もさかんなので失業は短期に終わる。経営の視野は短期的となり、短期の適応力には優れているが、長期の投資や人材育成には劣る。次に日本の「企業主導型」軌道である。「メゾ・コーポラティズム型」ともいう。単なる市場でもなく、また全国レベルの政労使でもなく、大企業が、しかも企業間関係（系列、下請、企業集団、業界団体）といったメゾ・レベル的関係のうちにある大企業が、経済調整の主役を担っている。あくまで大企業中心にではあるが、労使関係、企業間取引、企業・銀行関係は比較的安定した長期信頼関係のうえに構成されており、このモデルは一九八〇年代まで高い効率性を発揮した。

三番目の軌道として北欧諸国の「社会民主型」が挙げられる。経済の主要な調整者は市場でも企業でもなく、かといって政府そのものでもない。全国レベルの経営者および労働者の代表に政府を加えた政労使三者体制によって調整がなされる。技術革新に対応すべく公共の職業訓練制度が充実し、高度な質をもつ労働力のもと、高品質製品や自然資源活用型製品の競争力にすぐれるとともに、社会的公正の面でも高い成果を有する。最後にフランス以南のカトリック諸国に見られる「国家主導型」の軌道がある。ここでは、北欧とちがって労働組合は分裂しており、日本とちがって大企業の力は弱く、アメリカとちがって市場イデオロギーは国民的コンセンサスを得ていない。いきおい国家による公的介入が、経済調整の主要な手段となる。北欧ほどではないが社会的公正への配慮は比較的大きいが、持続的な高失業という最大の懸案をかかえている(11)。

フォーディズムの成長と危機の結果、一九七〇〜八〇年代、先進諸国は大要このような四つの進路をとることとなった。この時代、市場主導型は相対的に停滞し（「双子の赤字」「イギリス病」）、かわって企業主導型（「ジャパン・アズ・ナンバーワン」）や社会民主型（「スウェーデン・モデル」）が伸長する一方、国家主導型は二流のパフォーマンスに甘んじてきた（「ヨーロッパ硬化症」）。しかし先走っていえば、一九九〇年代、諸モデルの角逐のはてに、日本はバブル崩壊ののち「失われた一〇年」に落ちこみ、大陸欧州は「EU統合」(共通通貨ユーロ発足)に活路を見いだし、そしてアメリカはITと金融を中心とした「ニュー・エコノミー」的繁栄を謳歌することになった。その「ニュー・エコノミー」はやがて色褪せたが、これと同時に人口に膾炙した「グローバリゼーション」なる言葉は呪文のように広がった。今日、舞台はたしかにフォーディズムから一転し、グローバリズムが前景を飾るようになったのである。レギュラシオン理論にあっても、出発点たるフォーディズム論を超えて新たな展開がなされねばならない。

4　グローバリズムと金融主導型経済

(1)　即応型経済

右の国民的軌道論で垣間みたように、一九七〇〜八〇年代、企業主導型経済(日本)は「効率」にすぐれ、社会民主型経済(北欧)や国家主導型経済(中南欧)は「公正」にすぐれていたのに対して、市場主導型経済(米英)は効率においても公正においても必ずしも高いパフォーマンスを示すものではなかった。にもかかわらず一九九〇年代、アメリカを筆頭にアングロサクソン経済は強力に復活した。これは正直いって、レギュラシオン学派の予測を超える事態であった。

ここにおいてレギュラシオン理論は新たな問いの前に立たされる。効率も公正も劣る資本主義がなぜ強いのか。逆に効率や公正にすぐれた資本主義がなぜ後退せざるをえないのか。そうした問いのなかからレギュラシオン理論が探り当てたのは、まずは資本主義の「即応性」ないし「短期的フレキシビリティ」という問題であった。フォーディズム期にさかのぼって、この間の推移を確認しておこう(Boyer 1996, 1999)。

かつてフォーディズム期にあっては、ＩＭＦ／ＧＡＴＴ体制のもとでの固定相場制や内需中心型経済に示されるように、安定した国際経済環境に恵まれていたのであり、各国は外的経済環境の変化に対してそれほど敏感である必要はなかった。そうした国際環境のもと、各国は安んじて「効率」および／あるいは「公正」を追求することができたのであり、事実、経済パフォーマンスの判定基準はこの二つで事足りた。しかしフォーディズム崩壊後の長期不況のなかで、各国は貿易依存度を高め、経済は国際化し、こうして国際競争と国際経済摩擦が激化した。変動相場制への移行（一九七〇年代）、国際的な直接投資・証券投資の躍進（八〇年代以降）、アジアＮＩＥＳの輸出攻勢（八〇年代以降）、旧社会主義国の世界市場参入（九〇年代以降）、新たな情報技術・金融技術の開拓（九〇年代以降）とつづく一連の流れが想起されよう。そうしたなかで経済の金融化と投機化が進み、世界経済の不確実化と不安定化が増大した。グローバリゼーションの底流にはこうした変化があった。

このような環境のなかで各国経済にまず求められるのは、そうした変化や動揺に対して迅速に対応しうる能力である。国際的文脈への間髪を入れない適応能力こそ、マクロ経済パフォーマンスを左右する決定的基準となる。要するに「効率」でも「公正」でもなく、「即応性」こそが重要となる。不安定な国際経済（たとえば為替相場）の動きに即応して、国内経済（たとえば雇用量）を敏速に調節できるような経済体制こそが、よいパフォーマンスをあげ、強い資本主義となる。いかに生産性をあげるか、いかに公平な分配を行うかということでなく、環境変化にいかにフレキシブルに反応するか。「即応性」という第三の基準が前面に出てきた。

即応性を言いかえれば、経済動向に敏感に反応して生産諸要素を調節し流動化しうる能力のことである。ここに生産諸要素とは何よりも資本と労働力である。資本の即応化ないし流動化とは、資本が長期的に固定される製造業投資を抑制し、直接投資から証券投資にシフトし、金融を自由化しＩＴ化して資本の世界的な瞬間的自由移動を確立することである。労働力の即応化ないし流動化とは、労働者の自由な解雇や賃金のフレキシブルな決定を実現することであり、そのためには労働組合の弱体化、労働者諸権利の制限、非正規雇用の拡大、長期安定雇用の縮小、企業内技能教育の放棄などが必要となる。もうひとつ産業構造面から即応性を問えば、製造業から金融へと転換すれば即応力は高まる。製造業は固定設備をかかえて身動きが遅いだけでなく、為替変動リスクにさらされやすい。逆に金融は、環境変化に敏感に反応できるだけでなく、為替変動といった不安定要因そのものを利得のチャンスに転ずることができる。

金融の自由化、労働のフレキシブル化、産業構造の金融化といった即応性をもった経済とは、アメリカ資本主義である。効率も公正も劣ったアメリカ経済は、しかし市場主導型という特質のゆえにもともと短期調節能力にすぐれていたが、一九八〇年代以来の金融自由化や規制緩和によってさらに高い即応性をもつにいたった。そして九〇年代、情報産業や金融産業といった即応型産業を中心に「ニュー・エコノミー」的成長をとげた。国際経済の不安定化やグローバリゼーションは、即応型経済すなわちアメリカ資本主義の優位をもたらしたのであり、効率や公正に代わって即応性こそが経済パフォーマンスの支配的基準となった。そしてこれを受けて、日欧の資本主義も即応性の何らかの導入を迫られているのが現状である。

(2)　金融主導型成長体制

グローバリゼーションは、効率・公正だけでなく即応性という新たな視点をレギュラシオン理論にもたらした。しかし即応性を言うだけでは、まだグローバリゼーションの動因はわからない。グローバル資本主義を推進している成長体制や調整様式を問わねば、グローバリズムのレギュラシオン的解明にはいたらない。そうしたなか一九九〇年代の末になって、グローバリズムの震源たるアメリカ経済にかんするレギュラシオン的分析が登場してきた。その時アメリカは、もはや「フォーディズム」のアメリカではなく、新たに「資産的成長体制」(Aglietta 1998) ないしは「金融主導型成長体制」（Boyer 2000b）と名づけられるアメリカとしてあった。アメリカは一九五〇～六〇年代のそれから、すでに大きな歴史的変貌をとげていた。

そうした変貌の前提をなす事実として、アメリカ経済の脱工業化と金融化がある。すなわち産業構造は、第二次産業から第三次産業へと大きくシフトし、そしてサービス産業のなかで、いやアメリカ経済全体のなかで、金融業の占める役割が増大した。その背後には、基軸通貨国としてのアメリカの特権的地位はもちろんのことだが、IT革命に支えられた金融革新がある。これらを通した経済の金融化は、単にアメリカ産業に影響をあたえただけでなく、アメリカの家計所得を変容させ、また世界経済や世界金融の姿を大いに変貌させた。

すなわち第一に、金融資産の証券化が進んだ。金融資産を大きく証券と銀行預金に分類するとき、この時代、金融貯蓄は預金の形態から株式の形態へとシフトした。第二に、株主構成における機関投資家の比重が増大した。個人投資家の比率が低下し、かわって各種年金基金を筆頭に、投資信託や生命保険など、機関投資家が躍進した。第三に、こうしたことを背景に、一九九〇年代のアメリカでは一時的にであれ、家計所得の三分の一が金融所得、残り三分の二が労働所得といった事態も出現し、家計所得の金融化が進行した。第四に、国際的な証券投資が著増した。情報技術・金融技術・金融新商品の開発・発展とともに、海外直接投資をはるかに凌いで証券投資が活発化し、それとともに、短期主義の投資行動やトレーダーの付和雷同的な模倣主義によって、経済の変動性《ボラティリティ》が高まり、グローバル経済が不安定化した（Orléan 1999 ; Boyer 2000a）。

こうした諸事態の原点には、アメリカにおける金融主導型ともいえる新しい成長体制の成立がある。そのマクロ的構図にかんしては、アグリエッタやボワイエによって各種モデルが示されているが、ほぼ共通の項を最大限に単純化して抽出すれば図4－3を得る（山田 2002）。以下、この図に即して金融主導型成長体制のマクロ的構図について確認しておこう。

図4－3　金融主導型成長体制

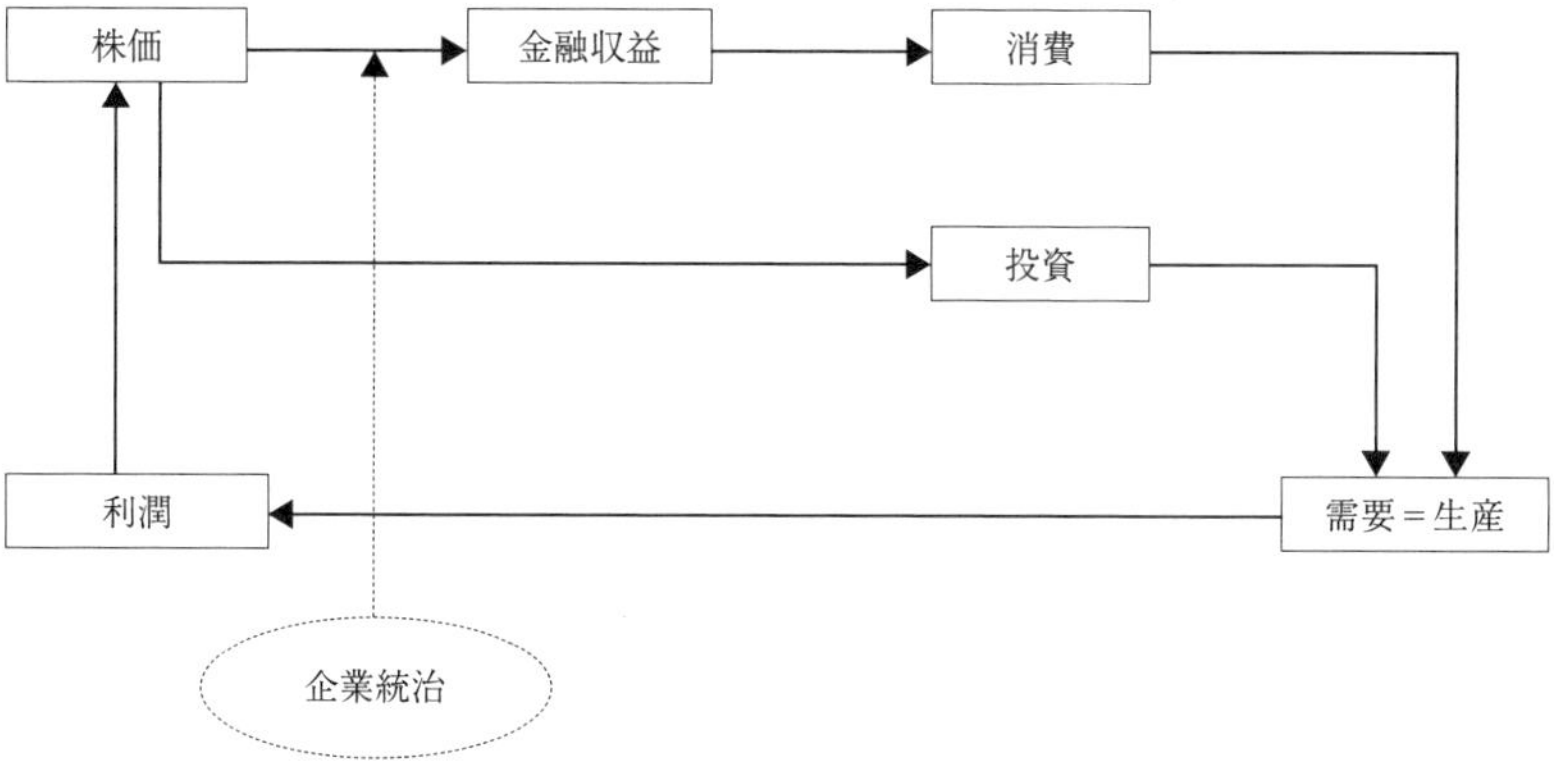

第一に、成長の循環を生みだす起動力は「資産価格」とりわけ「株価」の上昇にある。そしてこの株価上昇が、株主資本利益率を最大化させるような諸制度に媒介されながら、株主とりわけ機関投資家の「金融収益」を高め、ひいては家計の「金融所得」を高める。家計における金融所得の上昇は資産効果を生んで「消費」を活発化させる。こうして「株価→金融収益→消費」といった回路が形成される。家計所得の主要源泉は「賃金」にあることは変わらないが、その賃金の上昇が停滞し、かつ金融所得の比重が高くなった一九九〇年代のアメリカでは、消費はむしろ金融所得によってリードされるという特徴的な回路が出現するにいたった。

第二に、株価の上昇は消費のみならず「投資」をも刺激する。株価の上昇は企業にとって、それだけ資金調達の容易化を意味し、資本コストを低下させるから、「株価→投資」の回路が刺激される。「トービンのｑ」理論は、企業資産の財市場価値をこえて株式市場価値が上昇するとき投資は促進されることを教えているが、株価上昇は「トービンのｑ」型の投資を促すことになる。第三に、財政や貿易を捨象して単純化すれば、こうして活発化した消費と投資が「需要」を形成し、拡大した総需要すなわち経済成長が企業に「利潤」をもたらす。そして、高い利潤と高い利潤期待が「株価」を再び上昇させ、こうして成長の好循環が形成される。すなわち「需要→利潤→株価」のチャンネルが生まれる。

以上はきわめて単純化された図式でしかない。必要とあらばもう少し具体化することもできよう。たとえば、企業に対する高い金融収益の要請は、企業をして収益性のよくない投資プロジェクトを控えさせることになるから、株価上昇は投資促進要因として作用するとしても、高い金融ノルムは投資抑制要因としてはたらく（Boyer 2000b）。あるいは、グローバル競争が従来の国内的寡占価格体系を解体し、財価格の低下をもたらし、消費を刺激するという回路も成立しうるし、グローバル金融が利子率の各国別管理を無効にし、国際的に形成される自由な金利市場がめぐりめぐって株価に影響をあたえることにもなる（Aglietta 1998）。しかし、そういった諸経路は必要に応じて考慮すればよい。当面は金融主導型成長体制を、図4－3のように最大限に単純化したところで理解しておこう。

参考のため、フォーディズムのマクロ的構図と比較してみよう。そのためには、この図4－3を念頭に置きつつも、さきの図4－2（本書二〇三頁）におけるフォーディズム的成長体制を振り返ってもらいたい。フォーディズムにあっては循環の起動力は「株価」でなく「生産性」すなわち「生産性上昇」にあった。そして、各国が国際競争の荒波への防波堤を築きつつ、国民的な労使間諸制度を確立し、それを通して自国内での高い生産性を高い「実質賃金」（生産性インデックス賃金）に結びつけ、こうして「消費」を刺激したのであった。また「投資」の方は、q理論型のそれではなく、消費（需要）が投資を促進するという加速度原理型のそれが主役をなした。こうした消費と投資が「需要」の拡大すなわち経済成長をもたらした。と同時に、そうした経済成長そのものが「規模の経済」効果を通じて再び「生産性」を上昇させる。生産性はほかにも投資効果（資本深化効果）や技術革新効果を通して上昇したが、いずれにしても全体として、「生産性」と「需要」の間に循環的累積的な因果関係が形成されたのが、フォーディズムの成長体制であった。

これに対して、金融主導型成長体制の好循環を支える枠組みは「株価」と「需要」の間の累積的関係である。かつて「生産性」が占めた位置は、いまや「株価」が占めることになる。全循環の起動的変数はもはや「生産性」――およびこれと連動した「賃金」――でなく、「株価」――およびこれと連動した「金融収益」――へと移る。逆に賃金変数は、国際金融やグローバル競争からの圧力の結果として残余的に決まる従属変数となる。フォーディズムを一言で「国民的賃金本位制」と形容できるとしたら、金融主導型成長体制は「国際的金融本位制」と特徴づけられよう。新しい成長体制は新しい調整様式を必要とする。金融主導型成長体制はそれにふさわしい新しい制度諸形態、ゲームのルール、調整様式の形成なしには存立しえないし、安定もしえない。それがレギュラシオン理論の基本的認識であった。とするならば、新しい成長体制を操縦した新しい制度、新しい調整様式とは何なのか。

問題の核心は「株価」を「金融収益」へと誘導する制度にある。株価上昇益を回路づけて高い株主資本利益率へと導く制度にある。しかもその制度は、もはや各国ごとの制度ではありえず、企業はグローバルな株式市場によって高い金融ノルムを強制されている。そして、そのようなグローバル金融市場による企業支配の制度こそ、「企業統治」(corporate governance)なのである。そしてまた、高い株価は企業にとって資金調達コストを低下させるから、投資を促進し、企業成長の動因ともなる。それどころか実は、株価連動型の新しい経営者報酬制度(ストックオプション)が導入されることによって、高い株価は経営者にとっても好都合なこととなる。企業統治とは、株価上昇や金融ノルムをめぐってこのような形で企業(経営者)と金融(株主)の間に成立した、新しい妥協であり、新しいゲームのルールなのである。

かつてフォーディズムにあっては、高い生産性上昇を高い賃金上昇へとつなぐ決定的制度として、「団体交渉」があった。団体交渉を通して労働側は「生産性インデックス賃金」を獲得し、逆に経営側は「テーラー主義」の導入を認めさせた。インデックス賃金-対-テーラー主義という労使妥協が、大量生産―大量消費の成長体制を操縦し調整したのであった。その意味で労使の「団体交渉」こそは、フォーディズムにとって基軸的制度をなしていた。それと同じく、いま金融主導型経済にあっては、高い株価を高い金融所得へとつなぐ決定的制度として、企業統治がある。

企業統治を通して高株価経営が助長され、これによって株主側は高い株主資本収益率を獲得し、企業側は低い資金調達コストと高い報酬を享受する。そして、これらを通して促進された消費や投資がまわりめぐって再び株価を上昇させるというのが、金融主導型のストーリーである。それゆえ「企業統治」こそは、金融主導型経済の基軸的制度をなす。

(3) グローバリズムの歴史的位置

一九九〇年代アメリカに成立したこのような金融主導型経済モデルは、たしかに現代のグローバリゼーションの根源にある。グローバリゼーションとはある意味では、金融主導型経済の世界的な自己拡大圧力だといってよい。金融主導型経済はいわば「自己の姿に似せて」世界を改作しようとしている。圧力を受けて各国は、何らかの市場化、即応化、金融化を余儀なくされている。その行きつく先はしかし、世界各国が金融主導型経済（資産資本主義）に収斂することなのであろうか。

こうした問題を考えるうえでも、今日のグローバリズムがどのような歴史的位置にあるかを検討しておくことが重要である。かつてフォーディズムは、アメリカを先導役として西側各国に普及したのであり、ある程度の普遍性をもった発展モデルとしてあった。それと同じく二一世紀、金融主導型は少なくとも先進資本主義諸国に波及し、各国もやがてこれに収斂していくようなモデルなのか。それともこれは、アメリカという例外的社会に特徴的なモデルであり、各国が模倣することは不可能であり、また不必要でもあることなのか。そもそもアメリカ自身において、このモデルはどこまで安定性と持続性を保ちうるのであろうか。

この問いはわれわれを、資本主義とは何か、資本主義にとって調整（レギュラシオン）とは何かという、古くて新しい問題へと連れもどす。この章でいえば、さきに「資本主義と社会的調整」（本章2⑴）として検討した論点を、今日のグローバリズムのもとでもう一度反省することにつながる。すなわち、資本主義とはもちろん価値増殖の運動総体であるが、それは不断に自己を拡大しつづけ、そして社会や世界を「変化させる力」となる。それはいわば「進歩」の力でもあるが、決定的な問題は、資本主義のこの変革力は自らの限度を知らずに暴走し、破壊の力となるということである。資本は社会を解体し、生活・文化・大地を破壊する。社会が解体すれば実は資本自身も存立しえない。それゆえ人類は、資本主義を社会的に調整することなしには存続しえない。そして資本主義の歴史は、こうした「資本」の原理と「社会」の原理の対抗と拮抗の歴史であり、資本に対する社会的調整の成否の歴史であったのである。

すなわち一九世紀は、イギリスの工業力・金融力を背景にして、いわゆる「自由競争」「競争的資本主義」の時代としてあった。世紀前半の穀物法論争（特に勝利した自由貿易論）や比較生産費説（リカード）が自由競争や資本原理の推進役となり、やがてイギリスは「世界の工場」「世界の銀行」として資本主義的繁栄を謳歌する。しかし、その結果もたらされたものは、世紀後半マルクスがいみじくも喝破したとおり、「富の蓄積」に照応した「貧困の蓄積」であった（Marx 1962 : 23. Kap.）。いわば社会原理を置き去りにした資本原理の暴走であり、社会的調整なき資本主義の時代である。あるいはポラニーを援用するならば、一九世紀は「自己調整的市場」の確立した時代であった（Polanyi 1957）。資本や市場は「自己調整的」であるという信念や宣伝とは裏腹に、社会の原理は完膚なきまでに資本（市場）の原理によって破壊されたのであり、だからこそポラニーはこれを「悪魔のひき臼」と形容したのであった。

二〇世紀に入ってようやく一九三〇年代、資本のこうした破壊的作用に対する「社会の自己防衛」が始まった。ポラニーによれば、ニューディール（アメリカ）、ナチス革命（ドイツ）、計画経済（ロシア）はそれを代表する諸事件であった。これらは一見異なった諸事件に見えながら、その実、社会の側から資本の暴走を食い止めようとする動きだという点で共通している。市場経済や資本主義への何らかの介入と干渉が始まったのであり、こうして資本主義は

「大転換」を経験した。

資本主義へのこうした社会的調整は、最終的に第二次大戦後の先進諸国において「フォーディズム」と呼ばれる発展モデルが形成されることによって、いわば頂点を迎えた。資本と社会の対抗という文脈に置いてみるとき、フォーディズムとは、資本に対する社会の側からの調整、すなわち資本主義の社会的調整が成功した時代であり、社会原理と資本原理が拮抗した時代であったと言うことができる。団体交渉制度をはじめとする新しい制度諸形態を通して、資本主義がいわばうまく飼いならされたのであり、それによって資本主義としても、効率と公正がある程度両立するという形で「強い」資本主義（持続的高成長）を形づくった。この時代、しばしば「修正資本主義」「混合経済」という表現がなされたが、以上の観点から振り返ってみると、たしかに資本原理と社会原理の「混合」、社会原理による資本原理の「修正」によって特徴づけられる発展モデルであった。フォーディズムの労使妥協とは、資本と社会の妥協でもあったのである。

そのフォーディズムは一九七〇年代、危機に陥る。危機のなか、各国各企業は過剰生産能力の処理を求めて国際場裏に打って出、国際経済摩擦が先鋭化する。当初は国際化、多国籍化と言われていたが、一九九〇年代あたりからはグローバル化と形容される新しい様相を帯びてくる。「新自由主義」「市場原理主義」といったかけ声のもと、資本原理が社会原理の手を振りほどいて全地球的に独走しはじめたのである。再び社会的調整なき資本主義の時代となった。それが今日の「グローバリズム」の歴史的位置である。資本原理はここでは、何よりも産業企業に対する金融の優位として、覇権国における金融主導型成長体制の成立として、そしてその世界的な拡大圧力としてある。資本原理のもと、世界経済の不確実性と不安定性が強まると同時に、そのこと自身が即応型資本主義や金融主導型経済をして「強い」資本主義たらしめる要因となっている。そしてそのもとで、社会原理は大小さまざまな形で萎縮し窒息している。

このグローバリズムや金融主導という資本原理の支配は、この先どういう展開を見せるのであろうか。レギュラシオニストの間に統一的見解があるわけではないが、多くのレギュラシオニストは金融主導型成長体制の生命力にかんして否定的である[12]。その研究によれば、金融主導型経済は覇権国、基軸通貨国、それに市場主導型経済というアメリカの特殊性（そして他の世界との非対称性）ゆえに成立し存立しうるものであり、他国がこれを模倣しても「合成の誤謬」を犯すのみで、決してアメリカなみのパフォーマンスを実現しえないことが示されている（Boyer 2000b；Boyer & Souyri 2001）。否、そもそもアメリカ自身において、果たしてこうした金融主導型ないし株価依存型の経済というのは存続可能なのであろうか。またアメリカ自身は、そして世界の各国各社会は、グローバリズムという資本原理の支配にこの先どこまで持ちこたえうるのであろうか。

歴史は、一九世紀型の自己調整的市場という名の資本原理支配がやがて二〇世紀、フォーディズムという形で「大転換」をとげたことを教えている。そのフォーディズムの危機のなかから現れたグローバリズムという名の資本原理支配は、二一世紀、「第二の大転換」を迎えないという保証はない。

5　グローバリズムと資本主義の多様性

(1)　制度の階層性とその逆転

近年のレギュラシオン学派の分析領域は多岐にわたっているとはいえ、それでも「グローバリゼーション」と呼ばれる資本主義の現代的変容をとらえようとするところに、共通の問題関心が存在する。そのグローバリゼーションないしグローバリズムを、前節では覇権国アメリカに焦点を当てた「金融主導型成長体制」論としてフォローした。ただし、この新しい成長体制は時間的な持続性に疑問があるのみでなく、空間的な普及性・普遍性についても多分に問題があるというのが、多くのレギュラシオニストの診断である。つまり世界各国は、やがてこの金融主導型に向かって収斂するとはとても言いがたい。このグローバリゼーションのもとで、つまり金融主導型の自己拡大圧力のもとで、むしろ各国諸制度には独自なハイブリッド化と変容が見られ、資本主義の多様性が検出される。諸国はアメリカとは違うのであり、また諸国は相互にも異なるのである。それゆえ必要なのは収斂論でなく、多様性論なのである。事実「資本主義の多様性」論は、近年のレギュラシオン理論において、さきの金融主導型論と並ぶもう一つの中心的論点をなす。

資本主義の多様性は制度の多様性とかかわる。それゆえまず「制度」への問いから始めよう。レギュラシオン理論は当初から「制度諸形態」を問うことによって、近年における「制度経済学」の復興に寄与し、またその重要な一角を占めてきた。他の制度諸理論と比較するとき、この理論の制度理解の特徴は、①制度を社会的コンフリクトのなかでとらえ（「制度化された妥協」）、制度の形成・変化における政治的要因に力点をおくこと、②制度とマクロ経済的パフォーマンスとの関係を重視すること、③制度を長期的歴史のなかで把握することによって、制度を通しての経済的成功が危機へといたる点を見ること、④諸制度の補完性のみならず階層性《ヒエラルキー》という論点を開拓し、かつヒエラルキーの歴史的変化を問うこと、といった諸点にある。

第一点について補足しておこう。取引コストの節約装置（R・コース）、ゲームのルール（D・ノース）、ゲームの均衡ないし共有予想の自己維持システム（青木昌彦）、行動のルーティン化による複雑性の縮減装置（G・ホジソン）など、近年の経済学は制度の本質をさまざまに定義してきた。しかし一般に経済学では、制度を個人の相互作用から自生的に出現したもの（経済的均衡）とみる見方が強く、これを意識的・意図的なデザインの結果とみる政治学と好対照をなしている。レギュラシオン理論によれば、制度はたしかに人間の相互作用の産物であるが、同時に制度は個人間および集団間のコンフリクトや利害対立を反映している。「社会的制度は、社会的コンフリクトの産物であると同時に、紛争の当事者を規格化する」(Aglietta 1976 : 2e éd. de 1986)。すなわち制度(少なくとも重要な制度)の背後には、個人間・集団間の分配問題をめぐる緊張・闘争・同盟・妥協があり、社会政治的な力が重要な役割を占めていることを強調する。「制度諸形態は社会的コンフリクトから生まれ、経済動態に対してインパクトをもつためには、ほとんどの場合、政治的領域を通って法的承認を得なければならない」(Boyer 2004: 傍点は原著者)。それゆえレギュラシオン的理解にあっては、制度はすぐれて「政治経済的均衡」(Amable 2003) としてあり、紛争の規格化装置としてある。

第二、第三点には立ち入らない。第四点は重要なので敷衍しておく。特定の時代、特定の社会において、ある制度の存在が他の制度の存在・機能・有効性を強化するとき、諸制度の間には「補完性」(complementarity) が存在するという。しばしば引かれる例であるが、戦後日本においては終身雇用制度(労働)の存在がメインバンク制度(金融)の存在・機能・有効性を強化し、また逆に後者が前者を強化していたとされるが、このとき両者の間には制度補完性があると言える。そして、何らかの制度疲労に陥っているある国(たとえば銀行危機にある日本)が、優秀なパフォーマンスをあげている他国の制度(たとえばアメリカの市場型金融)を簡単には輸入できないし、仮に輸入したからといって良好なパフォーマンスが期待できるとは限らないのは、諸制度が相互に絡まりあい、相互に補完的関係にあるからだということは、よく指摘されるところである。

レギュラシオン学派もこうした認識を共有する。しかし、近年のレギュラシオン学派は、そうした補完性はじつは諸制度の「階層性」(hierarchy) と不可分であり、むしろ制度階層性があるからこそ制度補完性も形成されるのだと理解する。すなわち、特定の経済社会を構成する諸制度の間には、ある領域の制度が支配的・主導的な位置を占め、これが自らの存在・機能・有効性を発揮するに都合のよい形で他の諸制度に影響力を及ぼし、そして後者は前者に規定され制約される形で自らを造形するのである。階層的に下位の制度がつねに上位の制度と補完的であるとは限らないにしても、制度補完性が実現されるとすれば、それは「対等」な諸制度の「平和」的均衡の結果というよりも、このように制度間の「ヒエラルキー」的な支配の結果としてある。最上位には、支配的な政治ブロックにとって最も重要な制度領域が位置を占める（Amable 2003）。

そして現代理解にとっても歴史理解にとっても重要な点は、こうした制度の階層性は変化しうるということ、つまり階層的序列の可変性ということである。支配的制度は歴史的に異なりうるのである。同じ領域の制度でも、ある時代には従属変数であったが、別の時代には支配的な独立変数となることがあるのである。この点はグローバル資本主義の今日を理解しようとする場合、とくに重要な点であり、じつはレギュラシオン理論においても、深い方法的反省とともに獲得しえた論点であった。

すなわち、かつてフォーディズム分析においては、レギュラシオン理論は制度諸形態のなかでも「賃労働関係」にかかわる制度（団体交渉、テーラー主義、生産性インデックス賃金）を重視した。事実、戦後期にあっては、賃労働関係における新しい労使妥協こそが、競争形態（寡占価格）や国家形態（ケインズ＝ベバリッジ型政策）を規定し、さらにはそうした国民的諸制度に適合的な形で安定した国際体制（固定相場制、低い輸出依存度）が形成されていたのである。いわば「賃労働関係→競争形態／国家形態／金融制度→国際体制」という制度的ヒエラルキーが形成されていたのが、この時代であった。

しかし今日、こうした階層的序列は逆転した。変動相場制、世界マネーフローの膨大化と高速化、不断のバブル形成と崩壊、国際経済と国際金融の不確実化と不安定化などによって、国際経済環境への素早い適応能力こそが、各国のマクロ・パフォーマンスを左右するようになった。要するに即応型経済こそが「強い」経済となった。こうした状況にあっては、国際金融を中心とした国際体制こそが階層的上位を占める制度となり、これが国内金融（金融自由化）、国家形態（競争力形成）、競争形態（低価格競争）に影響をあたえ、賃労働関係（賃金・雇用のフレキシブル化）はこうした上位諸制度に規定されて残余的に決定される下位の制度となった。制度階層性は「国際体制→金融制度／国家形態／競争形態→賃労働関係」へと反転したのである（Boyer 1999, 2004）[13]。

前節でグローバル時代における即応型経済の優位を見、また国際的金融本位制としての金融主導型成長体制を確認したが、その背後には制度ヒエラルキーにおけるこうした逆転が伏在していたのである。しかし、こうした逆転の認識はレギュラシオン学派にとって、ある種の方法的反省を意味する。すなわち、フォーディズム論とともに生誕したレギュラシオン理論は、五つの制度諸形態のなかでは、何といっても「賃労働関係」を格別に重視することから出発した（Aglietta 1976；Boyer 1986）。この賃労働関係中心の方法視点は、時にはフォーディズム論を超えて、一九世紀資本主義論やフォーディズム後の国民的軌道論においても垣間みられた。そこには、時と所を問わず賃労働関係に本質的重要性をみる視点、すなわちそれを無条件に階層的上位にすえる視点がなかったとは言えない。

しかし、いまグローバリズム分析から判明したのは、むしろ「国際体制」こそがヒエラルキー的上位を占め、「賃労働関係」は従属的地位に落ちたということである。階層的序列の可変性という認識は、賃労働関係の非絶対性（無条件に上位を占めるわけではないこと）の認識と不可分である。そこから見れば、賃労働関係が上位を占めたフォーディズムとは、労使が支配的政治ブロックをなし、労働と産業の国民的妥協（団体交渉）が決定的な重要性をもったところの、戦後という特定の時代の産物であったということである。対するに現代は、産業と金融が支配的ブロックをなし、両者のグローバル・レベルでの妥協（コーポレート・ガバナンス）こそが最上位に立つにいたった時代として理解される。

(2)　社会的イノベーション・生産システム

資本主義をその多様性において分析するという問題関心は、レギュラシオン・アプローチにおいてその初発から存在していたわけではない。「当初は各々の歴史的大時期の標準的・代表的な形態――栄光の三〇年の時期についてはフォーディズム――に分析を集中していたのだが、長期歴史研究や国際比較研究がふえてくるとともに、長期的に共存する諸蓄積体制や諸調整様式の多様性が浮かびあがってきた」（Boyer 2004）、とボワイエが述懐しているように、それはいくつかの研究蓄積と試行錯誤の末に形成されてきた論点である。レギュラシオン学派において資本主義をその多様性においてとらえようとする試みは、おそらく『世紀末資本主義』（Boyer 1986b）に始まるのであろうが、以後、さきに見た「国民的軌道の分岐」の議論などをへて、多様性論は着実に進化してきた。

だがしかし、フォーディズム論と国民的軌道論や多様性論とは、果たして方法論的に整合的なのだろうか。レギュラシオン理論における制度諸形態論は、資本主義の多様性の議論にどこまで貢献しうるのだろうか。そうした疑問から出発しつつ、「社会的イノベーション・生産システム」（social system of innovation and production: ＳＳＩＰ）という新しい概念を設定して、資本主義多様性論を強力に展開したのが第二世代のアマーブルである（Amable et al. 1997 ; Amable 2000, 2003）。ＳＳＩＰとは何か。まずはその問題意識から検討しよう。

アマーブルはヴィンテージ・レギュラシオン（レギュラシオン第一世代）の方法論について、いくつか反省をする。第一に、レギュラシオン理論は「五つの制度諸形態」を区別したが、その五領域の間の仕切りはけっこう曖昧であり、その曖昧さは制度的ヒエラルキーの逆転を論ずるとき露呈されてしまう。さきに見たように、フォーディズム時代から現代へと階層性は逆転した。では今日、「賃労働関係」に代わってヒエラルキー的上位を占めるのは「貨幣形態」（アグリエッタ）なのか、「競争形態」（プチ）なのか、「国際体制」（ボワイエ）なのか。レギュラシオニストの間で見解が分かれてしまうのは（注(13)参照）、かれらにおける現実認識の差以上に、制度諸形態認識の差に根ざしている。そもそも制度諸エリアを機械的に五分すること自体が無理なのであって、五エリアへの分割を乗りこえたところに新しい分析概念を築く必要がある。それがＳＳＩＰである。

第二に、ヴィンテージ・レギュラシオンの主要な関心は、特定の歴史的時代のすべての先進資本主義国にフィットするような一般的パターンの発見にあった。あのフォーディズム論も、アメリカを代表としつつも、戦後のすべての先進諸国にも適用されるべき発展モデルとして構想されたふしがある。「遅れて制度化されたフォーディズム＝イタリア」「ハイブリッド・フォーディズム＝日本」（Boyer 1990）とか、さらには先進諸国や黄金時代の外に適用されて「周辺部フォーディズム＝一九七〇～八〇年代の極東・南米・南欧」（Lipietz 1985）といった表現のうちには、たしかにフォーディズム・モデルの一般化の志向が潜んでいる。加えてフォーディズム論のあとも、レギュラシオン的研究にあっては、その時々に成功しているように見えた国民的モデル（たとえば日本やスウェーデンのモデル）のうちに、何らかの一般性や先導性を探るという傾向がなかったとはいえない。そこには一般的パターン論への傾斜が、あるいはさきのボワイエの言葉でいえば「標準的・代表的な形態」の探求への志向が、残存している。そうではなく、明白に資本主義の多様性を前提とし、これを解くための概念としてSSIPは設定される。

第三に、諸資本主義の比較に際しては、とかく「よい」「悪い」の価値判断が先行したり、一面的な比較で満足したりすることがある。たとえばボワイエが「悪いレギュラシオンはよいレギュラシオンを駆逐する」（Boyer 1996）と言うとき、そこに諸資本主義の客観的比較分析がないわけではないにしても、主観的判断がにじみ出ている側面がある。またレギュラシオン理論以外のところでも、たとえば比較制度分析（Aoki 2001）はもともと日本とアメリカを中心にした比較であり、「資本主義の多様性《ヴァラエティ》」論（Hall & Soskice 2001）はすぐれて企業中心の比較である。つまり比較の対象や軸がきわめて一面的なのである。そういう主観性や一面性を克服し、諸資本主義を、いくつかの制度的複合体からなるメゾシステムを通して客観的かつ経験的に分析するための概念が、SSIPである。

SSIP（社会的イノベーション・生産システム）とは何か。それは、国際比較や多様性を考える場合の基軸視点を、各国の技術競争力のあり方におくことから出発する。技術競争力のうちには、各国のマクロ・パフォーマンスや制度的特徴が反映されている。そして技術競争力を構成するのは、科学セクター（アイデアの生産）、技術セクター（アイデアの人工物への転換）、製造セクター（人工物の商業品への転換）の間の相互作用のあり方であり、これによって製造セクターでの技能、イノベーション能力、産業競争力や産業特化のパターンの特徴が形成される。これはいわば各国のイノベーション特性・産業特化特性である。そして、このイノベーション特性が効果的に形成・維持されるためには、これをとりまく制度諸エリアのなかでも、教育・訓練制度、金融制度、労使関係制度の三つが決定的に重要であり、また相互補完関係にあるものとしてのこの三者が問われねばならない。要するに、国際比較に際して核心におかれるべき一国ないし一社会の基本単位を、イノベーション特性（科学―技術―産業）と制度特性（教育―労働―金融）との複合的システムとして抽出し、これをしてSSIPと概念化するわけである。

したがってSSIPの独自性は、あの五つの制度諸形態との対比でいえば、五分類中には明確な位置づけをもたなかったイノベーション特性（科学―技術―産業特化）を中核にすえたこと、また、賃労働関係（教育・社会保障を含む）、貨幣形態、競争形態あたりを中心にして、それらの補完的総体のうちに制度特性をみたこと、といった点にある。それはたしかに、賃労働関係視点を中軸にすえてフォーディズムや国民的軌道を分析したヴィンテージ・レギュラシオンを超えて、今日の激化するグローバル競争のもと、比較優位を確保するために総力をあげている各国の資本主義と、それゆえの資本主義の多様化といった現実を捕捉するための有効な概念的枠組みを提供していよう。

以上のような観点に立って経験分析がなされていく。イノベーション特性や制度特性にかかわって、自然資源活用型（たとえば北欧）か研究開発集約型（たとえば米英日独仏）か、科学指向的な生命科学・製薬・航空宇宙産業への特化（米英仏）か技術指向的な物質工学・設備財産業（日独）か、市場的調整（米英加豪）か非市場的調整（それ以外）か、など、さまざまな検証がなされる。その結果として、いくつかのSSIPが特定されてくる。若干のヴァリアントがあるが、出発点となったSSIP類型を挙げれば、市場ベース型（米英）、メゾ・コーポラティズム型（日本）、欧州統合／公共型（独仏伊蘭）、社会民主主義型（北欧）の四つである。

第一の市場ベース型にあっては、生命科学・宇宙科学（科学）、特許・著作権・軍事技術（技術）、航空宇宙産業・化学薬学産業（産業特化）といったイノベーション特性が、労働市場の外部的フレキシビリティ、高熟練労働と低熟練労働の分極化（労働）、高度高等教育と低度職業訓練の並存（教育）、リスクテーキング型金融と株主主権（金融）といった制度特性によって支えられており、言うまでもなく基本的な調整主体は市場である。以下、同じような形で、第二のメゾ・コーポラティズム型では、産学連携の弱さ、暗黙知の重要性、エレクトロニクス産業、内部的フレキシビリティ、企業内教育、産業と銀行の長期安定的関係が見られる。第三の欧州統合／公共型では、基礎研究と製品開発の非連携性、製薬・航空宇宙産業、銀行型金融が、第四の社会民主主義型では自然資源利用から情報技術への進展、品質競争、高い労働力流動性や職業再訓練制度、銀行型金融が、それぞれ一体となったSSIPを形づくっている。

(3)　さまざまな資本主義

以上を踏まえれば、現代資本主義の多様性にかんする議論を大きく前進させることができる。近年の多様性の出発点は、おそらくミシェル・アルベールの『資本主義 対 資本主義』（Albert 1991）にあろう。ソ連・東欧体制が崩壊して「資本主義 対 社会主義」の構図が解体し、これからは勝利した自由な資本主義体制のもと、人類は「歴史の終焉」（フランシス・フクヤマ）を迎えるといった歴史観が喧伝されようとするなか、アルベールはむしろ「資本主義 対 資本主義」の対立図式を押し出し、残った資本主義は決して一つでないどころか、諸資本主義が角逐しあっているものとして現代世界を描写した。

彼によれば、資本主義には「アングロサクソン型」と「ライン型」がある。前者の代表はアメリカであり、後者はライン川を擁するドイツはもちろん、大陸ヨーロッパや、さらには日本まで含まれる。前者は市場中心の資本主義であり、万人に開かれた市場的チャンスのもと、成功も失敗も、結果はすべて個人の問題とされる。後者にあっては、個人的災難は誰にも起こりうるという考えに立って、弱者を社会全体で救済すべく、市場以外の経路による調整や管理が重視される。そして効率面でも公正面でもすぐれているのはライン型なのであるが、しかし現実には劣ったアングロサクソン型が幅を利かせている。その逆説を鋭く問題提起したところに、アルベールの面目がある。

資本主義の多様性という観点からいえば、アルベールは二つの資本主義モデルを対比したわけである。二項対比は簡単なだけに明快だが、しかし粗雑である。日本を大陸ヨーロッパと同列に扱うというのはいかにも無理があろうし、そもそも大陸ヨーロッパといえども一様ではない。同じような二項対比は、「自由市場経済（ＬＭＥ）」「コーディネートされた市場経済（ＣＭＥ）」（Hall & Soskice 2001）といった分類法にも見られるが、やはり、いま一歩踏みこんだ多様性論が必要だ。

レギュラシオン理論にあっては、かつて国民的軌道の分岐を問題として、市場主導型、企業主導型、社会民主型、国家主導型の四軌道を析出していたことは、さきに見た。そうした蓄積のうえに、右のＳＳＩＰ論を重ねあわせることによって、二〇〇〇年代の今日、あらためて資本主義の多様性《ダイバーシティ》にかんする緻密かつ客観的な構図を提供している。ここでは立ち入った議論は避けるが、表４－１はその一例である。ここでは四類型が示されているが、分析視点のいかんでは、市場ベース型、社会民主型、アジア型（日韓）、大陸欧州型、南欧型（伊西葡）の五分類があたえられたり、これにさらにアルペン型変種（墺など）が追加されたりする（Amable 2003）。

いずれにしても現代資本主義は多様性に満ちている。グローバリズムのもと、アメリカの金融主導型成長体制の拡大圧力が強まるなかで、しかし資本主義はむしろ多様化しているのである。たしかに金融や資本移動の自由化などによって、金融の分野では市場主導型モデルへと一面化する側面が見られないわけではない。しかし、各国の制度構造と国際的特化の間に緊密な関係があるのだとしたら、国際貿易の利益という点からしても諸モデルは収斂しないし、

表4－1　レギュラシオン理論による資本主義の多様性

	レギュラシオン			
	市場主導型	企業主導型	国家主導型	社会民主型
1．総体的ロジックと支配原理				
	市場ロジックがほとんどすべての制度諸形態の組織原理	連帯原理、大企業内的可動性の原理、製品差別化の原理	生産・需要・制度化に関する公的介入が生みだす経済循環	社会・経済の多くの点の規則に関する社会的パートナー間の交渉
2．制度諸形態への含意				
賃労働関係	賃金交渉の大幅な分権化、報酬の個別化、労働市場の分断	大企業内の賃金妥協、他方で賃金上昇の同期化	雇用・労働時間・賃金・社会保障の規則に関する強力な制度化の傾向	中短期的競争力という制約下での団体交渉の集権化という伝統
競争	立法による集中の制限、寡占競争の再編成	製品市場における大企業間の相対的に熾烈な競争	公的規制や業界の誘導によって緩和された競争、高い資本集中度	大企業の数は少ないが高度に国際化されており、それゆえ競争にさらされている
貨幣・金融	中央銀行の独立性、金融市場のロジック、多数の金融革新、金融による強力な企業支配	金融および資本割当における系列およびメインバンクの役割、公的当局（財務省・中央銀行）の強力な統制	国家が強力に統制する信用および通貨政策、中央銀行の自律性は伝統的に弱い、財務省の決定的役割	主として銀行型の金融、完全雇用や競争力を目的とする通貨政策
国家	一連のエージェントや統制機関へと断片化、政治市場での競争によってその拡大は大きく制限される	大企業では提供できない公共サービスやコーディネーションを保証、規模は小だが役割は大	公的介入の質量ともの強力な発展：国有企業、規制、公共支出、社会保障…	財政的移転や制限的規制の拡大に示される多数の公的介入
国際的編入	自由貿易原則への固執、地位や規模に応じて自律性には大小がある（米／英の違い）	技術的・経済的発展という要請によって条件づけられた貿易上・金融上の選択	対外関係への強力な国家統制という伝統（関税、規格、割当、金融フローの制限）	技術的・組織的イノベーションを通して競争力原理を受容
3．調整様式の特徴				
	精緻な法的装置の支配の下で大幅に市場的な調整	大企業によるメゾ経済レベルでの調節、市場や国家は二次的	マクロ経済的調節の中心は国家、市場や企業は国家のゲームのルールに従う	制度諸形態の核心には三者（政労使）の交渉がある
4．以下への帰結				
イノベーション	急進的イノベーションに由来するシュンペーター波、特許やイノベーション益の個人化のロジックの支配	増分的イノベーションを行うことによって製品・工程の模倣・適応をする傾向、けっこう利益がある	大規模投資や長期的時間幅を想定した急進的イノベーション、フォーディズム型（つまり相対的に集権的）イノベーションへの適応	周辺的であれ急進的であれ、社会・経済問題の解決に結びついたイノベーション
産業特化	急進的イノベーションと結びついた諸セクター：情報、宇宙、薬品、金融、レジャー産業	大幅なコーディネーションを必要とし局所的だが累積的な能力を動員するセクター：自動車、エレクトロニクス、ロボット	大規模公共インフラと結びついたセクター：運輸、電気通信、航空、宇宙、軍備	社会的需要に対応したり（健康、安全、環境…）技術向上によって自然資源を開発したりするセクター
5．代表的例示国				
	アメリカ	日本	フランス	スウェーデン

出所：Amable at al.（1997）。部分的な修正と追加あり。

すべきでない。加えて技術的能力というものは、多くの場合、局地的、暗黙的、累積的に発展するのであって、こうした面での国民的ないし社会的な特性は、今日むしろ強まっているともいえる。要するに、「資本」原理からする収斂化圧力と、「社会」原理からする固有な独自性の力との葛藤のなかで、多様なハイブリッド化が生まれ、多様な資本主義が競合しているのが、二一世紀なのである。

注

(1) 以下、邦訳書がある場合には、邦語文献名は邦訳書タイトルのそれに従う。

(2) 本章では慣用に従って「レギュラシオンの経済学」「レギュラシオン理論」の語を用いることも多いが、むしろこの経済学を指す用語としては「レギュラシオン・アプローチ」の方が適切であろう。この経済学は抽象的な理論装置でもなければ、完成された堅固な経済学体系でもなく、むしろ経済社会を分析するための視角ないし接近法(アプローチ)であり、また研究プログラムであるからである。

(3) 本章のサブタイトルに「フォーディズムからグローバリズムへ」と付したが、タイトル全体はさしあたり、フォーディズムといわれる時代からグローバリズムといわれる時代にいたるレギュラシオン理論の展開、といったほどの意味として理解されたい。ここでは「グローバリズム」の語は、現代についての通例的・象徴的表現として用いられており、「フォーディズム」の次に来るべき成長体制/調整様式といった意味で使用されているわけではない。

(4) ほかに労働市場論のセバスチャン・ルシュヴァリエ(Lechevalier 2002)、制度補完性と経済成長の関係を問うエッカール・エルンストやステファノ・パロンバリーニ(Amable, Ernst & Palombarini 2002)らが注目されよう。

(5) このニューズレターは季刊であり、第一号(一九九一年一一月)にはミシェル・ジュイヤールが、第二号(九二年二月)にはリピエッツが、第三号(九二年五月)にはアグリエッタが、それぞれ小論を寄せている。二〇〇四年四月時点で第四八号を数え、現在は電子情報化されている。また最近では、英語版も *Issues in Regulation Theory* というタイトルのもとに編集され、これもインターネットでアクセスできる(http://www.upmf-grenoble.fr/irepd/regulation)。

(6) この年報は二〇〇三年末現在、第七号を数えている。毎号特集が組まれ、たとえば「制度論的研究の実験場としてのヨーロッパ」(第一号)、「国家と政治経済学」(第三号)、「年金基金と『ニュー・キャピタリズム』」(第四号)、「資本主義の政治経済学」(第六号)、「制度とその変化」(第七号)といった具合である。なお出版社は、第四号まではLa Découverte、第五号からはPresses de Sciences Poである。

(7) 二〇〇二年、本書の新版が出版されたが、そこではボワイエが「一九九〇年代の試練をへたレギュラシオン理論」と題するあとがきを寄せている。

(8) 参考までに各巻のタイトルを挙げれば、第一巻から順に「パリ・レギュラシオン学派」「レギュラシオンの欧米的見方」「フォーディズム・ポストフォーディズムにかんするレギュラシオニストの見方」「各国別研究」「発展と拡張」となっている。各巻五〇〇頁前後の大冊で、五巻合計で一〇〇篇近い論文を包括しているが、英語論文のみの集成であり、また編集面でもいささか疑念が残る。

(9) 一九九五年、ボワイエらがレギュラシオンの二〇年を振り返りつつ、レギュラシオニストの研究プログラムを「理論化せよ、定式化せよ、比較せよ、歴史化せよ」(théoriser, formalizer, comparer et historiciser)と要約したのは、この経済学の方法と視点を端的に物語っている(Boyer & Saillard 1995, p. 72)。

(10) 累積的因果関係については経済学史において少なからず注目されてきたところであるが、藤田(2004)が興味ぶかい整理を提供している。

(11) 以上にあってはドイツ経済の分類が困難なのであるが、さしあたり、社会民主型と国家主導型の中間型ないし混合型と理解しておこう。

(12) ただしアグリエッタは、アメリカに成立した資産的成長体制をフォーディズムの後継体制として普遍性を備えたものと考え、他の先進諸国も何らかの形でこれに収斂していくものと考えているふしがある。加えてアグリエッタは、年金基金の拡大と勤労者によるその統制のうちに、「勤労者持株制度」(actionnariat salarié)の可能性を探っている(Aglietta 1976 : Nouvelle éd. de 1997 : Aglietta 1998)。本稿ではしかし、この立場はとらない。参考までに、レギュラシオン第二世代を代表するアマーブルの見解を引いておこう。彼はアメリカ資本主義の将来性にかんする評価において、レギュラシオン・アプローチのなかにある緊張があることを確認したうえで、以下のように述べる。「一方で、アグリエッタのごく最近の仕事のなかには、この理論の最初の表明およびフォーディズム論から『資産的調整』論にいたるまで、調整様式を依然としてアメリカ型資本主義を中心にみる見解がある。こうした見方にあっては、アメリカはいまなお資本主義の未来を定義する国だということになる。その結果、『金融主導型』ないし資産型の資本主義は、指導的な制度形態たるその企業統治原理ともども、世界中に広がりうるというわけである。他方で、たとえばボワイエのような他の何人かの論者は、アメリカに『未来の資本主義の母国』という称号をあたえることに抵抗している。他の諸国（フランス、日本、など）、特定の産業（自動車）、特殊な時期（ニュー・エコノミーの一〇年）にかんする研究からは、資本主義のダイナミクスについてもっと複雑な図柄が得られている。その結論としていっそうありうる方向性は、アメリカはついていく手本であるべきでなく、また、おそらく所詮、手本の役目を果たすことができないだろうというものである」（Amable 2003, p. 77）。なお、アグリエッタの資産的成長体制論や、後出のアマーブルのSSIP論については、安孫子（2002, 2003）を参照せよ。

(13)「国際体制」を最上位にすえるヒエラルキー理解はボワイエのものであり、本稿ではこれに従ったが、この点はレギュラシオニストの間で統一的理解があるわけでない。たとえばAglietta（1998）は「金融」を、Petit（1998）は「競争形態」を、それぞれ最上位に置いている。

参考文献

安孫子誠男（2002）：「M・アグリエッタの〈資産形成成長レジーム〉論について」『千葉大学経済研究』第一七巻三号。

安孫子誠男（2003）：「〈イノベーションと生産の社会的システム〉論——レギュラシオニストの新試行」『千葉大学経済研究』第一八巻一号。

Aglietta, M.（1976）：*Régulation et crises du capitalisme: L'expérience des Etats-Unis*, Calmann-Lévy, Paris; 2e éd., 1986; Nouvelle édition revue et corrigée, augmentée d'une postface inédite, Odile Jacob, 1997 ;（In English）*A Theory of Capitalist Regulation*, NLB, London, 1979.（若森章孝他訳『資本主義のレギュラシオン理論』大村書店、一九八九年、増補新版、二〇〇〇年）。

Aglietta, M.（1986）：*La fin des devises clés*, La Découverte, Paris, 1986.（斉藤日出治訳『通貨統合の賭け』藤原書店、一九九二年）。

Aglietta, M.（1995）：*Macroéconomie financière*, La Découverte, Paris.（坂口明義訳『成長に反する金融システム』新評論、一九九八年）。

Aglietta, M.（1998）：“Le capitalisme de demain,” *Notes de la Fondation Saint-Simon*, no. 101.

Aglietta, M. and A. Orléan（1982）：*La violence de la monnaie*, PUF, Paris; 2e éd., 1984.（井上泰夫・斉藤日出治訳『貨幣の暴力』法政大学出版局、一九九一年）。

Aglietta, M. and A. Orléan（1998）：*La monnaie souveraine*, Odile Jacob, Paris.

Aglietta, M. and A. Orléan（2002）：*La monnaie entre violence et confiance*, Odile Jacob, Paris.

Albert, M.（1991）：*Capitalisme contre capitalisme*, Seuil, Paris.（小池はるひ訳『資本主義　対　資本主義』竹内書店新社、一九九二年）。

Amable, B.（2000）："Institutional Complementarity and Diversity of Social Systems of Innovation and Production," *Review of International Political Economy*, vol. 7, no. 4.

Amable, B.（2003）：*The Diversity of Modern Capitalism*, Oxford University Press, Oxford.（山田鋭夫・原田裕治他訳『現代資本主義の多様性』藤原書店、近刊）。

Amable, B., R. Barré and R. Boyer（1997）：*Les systèmes d'innovation à l'ère de la globalisation*, Economica, Paris.

Amable, B., E. Ernst and S. Palombarini（2002）："Comment les marchés financiers peuvent-ils affecter les relations industrielles?: Une approche par la complémentarité institutionnelle," *L'Année de la régulation*, no. 6.

Aoki, M.（2001）：*Towards a Comparative Institutional Analysis*, MIT Press, Cambridge/London.（瀧澤弘和・谷口和弘訳『比較制度分析に向けて』ＮＴＴ出版、二〇〇一年）。

新井美佐子（1998）：「労働市場分断論の形成と展開――ＳＳＡとレギュラシオンの両アプローチを中心にして」『経済科学』（名古屋大学）第四六巻二号。

Armstrong, P., A. Glyn and J. Harrison（1991）：*Capitalism since 1945*, Basil Blackwell, Oxford.

Baslé, M. et al.（1988）：*Histoire des pensées économiques: Les contemporains*, Sirey, Paris.

Billaudot, B.（1996）：*L'ordre économique de la société moderne*, L'Harmattan, Paris.

Billaudot, B.（2001）：*Régulation et croissance: Une macroéonomie historique et institutionnelle*, L'Harmattan, Paris.

Boyer, R.（1986a）：*La théorie de la régulation: Une analyse critique*, La Découverte, Paris；（In English）*The Regulation School*, Columbia University Press, New York, 1990.（山田鋭夫訳『レギュラシオン理論』新版、藤原書店、一九九〇年）。

Boyer, R. éd.（1986b）：*Capitalismes fin de siècle*, PUF, Paris.（山田鋭夫他訳『世紀末資本主義』日本評論社、一九八八年）。

Boyer, R. éd.（1986c）：*La flexibilité du travail en Europe: Une étude comparative des transformations du rapport salarial dans sept pays de 1973 à 1985*, La Découverte, Paris;（In English）*The Search for Labour Market Flexibility*, Clarendon Press, Oxford, 1988.（井上泰夫抄訳『第二の大転換』藤原書店、一九九二年）。

Boyer, R.（1988）："Formalizing Growth Regimes," in G. Dosi et al. eds., *Technical Change and Economic Theory*, Pinter Publishers, London.

Boyer, R.（1990）："The Capital Labour Relations in OECD Countries," *CEPREMAP*, no. 9020.（Boyer & 山田編（1993a）に訳載）。

Boyer, R.（1996）："The Seven Paradoxes of Capitalism.... : Or is a Theory of Modern Economies still Possible?," *CEPREMAP*, no. 9620.

Boyer, R.（1998b）：井上泰夫編訳『世界恐慌　診断と処方箋』藤原書店。

Boyer, R.（1999）："La politique à l'ère de la mondialisation et de la finance: Le point sur quelques recherches régulationnistes," *L'Année de la régulation*, vol. 3 ;（In English）in *International Journal of Urban and Regional Research*, vol. 24, no. 2, 2000.

Boyer, R.（2000a）："Deux défis pour le XXIe siècle: Discipliner la finance et organiser l'internationalisation," *CEPREMAP*, no. 2000-08.

Boyer, R.（2000b）："Is a Finance-led Growth Regime a Viable Alternative to Fordism?: A Preliminary Analysis," *Economy and Society*, vol. 29, no. 1.

Boyer, R.（2002a）：*La croissance début de siècle: De l'octet au gène*, Albin Michel, Paris.

Boyer, R.（2002b）："Variété du capitalisme et théorie de la régulation," *L'Année de la régulation*, no. 6.

Boyer, R.（2004）：*Une théorie du capitalisme est-elle possible?*, Odile Jacob, Paris.（山田鋭夫訳『さまざまな資本主義』藤原書店、近刊）。

Boyer, R. and J. Mistral（1978）：*Accumulation, inflation, crises*, PUF, Paris ; 2e éd., 1983.

Boyer, R. and P. Petit（1991）："Kaldor's Growth Theories: Past, Present and Prospects for the Future," in E. J. Nell and W. Semmler eds., *Nicholas Kaldor and Mainstream Economics*, MacMillan, London.

Boyer, R. and Y. Saillard éds.（1995）：*Théorie de la régulation: Etat des saviors*, La Découverte, Paris ; 2e éd., 2002 ;（In English）*Régulation Theory: The State of the Art*, Routledge, London/New York.（井上泰夫抄訳『現代「経済学」批判宣言』藤原書店、一九九六年）。

Boyer, R. and P.-F. Souyri éds.（2001）：*Mondialisation et régulation: Europe et Japon face à la singularité américaine*, La Découverte, Paris.（山田鋭夫・渡辺純子訳『脱グローバリズム宣言』藤原書店、二〇〇二年）。

Boyer, R. and 山田鋭夫編（1993a, 1993b, 1996, 1997）：『レギュラシオン・コレクション』全四巻、藤原書店。

Boyer, R. and T. Yamada eds.（2000）：*Japanese Capitalism in Crisis: A Regulationist Interpretation*, Routledge, London/New York.

CEPREMAP-CORDES（1977）：*Approches de l'inflation: L'exemple français*, ronéo., La Documentation Française.

Chavance, B.（1989）：*Le système économique soviétique: De Brejnev à Gorbatchev*, Nathan, Paris.（斉藤日出治訳『社会主義のレギュラシオン理論』大村書店、一九九二年）。

Chavance, B.（1992）：*Les réformes économiques à l'Est de 1950 aux années 1990*, Nathan, Paris.（斉藤日出治・斉藤悦則訳『システムの解体』藤原書店、一九九三年）。

Coriat, B.（1979）：*L'atelier et le chronomètre: Essai sur le taylorisme, le fordisme et la production de masse*, Bourgois, Paris.

Coriat, B.（1991）：*Penser à l'envers: Travail et organisation dans l'entreprise japonaise*, Bourgois, Paris.（花田昌宣・斉藤悦則訳『逆転の思考』藤原書店、一九九二年）。

Coriat, B. and D. Taddéi（1993）：*Entreprise France: Made in France 2*, Livre de poche, Librairie Générale Française, Paris.

Coriat, B. and O. Weinstein（1995）：*Les nouvelles théories de l'entreprise*, Livre de poche, Librairie Générale Française, Paris.

藤田菜々子（2004）：「累積的因果関係論の諸潮流とミュルダール」『季刊経済理論』第四一巻二号。

Geoffron, P. and M. Rubinstein（1996）：*La crise financière du modèle japonais*, Economica, Paris.

Hall, P. A. and D. Soskice eds.（2001）：*Varieties of Capitalism: The Institutional Foundations of Comparative Advantage*, Oxford UP, Oxford.

原田裕治（1997）：「「脱工業化」の理論モデル的考察――不均等発展と累積的因果連関を中心に」『経済科学』第四五巻三号。

平野泰朗（1996）：『日本的制度と経済成長』藤原書店。
井上泰夫（1996）：『〈世紀末大転換〉を読む』有斐閣。
磯谷明徳（2004）：『制度経済学のフロンティア』ミネルヴァ書房。
Jessop, B. ed.（2001）：*Regulation Theory and the Crisis of Capitalism*, 5 vols., Elgar, Cheltenham.
Kaldor, N.（1978）：*Further Essays on Economic Theory*, Duckworth, London.（笹原昭五・高木邦彦訳『経済成長と分配理論』日本経済評論社、一九八九年）。
Labrousse, A. and J.-D. Weisz eds.（2001）：*Institutional Economics in France and Germany: German Ordoliberalism versus the French Regulation School*, Springer, Berlin.
Lechevalier, S.（2002）："La montée contemporaine des inégalités au Japon: Une analyse en terme de segmantation du marché du travail et une mise en perspective historique," *CEPREMAP*, no. 2002–02.
Lipietz, A.（1979）：*Crise et inflation, pourquoi?*, Maspero, Paris.
Lipietz, A.（1983）：*Le monde enchanté: De la valeur à l'envol inflationniste*, La Découverte/Maspero, Paris.
Lipietz, A.（1985）：*Mirages et miracles: Problèmes de l'industrialisation dans le tiers monde*, La Découverte, Paris.（若森章孝・井上泰夫訳『奇跡と幻影』新評論、一九八七年）。
Lipietz, A.（1989）：*Choisir l'audace: Une alternative pour le XXIe siècle*, La Découverte, Paris.（若森章孝訳『勇気ある選択』藤原書店、一九九〇年）。
Lipietz, A.（1996）：*La société en sablier: Le partage du travail contre la déchirure sociale*, La Découverte, Paris.
Lipietz, A.（1999）：*Qu'est-ce que l'écologie politique?: La grande transformation du XXIe siècle*, La Découverte/Syros, Paris.（若森文子訳『政治的エコロジーとは何か』緑風出版、二〇〇〇年）。
Lordon, F.（2002）：*La politique du capital*, Odile Jacob, Paris.
Maddison, A.（1991）：*Dynamic Forces in Capitalist Development*, Oxford UP, Oxford.
Marx, K.（1962）：*Das Kapital*, Bd. 1（*Marx-Engels Werke*, Bd. 23）, Dietz Verlag, Berlin.（岡崎次郎訳『資本論』(1)〜(3)、国民文庫、大月書店、一九七二年）。

Mazier, J.（1999）：*Les grandes économies européennes*, La Découverte/Syros, Paris.

鍋島直樹（1998）：「金融システムの変容と現代危機」『富大経済論集』第四三巻二号。

中原隆幸（2003）：「レギュラシオン・アプローチにおける国家論の射程——ブルーノ・テレの理論を中心に」『四天王寺国際仏教大学紀要』人文社会学部第三五号。

岡本哲史（2000）：『衰退のレギュラシオン』新評論。

Orléan, A.（1999）：*Le pouvoir de la finance*, Odile Jacob, Paris.（坂口明義・清水和巳訳『金融の権力』藤原書店、二〇〇一年）。

Petit, P.（1986）：*Slow Growth and the Service Economy*, Pinter Publishers, London;（En français）*La croissance tertiaire*, Economica, Paris, 1988.（平野泰朗訳『低成長下のサービス経済』藤原書店、一九九一年）。

Petit, P.（1998）："Formes structurelles et régimes de croissance de l'après fordisme," *L'Année de la régulation*, vol. 2 ;（In English）in *Review of Social Economy*, vol. LVII, no. 2, 1999.

Polanyi, K.（1957）：*The Great Transformation: The Political and Economic Origins of Our Time*, Beacon Press.（吉沢英成他訳『大転換』東洋経済新報社、一九七五年）。

坂口明義（2001）：『現代貨幣論の構造』多賀出版。

佐野誠（1998）：『開発のレギュラシオン』新評論。

Sapir, J.（1990）：*L'économie mobilisée: Essai sur les économies de type soviétique*, La Découverte, Paris.（Boyer & 山田編（1993b）に一部訳載）。

Shimizu, K.（1999）：*Le toyotisme*, La Découverte, Paris.

Théret, B.（1992）：*Régimes économiques de l'ordre politique: Esquisse d'une théorie régulationniste des limites de l'état*, PUF, Paris.（神田修悦・中原隆幸他訳『租税国家のレギュラシオン』世界書院、二〇〇一年）。

遠山弘徳（2002）：「『企業主義的レギュラシオン』仮説と戦後日本における賃金決定」『経済研究』（静岡大学）第七巻二号。

植村博恭・磯谷明徳・海老塚明（1998）：『社会経済システムの制度分析』名古屋大学出版会。

宇仁宏幸（1998）：『構造変化と資本蓄積』有斐閣。

宇仁宏幸・坂口明義・遠山弘徳・鍋島直樹（2004）：『入門社会経済学』ナカニシヤ出版。

Vidal, J.-F. (2001)："Birth and Growth of Regulation School in the French Intellectual Context (1970–1986)," in Labrousse and Weisz (2001).

若森章孝（1996)：『レギュラシオンの政治経済学』晃洋書房。

山田鋭夫（1991)：『レギュラシオン・アプローチ』増補新版、藤原書店、一九九四年。

山田鋭夫（1994)：『20世紀資本主義』有斐閣。

山田鋭夫（2002)：「グローバリズムと資本主義の変容」『経済科学』第五〇巻三号。

山田鋭夫 and R. Boyer 編（1999)：『戦後日本資本主義——調整と危機の分析』藤原書店。

第5章　マルチ・エージェント・ベースの経済学

吉田　雅明

マルチ・エージェント・ベースのシミュレーション（ＭＡＳ）は、複雑系ブームの中ではさまざまなバージョンがとりあげられ、その経済社会モデルへの適用も九〇年代以降は数多く見られるようになった。また、進化経済学の近年の発展において、ＭＡＳは「創発」現象へアプローチするための一般的な手法となっている。本章で扱うのはＭＡＳ一般についてではなく、経済社会全体のシステムモデルを意図して設計・構築されたＭＡＳ、すなわちマルチ・エージェント・ベースの経済学（ＭＡＥと略記）であり、とくにその経済思想としての意義についてである。本章は、ＭＡＥが、単なる経済社会モデル構築上の一技法にとどまるものではなく、経済社会とその中に生きる私たち自身をどうとらえるか、つまり本シリーズのタイトルである経済思想そのものに深くかかわるものであることを論じる。しかもそれは、メインストリームの経済学とは経済社会モデリングの基本設計を完全に異にしており、一つの経済思想として、従来の経済学とは異なる経済社会のとらえ方を産出する可能性を秘めている。次の順で述べる。

①経済学はどのような手順で経済社会をとらえてきたか
②マルチ・エージェント・ベースの経済学のものの考え方
③編み直される経済学史
④マルチ・エージェント・ベースの経済学の関心再説

1　経済学はどのような手順で経済社会をとらえてきたか

ＭＡＥの特徴を簡単に言えば、

MA1：比較的簡単な定型行動によって経済主体の行動をモデル化すること
MA2：多数の主体行動から完全にボトムアップに社会モデルを構築すること

この二点につきる。ＫＩＳＳ原理[1]の体現とも言えるきわめてシンプルな出発点から、従来の経済学とはまったく違った経済学が生まれる、というと怪訝な顔をされるかもしれない。しかしこの二点こそ、主流派の経済学の基本設計と根本的に異なる方向へ踏み出す第一歩なのである。

ＭＡＥの構成とものの考え方の従来の経済学に対する特徴をはっきりさせるために、まず、これまでの経済学のものの考え方、つまり主流派をなす新古典派経済学（ＮＣと略記）の考え方の基本を確認しよう。

ＮＣによる経済社会のモデリングは、次の二点を基礎にする[2]。

NC1：主体行動を制約条件付きの最適化行動として定式化すること
NC2：主体の意思決定が相互に整合的となる状態によって定義される均衡を社会モデル構築の基礎とすること

ＮＣ1はいわゆる「経済人」の想定である。経済学はこの制約条件付き最適化の意味において「合理的な」主体を想定する。たとえば、消費者行動ならば、予算制約のもとに効用関数の値を最大化する。また、生産者行動であれば、技術制約のもとに利潤を最大化する。あるいは利得表と他のプレイヤーの戦略を前提に自らの利得を最大化するような戦略を選択する、等々である。もし限定合理性に言及するのであれば、制約条件のうちのいくつかを考慮せずに最適化を行うものとして主体行動を定式化する。一方、ＮＣ２は一般均衡理論における市場均衡あるいはゲーム理論におけるナッシュ均衡の状態を想定し、それを基準にして社会モデルを構築することを指している。そのうえで、もし不均衡状態の持続に言及しようとするのであれば、調整変数（多くの場合は価格ベクトル）が一般均衡価格に収束しない外的な理由か主体行動に基づく合理的な理由が説明されることになる。

まず、ＮＣ１について見ておこう。これは、われわれが日常的に観察する人間行動やわれわれ自身の行動とはかけ離れているように見えるし、従来、その非現実性や人間行動のとらえ方の狭隘さは数多く指摘されてきた。しかし、

モデル化（理論化）のさいには、対象とする事柄の非本質的な部分はカットすることで、対象の本質的な部分を浮かび上がらせ、問題を明確に分析することを可能にする。

というモデル化一般にいわれる特徴を念頭において、

多少のブレはあっても、人間は効用・利潤に誘引されて行動する。これを強調し、ブレの部分をカットし、制約条件下の最適化問題として定式化することは、モデルを用いる学問としてはごく自然で妥当なことである。

とＮＣでは考える。もちろん、人間行動の定式化において、制約条件下の目的関数最大化が唯一の定式化ではないし、ＭＡ１でもその候補たりえるはずである。しかし、ＮＣの観点からすれば、ＮＣ１以外の選択は、きわめてアドホックで、分析の基準たりえないものと映る。すなわち、

最適化行動は限られているが非最適化行動はいくらでも考えられるのであって、そのような行動モデルをおいてもただの現象の一例の記述にしかならない。非最適化や非合理性はあくまでも最適化を基準に考えなければいけない。(3)

あるいは、

観察された行動パターンを何らかの形できちんと特定された最適解と比較することなしには、たとえば、個人の選択行為に認知バイアスが存在するということも、そのようなバイアスに有意味な考察を加えることもできないのである。(4)

というように、一意に定まる最適化行動以外の行動は無数にあるため、非最適化行動は基準たりえないと考える。たとえ経済学の想定する合理性から外れている行動を対象にする場合にも、NC1に基準をおくことによってのみ、それがどのように合理性から外れているかがわかると考え、NC1以外に基準をおく提案は一蹴される。

次に、社会モデル構築の基準になるNC2について見てみよう。NC1はあくまでも経済主体のモデルを構築するための基礎であるから、これだけでは経済社会全体のモデル、つまり経済学の体系は得られない。そこでNC2が、NC1を前提にして経済主体の意思決定が整合的に実行可能な状態を定式化し、経済社会全体をモデル化する基礎を提供することになる。たとえば、財の交換比率(相対価格)が構成メンバー全員に伝えられると、それぞれのメンバーはNC1にしたがって、各財の最適な需要量もしくは供給量を表明するが、各財についてのメンバーの需要量の和と供給量の和が等しくなければ各主体の意思決定は齟齬を来して実行されない。そこで超過需要の符号の方向に各財の価格が変化してすべての財の需要量と供給量が一致する相対価格が探り当てられ、その相対価格のもとで取引が行われる。経済社会はたとえ攪乱があっても速やかにこうした均衡状態に到達するものとみなし、経済社会をこの一般均衡によってモデル化し、解釈の基礎とするのである。

もちろん、社会が一般均衡状態にない可能性は大いにありうる。しかしNC1以外にモデル化の基準をおくことを排除した理由と同様、不均衡状態もまた無数にありうるので、それを記述してもあくまで現象の記述にとどまり、分析の基準とはなりえない、とNCでは考える。そもそも不均衡状態自体が、均衡状態からの何らかの尺度で測った乖離によって定義され、価格に代表されるシステム調整変数も、その不均衡の度合いによって動きが決定される仕様であるから、NC仕様の経済社会モデル構築の出発点を不均衡状態に求めるのは基本的に難しいのである。

こうしてNC1＋NC2によって経済社会全体のモデルが構築されることになる。その典型としての一般均衡理論の場合、この状態は各経済主体が予算制約のもとで効用最大化を実現しており、どの経済主体の効用を高めることも少なくとも一主体の効用を下げることなしには行いえない状態、すなわちパレート最適な状態となる。つまり、分配問題を別とすれば(5)、経済社会が資源の効率的配分の観点からは他の状態より望ましい状態にあることを含意する。それゆえに経済社会が基本的にこうした状態に向かう、もしくは、ある、と解釈するNCを経済社会理解の基礎として受容するならば、価格調整を阻害すると思われるさまざまな規制・制度的要因を廃止すべしという考えが生まれることになる。ただ、このように「望ましい均衡」に社会が向かうように調整が作動するためには、社会の構成員に初期資源が端点では配分されていないとか、粗代替性などの条件が満たされているとか、「市場の失敗」が生じていないなど、いくつかの事柄が前提となる。しかしそれらは分析対象となる社会で大枠で成立しているか、たとえ部分的に成立していなくても全体には影響しないものと想定することを、モデルを扱う科学に不可避な単純化と考え、均衡状態を念頭に社会モデルを構築し、またこのモデルを基準として社会を理解するのである。したがって、NC1+NC2に基礎を置いて経済システム全体を理解する経済学による発言は、政策的介入に否定的になり、介入のない状態に肯定的になる傾向を持つ。

以上のようなNC1+NC2によって経済モデルを構築するという習慣が、メインストリームの経済学の中でいかに強いものであるかを、もともと一般均衡理論とは異なる起源をもちながら、今日ほぼNC化しているマクロ経済学を例に見てみよう。

ケインズの『雇用・貨幣および利子についての一般理論』(1936)に始まるとされるマクロ経済学は、実際にはその解釈モデルであるヒックスのIS-LMモデル(6)に普及の起源を持つ。ここに始まる経済社会モデルは、社会全体の所得、消費、貯蓄、投資といった集計変数間に想定される関係を出発点として作られ、その政策的帰結の明快さと操作性のよさは、ケインズ革命と呼ばれるほどの急速な浸透を見せ、また計量経済学の分野を派生させた。当時の「ケインズ経済学」の勢いは、完全雇用まではケインズでそれ以降は一般均衡理論で行こうという、論理的根拠のない妥協(7)を生み出した。しかしながら、NC1を構成要件として含まないモデル構築はNCの理論家に違和感を与えることになる。たとえ「均衡」が言及されていてもそれは必ずしもNC2を意味する保証はなく、少なくともNCの観点からすれば論理的な明確さを欠くからである(8)。そこで、NCの文脈で「ケインズ経済学」を「一般」理論たらしめるため、Clower (1965) は再決定仮説という形でNC1を導入する。すなわち、一般均衡価格以外でも取引は行われるように「一般化」すれば、当然に各財の需要量と供給量が一致しないケースが生じる。そこでショートサイド原理を導入することにし、以後、この試みは、Barro & Grossman（1971）などに見られるように、価格調整が行われない状態で、何らかの取引数量割り当て関数を導入したうえで、各市場のロングサイドの主体が取引数量制約を制約条件に追加して最適化計算を再度やり直し、それが他の市場へ波及し、またもとの市場へ再波及する過程をもって、乗数過程、有効需要の原理のマイクロファウンデーションとしたのである。こうした一般不均衡理論の場合には、ケインズの名を冠したマクロ経済学をＮＣ１の基礎の上に置くという意図があった。しかし価格調整が行われない場合に（一般均衡への）模索過程を拡張したという意味の「一般」不均衡論であったはずだが、やがて「価格調整が行われない」ことの合理的な根拠を示すことに作業の重点は移動した。ニューケインジアンの議論におけるメニューコストのように「ケインズ経済学」自体はＮＣに埋没しつつある。

この一般不均衡理論のテーマの埋没は、マクロ経済学全体の流れに対応するものだ。すなわち、Lucas（1972）がMuth（1961）による合理的期待形成の考え方をマクロモデルに組み込んで以来、ケインズの凋落が明確になり[9]、Lucas（1976）によって、合理的主体によって構成される経済では政策変数そのものが、従来のＩＳ－ＬＭベースにあった経済政策モデルで所与としてきたパラメータそのものをシステマティックに変えてしまうために、政策効果は減殺どころか無効化されることが示されると、ケインジアンマクロの枠組みを前提にしてマクロ経済学を取り扱うこと自体が理論としては不適切なものと見なされるようになったのである。

一旦、ＮＣから社会経済モデル構成上の制約が外されてしまうと、テーマは自ずとＮＣの仕様に適したものへと回帰する。かくして、マクロ経済学が八〇年代以降、メインテーマとしたものは、一般均衡の動学としての経済成長モデル、すなわち内生的成長モデルであり、リアル・ビジネス・サイクルモデルであった。メインストリームのマクロ経済学の九〇年代での標準的な教科書Romer（1996）では、Lucas（1988）を引きつつ「一旦、経済成長について考え始めるとそれ以外のことなどどうでもよくなってしまう」とまで言い切るし、さらに新しい教科書Ljungqvist &

Sargent（2000, 2004）になると、代表的家計の最適消費のオイラー方程式から始まり、ケインズは完全に姿を消す。ケインズ消滅の一方で、実証研究のベースとして残るNCモデルは、恣意的な前提をおかないニュートラルなものと目されるようになった。

ここまで、メインストリームの経済学にNC１＋NC２が顕著に見られることを確認した。次に、その性質を想定されたシステムにしたがって経済のミニチュア模型を作って実際に動作させようとするときにちゃんと動くかどうか、システムの実動作可能性という観点から見ておこう。これは、マルチ・エージェント・ベースの経済学の性質を理解するうえでの重要なポイントとなるからである。

先にも簡単に触れたが、NC１により、構成する全主体は、価格ベクトルに代表されるシグナルを入力情報として自らの操作変数（取引量ベクトル）について最適化反応を行う。しかし、塩沢由典（1997, pp. 75-83）がいうように、制約条件付き最適化のための計算量は選択肢の数が増えるにつれて指数的に増大するため、現実的には実行は不可能である。(10) 最適化計算を行うには、スーパーコンピュータ並みの計算能力をもつ主体を想定しても、現実的な商品数を考えれば個々の計算時間は容易に人の寿命どころか惑星の年齢すら超えてしまうからだ。その一方で、NC２で社会を表現することの妥当性を保証するために、シグナル変数は、各主体の最適化反応の結果が当初の初期資源賦存量のもとで一致する方向へと十分な速度で変化しなければならない。そのため、折角過大な負荷をともなう最適化計算の結果が求められたとしても、すべての財について需要量と供給量が一致しない場合など、全体としての結果に整合性がない状態であればあっさり消去され、再び改訂されたシグナル変数のもとでやり直されなければならず、しかもその痕跡を経済主体に残してはいけない。(11) したがって、NC１＋NC２によるシステムを実際に動作させようとするならば、計算量のハードルとともに時間構造のハードルも超えなければならない。NC１＋NC２による経済社会のモデル化のためには、主体の最適化計算にともなう負荷を捨象することに加えて、非一般均衡下での最適化計算の結果に基づく行為とその影響も捨象しなければならないのである。(12)

2　マルチ・エージェント・ベース経済学のものの考え方

前節でNCの基本的な考え方とその性質、システムの実動作を考えたときの問題点を確認したが、MAEではそれはどのように違うのだろうか。だがその前に、MAEの構成要件そのものについて説明しておかなければならない。

まず、MA1でいう定型行動について説明しよう。これは、ローカルな入力情報に対して一定のパターン化された反応をとる行動のことであり、一般に、

if（条件部：ローカルな入力刺激）　　then（出力部：パターン化された行動）

の if～ then ルールの形で表現される。

ここでNCになじんだ人ならば、典型的な最適化行動の

if（価格情報）　　then（効用を最大にする需要量）

だって定型行動ではないのか、と思うかもしれない。しかし（パターン化された行動）の部分は、具体的に処理の手順が示されたものでなければならず、かつ、その手順が、結果を要求されるタイミング内に十分に実行可能なサイズ

に収まるものでなければならない。上の最適化行動の場合、「効用を最大にする需要量」を求める、という処理を「具体的」に記述すれば、

1．選択対象（各財に対する需要量からなるベクトル空間の要素）に1から全要素数までの識別番号をつけよ。最大効用ポイントに0、最大効用選択肢に0、選択対象番号に1を代入せよ。

2．選択対象番号の需要量組み合わせをとりだせ。

3．その需要量の組み合わせが予算の範囲内であるか計算し、範囲内であれば4に、範囲外であれば5に進め。

4．その需要量の組み合わせから得られる効用ポイントを評価し、それが最大効用ポイントよりも大きければ、最大効用ポイントをこの評価値で更新し、最大効用選択肢に選択対象番号を代入せよ。

5．選択対象番号に1を加えよ。

6．選択対象番号が全要素数を超過していなければ、2に戻れ。

7．最大効用ポイントを識別番号とする需要量組み合わせのうち、当該財の需要量を出力せよ。

ということになるが、

× 通常のNCの想定のように、各財の需要量を非負の実数の範囲で考えていたら、全要素数は無限となる。

× 各財の需要量の選択肢数を有限にしても、それをすべての財についてn通りとすれば、需要量の組み合わせ数はnの全要素数乗になり、2から6のループ繰り替えしの数は爆発的に増えてしまう。

ので、「結果を要求されるタイミング内に十分に実行可能なサイズ」には収まらないのである。このように言うと、「需要量のすべての組み合わせを片っ端から評価していくなどという非能率なことをせずに、効用関数と予算制約式からラグランジュ関数を作り、各財の需要量で偏微分してゼロとなるところだけを探せば、探索範囲はずっと小さくなるではないか」と思われるかもしれない。しかしながら、効用関数最大化の一階の条件を求めるためには、需要量の組

み合わせ全域での効用評価、つまり効用関数が既知であることが前提になっている。そのうえ、後に待っているのは、（財の種類の数＋ラグランジュ乗数の数）だけの元をもつ巨大な連立方程式を解くという作業なのである。

あるいは、この説明では財の数が多いことから困難が生じているが、「効用最大化といっても、何もすべての財について需要量を考える必要はない。通常の消費者が、石油タンカーやスペースシャトルの需要量など考慮する必要はないのであって、せいぜい身の回りの数個の財について合理的に需要量を決めていると考えればそれでよいのだ」と思われるかもしれない。しかし、一般均衡理論ではそのように財の一部のみの需要量を操作対象とする消費者は想定されてはおらず、それは効用関数の中でそれらの評価されるウェイトがきわめて小さいという効用関数の形状の問題に帰されるべきである。また、「身の回り」の財といっても、コンビニですら三〇〇〇種は扱っているのであるから、相変わらず計算量の問題を免れることはできない。

あるいはまた、こう思われるかもしれない――「いや、身の回りとはそういうことではなく、われわれが買い物をしようとするときに念頭におく財は高々数個の財ではないか、ということだ」。この場合、たしかに計算量の問題は生じない。ところがそのような想定は、一般均衡理論にとって致命的な代償をともなうことになる。つまり、数個の財が視野に入るたびに最適化問題を考えるならばたしかに計算量は大したサイズにはならないが、財の視野に入る順序によって選択結果が変わってしまうために、一つの価格ベクトルに対して需要量が一意には決まらなくなってしまい、価格調整によって財の需給を一致させる機能が働くと想定するための根拠を失ってしまうのである。

話を元に戻そう。ＭＡ１で想定される、具体的に手順が示され、かつ、適切なタイミングで十分に処理可能な経済行動の典型として、満足化原理にしたがう行動を説明しよう。先ほどの if ～ then で表現すれば、

if（入力刺激が満足化基準を上回る）　then（出力を on に／上方調整する）
　　　　　　　　　　（下回る）　　　　　（off に／下方調整する）

となる。その内容を簡単なケースで例示すれば、

入力刺激	満足化基準	出力を on
①提示された商品	自らの購入基準を上回る	買う
②売上高	費用＋正常マークアップ分を上回る	生産量を上方に調整する
③今月の手取り	先月の手取りを上回る	消費支出額を上方に調整する
④月末の在庫数	正常在庫範囲の下限を下回る	仕入れ先に商品発注

という具合に、演算処理はせいぜい大小比較、複雑に入り組んでも数ステップ止まりであり、先に見た最適化行動との違いがわかるであろう。これが冒頭に述べた、「比較的簡単な定型行動」の意味するところである。また、ここでの例では、①商品購入時の消費者、②生産調整時の生産者、③消費額を決めるときの消費者、④在庫発注時の商人、というような特定の種類の主体が、それぞれの行動決定に関連する局所的な情報を入力刺激として処理を行っている。これが「ローカルな入力情報」の意味するところである。なお、③の例は所謂ケインズ型の消費関数に対応する個別消費者家計の消費調整行動である。また、④は満足化基準である正常在庫範囲を下回ったときに発注という行動がとられる反転タイプである。

続いてMA2を見てみよう。通常、マルチ・エージェント・ベースのシミュレーションモデルの特徴として強調されるのは、この「主体行動から完全にボトムアップにシステムモデルが作られる」という特徴の方である。すなわち、システムが平衡状態にあるか否かにかかわらず、主体行動は不可逆的にMA1にしたがって実際に遂行され、ただ各時点における主体行動の単純な集計によって、完全に経済社会全体の状態は決められる、ということである。これに対してNCでは、NC2で定義された「均衡」以外での主体行動はシステムとして想定されておらず、「市場」や「競売人」といったNC1で定義される、経済主体に対してメタレベルにある仕組みによって、経済主体の行動が整合的になるようにシステム制御変数としての価格が調整され尽くした後に初めて経済主体の行動は実行が認められる。MA2ではそのような制約はいっさいつけない。MAEは、非平衡状態にある方がシステムの常態として想定されているのである。

ではMA2ではどのように経済社会のシステムモデルを構築するのだろうか。MA1で見た、一つの経済主体が行動にさいして参照するローカルな入力情報というのは、その時点での他の経済主体の活動の結果を反映している。ということは、この主体の行動もまたそれ以降の時点での他の経済主体の入力情報として参照されることもあるということである。システムを定式化する手順を、まず最も簡単なケースから見てみよう。

まず、ある時点tでの入力刺激と満足化基準の大小関係で出力値を調整する経済主体、を定式化すれば、$f(x)$を入力値xの符号によって正か負かの調整値を与える関数として、

$$出力値(t+1)=出力値(t)+f(入力刺激(t)-満足化基準)$$

となる。ここで入力刺激(t)というのは、他の経済主体の出力値を評価した値になるが、もしそれが複数あるのであれば重視する度合いに応じたウェイトをつけた加重和とすればよい。つまり、第i番目の主体の出力値に対する評価

図5－1　最も簡単なMAE

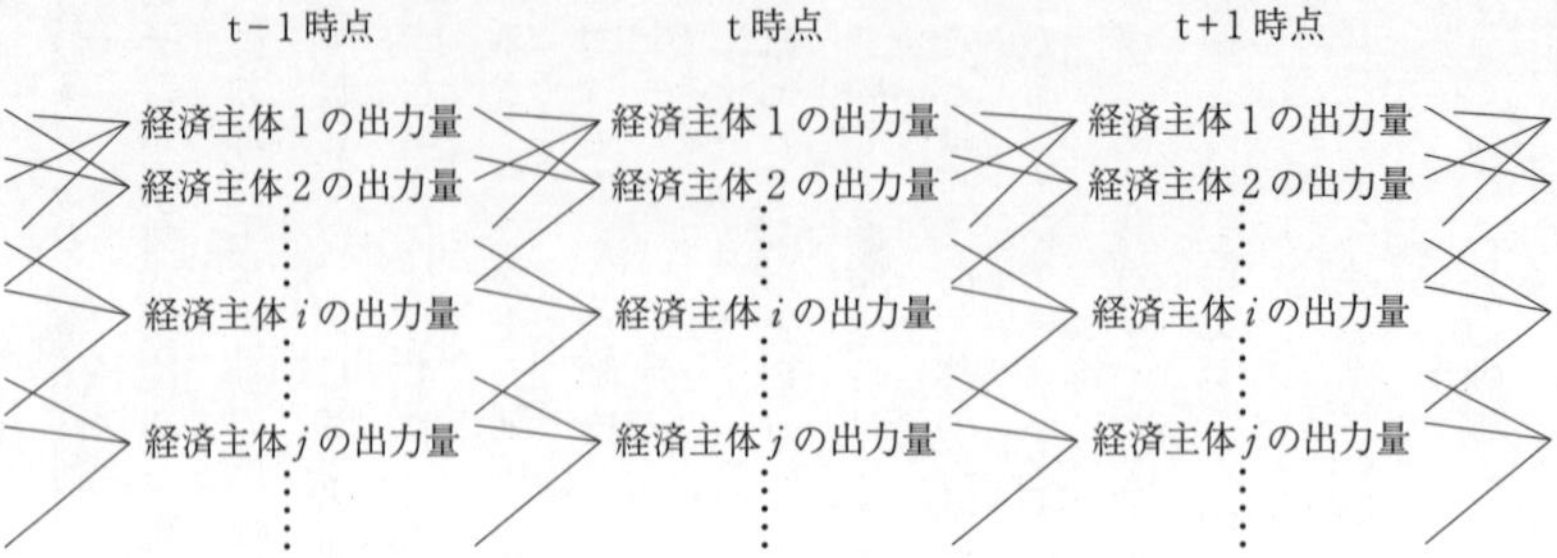

のウェイトを w_i として、

$$入力刺激(t)=\sum_i w_i \cdot 出力値(t)$$

とするのである。ここでもちろんローカルにしか情報は参照できないので、ウェイトの値 w_i の多くはゼロである。たがいにその時点での他の経済主体の出力値を参照しながら自らの出力値を調整する、ということを表現するならば、上式の各項にそれが第何番目の主体であるかを識別する添え字をつけ、ウェイトのところは第 i 番目の主体に対する第 j 番目の主体の出力値の影響を表現するのに w_{ij} を用いることにすれば、

$$出力値_i(t+1)=出力値_i(t)+f_i\left(\sum_j w_{ij}\cdot 出力値_j(t)-満足化基準_i\right)$$

ということになる。図5－1に見られるように、それぞれの経済主体の出力はローカルに他の経済主体の入力刺激となり、その影響は他の経済主体の入出力を媒介としながら薄まりつつ全体に拡散する。

このシステムは、単層のニューラルネットワークと同じ構造であるから、システム外部からの攪乱がなく十分な期間が経てば、初期値によっていくつかある安定平衡状態の一つに落ち着くことになる。これがＭＡＥのシステムの最も基本的なイメージである。

この例ではマクロの状態は一方的に個別主体の出力の集計によって決められてい

た。マクロからミクロへのフィードバックというのはないのだろうか。その鍵となるのが「満足化基準」である。満足化基準というのはそれぞれの主体行動にとって「正常」と認識される入力刺激の水準である。しかしどのような水準が正常であるかは経済社会の状況によって影響を受けるはずである。とはいえ、行動基準そのものの変更には、行動基準を改めさせるほどの長い期間にわたってマクロの状況が明確にそれまでと違う水準にありつづけることが必要であろう。そこで、各主体に記憶テーブルを設定し、記憶テーブルへの入力値が一定値を見直し期間内に超えると基準値が調整されるように拡張すれば、マクロの状態からミクロの行動の参照基準への影響伝達経路がつながり、先述のボトムアップに構成されるミクロからマクロへの経路と併せて、ミクロ－マクロループがモデル化されることになる。その様子を図式化したのが次の図5－2である。

図5－2　ミクロ・マクロループが付加されたMAE

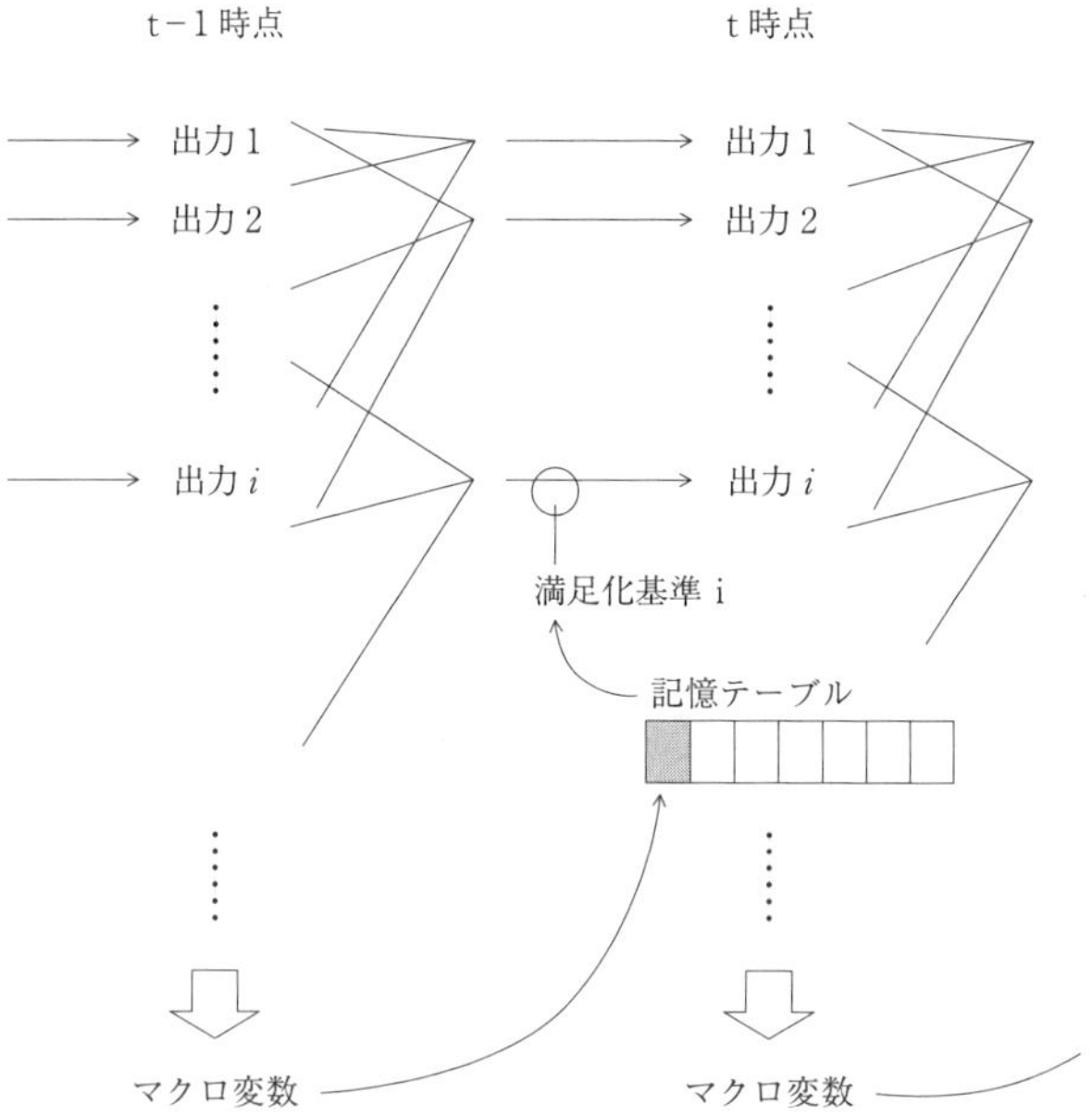

個別主体の行動と経済全体の振る舞いが圧潰した時間構造の中でリジッドに結びつけられていたNCと比較すると、MAEでは両者はあくまでも不可逆的な時間の中で、ルーズな形でのみ結びつけられていることがわかるだろう。

ところで、これら二つの例では、経済主体は次の時点の出力値を決定するさいに、その時点の狭い範囲の他者の出力と自らの出力のみを参照しているが、

NCに馴染んでいると、局所的な特定の変数のみを参照していること、しかもその時点での値のみを参照していることはきわめて特殊なケースを扱っているように思われるかもしれない。合理的期待を考えるならば、全変数の過去の値だけでなく、システム全体の構造モデルさえ参照するのに、これでは蜘蛛の巣モデルに登場する学習のない愚かな主体と同じではないかと大いに不満足に思われるだろう。そこで、もし参照範囲を、その時点での出力値以外にも拡張するのであれば、何時点前であるかを示す変数をdとして、dをその時点である$d=0$から参照される過去の最も遠い時点Tまでについて、

$$入力刺激(t)=\sum_{d=0}^{T}\sum_{j}w_{ij}(t-d)\cdot 出力値_j(t-d)$$

とすればよい。しかしながら、経済主体がそれほど多数の情報を取り扱う能力をもつと考える妥当性があるとは思われないし、ましてや個別の経済主体がシステム全体の正確な構造モデルを知っており、それを判断に活用していると考えてよい妥当性はなおさらありえないのである。

しかし、NCに馴染んだ読者がいちばん違和感を感じるのは、満足化基準に対してではないだろうか。経済主体の意思決定のさいに参照される入力刺激に先だっておかれる、「正常」であることを示す基準、とはいったい何者か。じつは、これは経済主体のモデリングのさいの基本的な考え方の反映なのである。MAEでは経済主体は定型行動をとるものと想定される。主体の定型行動のパターンによる分類の数は多数ある。その一方で、経済主体となるものは、組織もありうるが、基本となるのはヒト一種類が想定されている。つまり、主体のモデリングのさいには、すでに経済社会の中での、ある産業部門の経営者、在庫管理責任者、小商店主、給与所得生活者、資産家、ディーラー等々といった社会的属性をもったものが想定されているのである。こうした社会的属性を持つ時点で、それを自らの行動基

準として採用するかどうかは別として、その業界もしくは社会的分野における行動基準の相場を意識せざるをえないだろう。そこでこの業界に含まれる主体の行動をモデル化するさいの第一次近似として、業界相場を満足化基準とみなすのである。

また一方で、満足化基準はシステム構築上、非常に重要な役割を果たしている。NCにあっては、システムをグローバルに調整する変数（価格ベクトル）が、システムの平衡からの乖離に応じて動き、それに合わせて各経済主体が行動を決定するものとされていた。これに対してシステムが平衡にないことを常態として想定し、経済主体がシステムの平衡など知るすべもないと考えるMAEでは、各経済主体はそれぞれの行動調整のための自前の参照基準を持たなければならない。その役割を果たすのがこの満足化基準、あるいは「正常」概念なのである。満足化基準は、非平衡状態でのローカルな行動、自律分散行動を可能にするための参照点として活きてくる。つまり、主体に自前で満足化基準を持たせること、あるいは行動に定型パターンを持たせることは、このような自律分散経済システムを動作させるうえでの必然性を持っているのだ。

このように説明しても、やはりNCからすれば、MAEは最適化行動も主体行動モデルの基準として採用しないし、市場均衡も経済全体のモデル構築の基準としては採用しないのであるから、ただの現象の一記述としてしか映らないであろう。また、モデリングの出発点から、満足化基準や多種対の出力を評価するウェイトなど多くのパラメータを必要とするのは、ものごとの本質以外をそぎ落とし、できるだけ単純なところから基礎モデルを組み立て、しかるのちに必要に応じて拡張すべし、というオッカムの剃刀の精神に反しているではないかと思われるだろう。

しかし、MAEがメインストリームの経済学の作法に逆らうのは、そもそも「ものごとの本質」としてとらえようとするもの、モデルの関心が違うからだ。MAEでは、経済社会という巨大複雑なシステムの中で、有限な能力しか持たない人間はどのように経済活動を行っているかに関心を持つ。そして、そのような人間行動の一つの単純化されたモデルとして提示されたものが満足化原理である。そして、このような人間が多種多数集まり、自律性をもちつつ互いに交渉し、作用を与えあい、その結果として構成されるのが経済社会であるから、MA2のようにボトムアップにシステムを構築したのは、ただストレートにこれを反映したものに過ぎない。しかるのちに、マクロ-ミクロループを導入したり、主体に周囲の状況を評価する内部表現を導入したり、モデルを拡張していけばよいのである。いかなる非最適化行動も最適化行動を基準としてのみどのように非最適化なのかを評価しうるし、いかなる不均衡状態も均衡状態を基準にしてのみどのように不均衡なのかを評価しうる、とNCが考えること自体、その作業の一貫性に関しては別段異存はない。ただ、MAEでは、ありえない最適化行動や均衡状態との距離を測ることに、経済社会のモデリング上の意義があるとは考えない。それよりもむしろ、あくまでも実動作しうるシステムモデルを作り、われわれの経済システムの理解の基礎としたい、という関心の方が優先されるのだ。

3　編み直される経済学説史

ここまでの節でMAEの考え方と仕組みを説明し、それがNCといかに経済社会モデルの基本設計において異なるものであるか理解していただけたかと思う。本節では、MAEが単に近年、急速な進展が見られるMASに依拠した社会モデルの経済バージョンだけの話ではなく、経済学の歴史の見方にも深くかかわるものであることを説明したいと思う。

経済学説史を経済学の理論の歴史とし(13)、理論であるからには経済社会全体に関して閉じたモデルを持っていなければばならない――論じる変数が明確に定義され、それが体系内で求められるよう経済社会モデルが明確に定義されるか、明確な定義につながる十分な議論が行われていなければならない[14]――と考えるならば、NCが経済学の全体を覆わんばかりの勢いの現状にあっては、学説史研究も自ずと、のちに整理されたNCにつながるものの探索に傾きがちになる。しかし、想定される理論像がNCの中のいくつかのバージョン、それに反するものとしてもほかにSraffa（1960）を典型とする再生産モデルぐらいしかないのでは、自ずと経済学説史の作業の射程も限られてくる。しかしながら経済学説史研究を、もっと経済学に対して積極的な活動としてとらえるならば、現在の経済学の思考とは独立に過去の経済学著作や資料に対峙し、その構造的読解を試み、現在の経済学の思考に対してそこから得られたものをぶつけなおす活動であってもよいはずだ。MAEのもつ社会モデル表現の自由さは、そのさいの構造表現のための強力な支援となりうる。その一例として、第1節で触れた、マクロ経済学の歴史の流れに埋没しつつあるケインズをとりあげてみよう。

所謂教科書に見られる「ケインズ経済学」は、いきなり集計的変数間に想定された関係から始まる。これは現代のマクロ経済学では受け入れられないのは先に見たとおりである。だがその一方で、ケインズ『一般理論』形成史研究は独自の展開を見せる。これは元来、やはり「ケインズ革命」のインパクトの影響下、マクロ経済学の進展からタイムラグをおきつつ、そのほとんどが、「古典派」の世界にいたケインズがいかにそこから飛躍し、革命的な『一般理論』を書くにいたったのか、という問題関心のもとに、研究者それぞれの重視する『一般理論』中の論点を手がかりに、とくに『貨幣論』以降の過程を追い、飛躍点を探るという形で行われてきた[15]。それが八〇年代には、ケインズ全集の完結をはじめ、講義ノートの刊行[16]、ケインズペーパーズからR・カーンによる回顧録[17]、ハロッドペーパーズ等々にいたるまで、原資料・周辺資料へのアクセスが格段に容易になり[18]、形成史研究も、研究者の立場に依存しない確実な資料処理の部分が当然に要求される段階に入ってきた。その圧倒的な網羅性においてこの段階の代表的な仕事といえる平井俊顕（2003）は、そのサブタイトル「複合的視座からの検討」が示すように、「供給関数」の定義の変化に主たる注目点をおきつつも、『貨幣論』から『一般理論』への過程で引き継がれているもの、多少の変更をともない引き継がれているもの、消失したもの、新たに発生したもの、を詳細に跡づけている。

しかしながら、確実な資料処理の一方で、ではケインズは現在のマクロ経済学の状況に対して理論的な発言権をなお持ちうるのかという問いに明確に答えることも、学説史研究者の役目であると筆者は考える。それには、「ケインズ」自体が埋没してその理論像がわからなくなっている現状であれば、「ケインズの飛躍」という問題設定から考え直さなければならない。というのは、単にマクロ変数間の関係式だけが「革命」のゴールであるならば、折角の資料整理も現在の経済学にとってそれほどの意味を持ちえないし、また、飛躍する前の状態にあるはずの『貨幣論』が「古典派」の世界かというと、これまた首を捻らざるをえないからである。つまり、現在の経済学に対して「ケインズの飛躍」というストーリーは、そのスタートとゴールのいずれも欠き、メッセージの明確さを失っているように思えるのだ。

そもそもなぜ、ケインズは「古典派」の世界から脱却したと考えなければならなかったか、というと、『一般理論』の序文と一七章にそう書いてあるからである。また、『貨幣論』にも完全雇用を含意する均衡の定義が書かれているからである。[21] しかし、ケインズの言ったことと、やっていることは本当に一致しているのだろうか。

ここで、「言ったこと」とは、残されているケインズの全言辞である。「やっていること」とは、先述の「論じる変数が明確に定義され、それが体系内で求められるよう経済社会モデルが明確に定義されるか、明確な定義につながる十分な議論が行われていなければならない」を満たす文章が書かれている、ということである。もちろん学説史研究者は、理論研究者がケインズが「言ったこと」のごく一部を取り出して理論構築をすることに対して、それは学説史の仕事としては認められない、と思うだろう。しかし理論研究者は、では学説史研究者が認めてもよいケインズの「やっていること」は何なのか教えて欲しい、と思うだろう。もちろん「言っていること」から「やっていること」をとるやり方は一通りとは限らない。その選び方は研究者の理論的視点によって影響を受ける。ならば、学説史研究者のサービスとして、十分に理論構築のバラエティに目配りして「やっていること」を抽出するとともに、「やっていること」と「言っていること」という「学説史認定率」をその計算根拠をつけて、リスト提示ぐらいしてもよいではないか。

ここでなぜ、ケインズの「言ったこと」と「やっていること」が違うのではないか、などと考えるのか。それは、『貨幣論』を読むと、先述の完全雇用を含意させた均衡に言及する箇所以外では均衡の条件に完全雇用を入れている箇所はなく、均衡は消費財部門と資本財部門の企業家群がそれぞれの部門の産出水準を変更させようとしない状態として定義されているだけで、一つの均衡からより産出水準の高い均衡へ移行する過程のシミュレーションまで示されているので、「完全雇用以外の水準で経済が均衡しうることを理解していなかった」というケインズの言辞と『貨幣論』で「やっていること」は明らかに矛盾しているからだ。そればかりではない。『貨幣論』のモデルの中心部「基本方程式」の章で述べられているのは、売上の（生産費＋正常マークアップ分）に対する超過額に応じて産出水準を調整する企業家群の、ほかでもない満足化行動なのである。ここに「古典派」の世界を見いだすことはできない。

では、ケインズが「やっていること」とは何か。ポイントとなる点を挙げておこう。[22]

1．『貨幣論』では主たる変数が「価格」として表され、価格調整のみのモデルと解釈されることが多い。しかし、これは『貨幣改革論』において貨幣数量説の基となる貨幣数量式からケインズがモデル構築を開始したことの反映であり、「価格」は各期の売上を生産量で割ったものとして定義され、生産量は前期までの生産活動の結果としてその期の中では変化しないので、その期間にあっては売上のみが問題となっている。

2.「第一基本方程式」は、消費財売上を消費財生産費＋超過利潤との和として表現したものである。消費財生産費は正常マークアップ分を含めて定義されているので、超過利潤が次期以降の消費財生産部門企業家群による生産調整の方向を示している。

3. 消費財売上は、賃金所得から消費支出を行う労働者家計の行動を媒介に、前期の消費財部門と資本財部門での生産水準に対応した雇用水準とリンクされている。これと消費財生産部門企業家群による生産調整とあわせ、資本財部門の生産水準をはじめとした環境条件を不変としてシステムの部分的な相互作用過程を追えば、『一般理論』では欠落している乗数過程のマイクロファウンデーションが得られる。

4. 上の例は消費財生産調整に焦点を当てたローカルな相互作用の展開例であるが、『貨幣論』にはこのほか、やはり超過利潤に応じて生産調整を行う資本財生産部門企業家群の行動、将来の景気予測と資金調達コストを見て資本財購入の決意を行う企業家群の行動、弱気・強気により資産配分を変更する複数の資産家群の行動、システムに介入する銀行組織の行動が登場し、そのうちのいくつかが関連するローカルな相互作用の展開が描かれている。

5.『貨幣論』の上記のような構成が周囲の経済学者に理解されることはなく、一九三一年から三二年にかけての、ケインズとケンブリッジ・サーカスと呼ばれるJ・ロビンソンやR・カーンらのグループとの間の議論は完全な平行線をたどる。この時期の後、ケインズは自らの議論の趣旨を明確にしようとして冒頭に「古典派」という名前を付けて批判対象とする経済学をまとめるようになり、その典型としてPigou（1933）の冒頭部を下敷きにした労働市場の需給モデルを導入したが、産出水準がどのように決まるかに関しては、売上に応じて正常マークアップ分を含んだ生産費をあわせる形で産出・雇用量を調整する企業家群の行動によるという議論の方式を変えなかった。したがって、『一般理論』を第一公準、すなわち企業の利潤最大化行動をその基礎として読む必然性はない。

6.『一般理論』においても産出水準を決定しているのは企業家群の行動であるが、『貨幣論』では「基本方程式」が表現する各期の超過利潤に対する直接の反応が論じられていたのに対して、家計が前期所得の一定割合を消費支出するという所得・消費パターンを単純化すること（所謂ケインズ型消費関数の登場）によって、消費財部門の企業家群が生産・雇用調整→所得・消費調整→売上変化→生産・雇用調整→……という、家計群の消費支出調整行動を含んだローカルな相互作用が収束するまでを一会計期間として新たに定義し、その収束先の売上高を一気に予測して（これを総需要関数と呼んだ）産出水準を決定する方式に変わっている。

7.『貨幣論』ではローカルな局面での各期の主体群の調整行動が具体的に描かれていたのに対して、『一般理論』ではこうした内部のメカニズムの記述は表には現れなくなっている。資産部門における資産家群や銀行組織の行動も、『貨幣論』では参照される変数が、貯蓄預金・所得預金・貸し出し利率・株価・信用創造規模など各局面に応じた具体性をもっていたのが、『一般理論』では「利子率」に一本化されてしまい、そのメカニズムがわかりにくくなっている。あわせて「第一公準の容認」を冒頭部分の第二章においたために、『一般理論』はそのモデルの動作メカニズムがきわめて読みにくい書物となってしまった。

このようにケインズの仕事全体に対して一つの見通しを得るうえで、MAEが構築可能な経済社会モデルであるという見通しが大きな力になっていることがわかったと思う。だがそれは、ケインズのテクストに対するMAEの単なる天下り的適用に終わるものではない。というのは、MAEの実用化に向けての大きな困難は、そのパラメータの多さとデータ接地にあるが、ケインズの議論はその処理に大きなヒントを与えてくれるからだ。

ケインズの議論に現れる調整行動は、もっともプレーンなMAEの構成要素である一経済主体の調整行動ではなく経済主体「群」の調整行動である。個々の主体の調整行動からいきなり全体のモデリングを始めるのではなく、同種と見なせる調整行動をまず束ねることから始め、消費財生産企業家群、資本財生産企業家群、設備投資決定時の企業家群、給与所得家計群、資産家群など、グループ行動を記述し、その後、それらの組み合わせで相互作用系の振る舞いを考察することにすれば、MAEモデル構築の見通しがよくなることはもちろん、モデル自体の操作性もはるかに向上する。[23] これはまた、経済全体の統計データを利用する段では、せいぜい産業別データ以上でなければ揃わないために、一国全体を表現するMAEの構成要素を下位に設定する実用上の限界としても妥当である。

もちろん、この段階ではグループ行動内部の相互作用やグループの構成要素や他のグループの構成要素との相互作用などは捨象されているので、学習による行動基準や評価ウェイトの変化を問題にするためにはモデルの拡張が必要になる。

とはいえ、それでもなお数グループ以上の群行動の相互作用系の振る舞いを一度に把握することは手計算では難しい。IS-LM程度の登場グループ数でも、平衡条件をただ連立させるのではなく、非平衡下で相互に影響を与えつつ行われる調整行動の経路を、さまざまな初期値に応じて見通しよく描き出すことは簡単ではないからだ。[24] 結局、ケインズは、グループ行動のうち、消費財生産企業家群の調整行動と給与所得家計の調整行動のみを取りだしてその相互作用を考えることにし、他は環境条件として一定として収束先を考察した。これが乗数過程である。ともあれ、ケインズの体系を現在のMAEの観点から一般的に書くならば、次のようになる。

$$X_j(t+1) = A_j \cdot F_j\left(\sum_{i=1}^{n} w_{ji} X_i(t) - S_j + Z_j(t)\right) \qquad (j = 1, \cdots, n)$$

ここでX_jは第jグループの調整出力、A_jは最大調整量パラメータ、$F_j(\ )$は最大／最小出力値が±1となり入力値0を基準とする敷居値関数、w_{ji}は第iグループの出力値を評価するさいのウェイト、S_jは満足化基準、Z_jはシステム外部からの刺激あるいは政策コントロール変数である。

さらにグループ行動に着目して構築されたＭＡＥの平衡に目を転じてみよう。この場合の平衡とは各グループ出力水準に変化が生じない状態を意味するのであるから、これは単純再生産状態を全グループ行動を含めたかたちで表している。(25) 再生産モデルの説明においては、再生産可能条件や再生産条件と整合的な価格ベクトルなどが議論されても、再生産状態にいかにして経済システムが到達したのか、それがなぜ維持されるのかについてのメカニズムのミクロ的基礎からの解明は、分析的マルクス主義を除いてはほとんど試みられていない。(26) しかし経済システムがどのように変容するのか、また経済システムに対してどのような働きかけが可能なのか、内部のホワイトボックス化を得ずしては、モデルの操作性・拡張性が厳しく制約されてしまう。再生産モデルを採用したそれぞれのテクストに対してどこまで「学説史認定度」を得られるかは定かではないが、再生産構造に着目した経済社会モデルのプレゼンス回復を目指すならば、階級ごとの調整行動がどのように描かれているか、それがどのように組み合わされているのか、相互作用はどう描かれているのか、ＭＡＥベースの古典読解を試みる意義は十分にあるように思う。

ここまでケインズをＭＡＥベースで読むことから、グループ行動にベースをおいたＭＡＥの展開例を見てきた。しかしＭＡＥは定型行動をとる主体が自律的に活動し、そこからボトムアップに構築される経済社会システムにモデル表現を与えるきわめて一般的な手法であり、定型行動をとる主体に内部構造をもたせてシステムを構築する方向へ展開するならば、主体による社会認識を表現するシステムモデルも構築可能である。

たとえば、各主体の効用関数を外生与件とするＮＣに対して疑問を投げかけ、知識の成立を問うたのは後期ハイエクのテーマであったといわれるが、自然言語によるハイエクのさまざまな言辞は果たして確たる理論構造をもちうるのかという問題は長らく残されたままであった。それに対して、橋本と江頭（2001）は、認知テーブルをもった主体のコミュニケーションの中から習慣的行動やノルムがいかにして生じるのかを論じ、この問題にＭＡＥベースで光を当てる道筋を示している。

「古典」といわれる経済学説史上の作品には、われわれの生活する経済社会をとらえるさまざまなアイデア・視角がちりばめられており、それに接することは学説史研究を行ううえでの大きな悦びであった。けれども、それが単なるエピソードの域にとどまっているうちは、経済思想としての経済学に影響を与えることは不可能である。いかなる一見非合理的な状況もそれに見合った効用関数を作ってやれば最適化行動として表現することは容易であるし、それが一般均衡の動学的最適化の問題にあってすらなお可能であり[27]、ＮＣの状況「解釈」能力はほぼ無限だからである。学説史研究が経済思想に対して有効に発言するためには、古典の構造的解読とその構造の理論表現が必要である。本節で触れた例はごくわずかでしかないが、ＭＡＥの自由度と見通しを携えて古典に挑むならば、経済思想を変えていく道を拓くことは十分に可能である。

4　マルチ・エージェント・ベースの経済学の関心再説

ＭＡＥが経済思想として論じられることはこれまでなかったと思うが、その経済思想としての性質を考えるうえで一つの興味深い視点がWeick（1976）によって提示されている[28]。それは人間の作る組織、社会が頑健性をもつ根拠は、「ルーズに結合したシステム」であることにある、という見方である。つまりシステムの頑健性の秘訣は、システムを構成する多種多様な部分は、何らかのシグナルによってか、中央からの指令によって、リジッドに効率的にシステム内部で結合しているのではなく、システムの他の部分に対して自由度を持ち、さまざまな衝撃に対するバッファを持つことにある、というのだ。そうであって初めて、外部からの刺激に部分が即座に柔軟な対応を行うことができるし、外部からのショックを部分が吸収してシステム全体に行き渡るのを防ぐことができる。残念ながらその後の組織科学の展開の中で、ルーズ・カップリング・システムを動作可能なモデルとして提示した例を筆者は見つけられなかったのだが、各ユニットがもし入力刺激の絶対値が一定の値以下であれば調整行動を起こさないＭＡＥ、たとえば前節のケインズモデルならば、

$$X_j(t+1) = A_j \cdot \mathrm{F}_j\left(\sum_{i=1}^{n} w_{ji} X_i(t) - S_j + Z_j(t),\ B_j\right) \qquad (j=1, \cdots, n)$$

ここで、しきい値関数F（ ）を入力値の絶対値がバッファ値B_j以下であるときには0をとる関数として定義してやれば実現できるように思われる。

ともあれ、本書第2章5でも取りあげられているルーズ・カップリング・システムという見方は、われわれの経済社会システムをとらえるうえで、従来経済学は価格メカニズムでリジッドに結合された効率的なシステムとして見てきたのに対し、ＭＡＥにもつながる別の見方を示唆している。というのは、ＭＡＥの経済システムに対する関心は、その効率性にはない。むしろ、これだけいいかげんなのに[29]どうしてこの経済システムは維持できているのかという驚きに発するところが大きい。そして、それにもかかわらずこの実際に動作している経済システムの振る舞いに働きかける手だてはあるのだろうか、という社会工学的関心があるからだ。

一九九〇年代に入って世界各国で盛んになったＭＡＳの研究の中で、その社会モデルへの適用事例も増えてきた。ブルッキング研究所のAScape、シカゴ大学とアルゴンヌ国立研究所のRepastなど、また、日本でも二〇〇一年に

ＳＦＣの井庭崇らのグループによるBoxed Economy、二〇〇四年に東工大の出口弘、東大医科研の清水哲男、そして田沼英樹らのグループによるSOARSなど経済社会シミュレーションのためのツールも出揃ってきた。(30) ＭＡＳによる経済社会モデルとして本章ではケインズの事例をあげたが、早い時期に出口弘は「ポリエージェントシステム」というＭＡＥを、簿記に着目した交換代数を開発し、それに基づいた構想を展開している。(31) ＭＡＥがこれから実用化に向けて進んでいくうえでの最大の課題は、社会システム全体に適用された場合のデータグラウンディング手法の開発にあるが、ＳＮＡとリンクしてＭＡＥを構築する作業はその突破口となるかもしれない。

実用に耐える社会工学としてＭＡＥが経済思想を携えて確立するとき、経済学の歴史はまた新しい段階へと移行するであろう。

注

(1) Axelrod (1997), p. 5 参照。Keep It Simple, Stupid の略。

(2) これが本章における「新古典派経済学」の定義である。

(3) 西村和雄 (1998), p. 2.

(4) Rapoport (1999)、佐伯・亀田 (2003) 第二章所収。

(5) 一般均衡価格で取引が実行された後、資源は契約曲線上のいずれかの点において配分されることになるが、この契約曲線上にあるかぎりパレート最適な状態にあるので、社会の成員のうち誰がどれだけ資源を保有するのが望ましいかについては何も主張しないからである。

(6) Hicks (1937).

(7) 新古典派総合と呼ばれる。これとは別に、ＩＳ－ＬＭモデルにおいて、ＬＭカーブの水平に近いところでＩＳカーブが交差する場合を、ＧＤＰに対して財政政策のみが有効という意味でケインズ的領域、ＬＭカーブの垂直に近いところでＩＳカーブが交差する場合を、ＧＤＰに対して金融政策のみが有効という意味で古典派的領域と呼び、一つのモデルの中で両者を統合したものとみて新古典派総合ということもある。こちらの方が薄弱ながらまだ根拠をもっている。

（8）たとえば今日でもIS均衡を財市場の均衡、LM均衡を労働市場の均衡というように、一般均衡理論の類推で解釈されることが多いが、それらが独立な需要主体と供給主体の最適化行動を集計したものの一致を意味していないことは、導出の過程を反省すればすぐわかることである。たとえば、IS均衡は、売上高に応じて生産水準を調整する企業家群の動きに、生産水準―所得水準―消費水準のリンクを組み込んで求められたものである。

（9）吉川洋（2000）、第一章参照。

（10）塩沢の例示のように効用が加法的である場合、ナップザック問題も、重量（これが価格にあたる）あたりの宝石の価値（これが効用にあたる）でまずクイックソートなどで効率良く降順ソートし、先頭から順に制限総重量までとっていけば、選択肢の数が増えても計算量の爆発は回避できる。しかし、経済学が一般的に想定する効用関数では、各財の限界効用には他の財の消費量が入ってくるため、結局、塩沢の批判を免れることはできない。

（11）痕跡を残すと、取引前の資源の持ち分や効用関数に影響を与えるため、モデルの想定した均衡解が得られる保証がなくなるからである。

（12）NCにおける時間構造の想定のもつ問題点については、吉田編（2000）第一章参照。また、本節全体に関連するNCの想定の問題点について、非NCの非線形動学を追究する立場から論じている小野﨑保（2000）も参照されたい。

（13）もちろん、経済学者に関する歴史研究というのもあるだろうし、論理的に首尾一貫しているか、論理的な理論構築が現在から見て十分に検討に値するほどまでに行われているか、あるいは、十分に検討に値する理論手構築の萌芽が見られるか、にかかわらず、その経済学者の書いたもの・かかわったことを網羅する研究というのもあるだろう。しかし、この経済社会とその中で生きているわれわれをどのようにとらえるか、という経済思想により密接にかかわるためには、現にそのベースとして採用され、制度化されているNCと、整合性、拡張性、操作性において対抗しうる水準のものが扱われなければ、単なる回顧的エッセイ以上の効果は望めない。

（14）思想史一般からみれば特殊な要求に見えるかもしれない。しかし数理モデルを追求してきた経済学にあっては、この要請はきわめて強い。

（15）あまり厳密に定義されることはないが、供給が必ずそれに等しい需要を生み出すセイ法則、完全雇用が常に成り立つ経済、貨幣量が絶対価格にしか影響しない二分法の成り立つ経済、などが「古典派」の世界とされることが多い。

(16) たとえばケインズ全集の編者による解説（CWK13, pp. 337-343）や Patinkin（1976), Milgate（1982), 浅野栄一（1987）等を参照。これらを『一般理論』と『貨幣論』の「断絶説」と呼ぶとすると、「連続説」はごく少数である。

(17) Rymes（1993).

(18) Keynes' Economic Papers.

(19) Kahn（1984).

(20) Harrod's Papers. 千葉商科大学図書館蔵。

(21) 『一般理論』第一七章二四三頁で『貨幣論』執筆時には「私は経済システムが完全雇用以下の水準で均衡しうるということを理解していなかった」と書いているし、『貨幣論』Ⅰ、一三二頁には「均衡状態では――すなわち生産様相が完全雇用され……」という文面が見られる。

(22) 詳細は吉田（1997）第一部参照。もとより従来のケインズモデルよりも高スコアの「学説史認定率」を目指して書いたのだが、『貨幣論』の内容とは無縁であるという厳しい判定例（小原英隆 2000）もあり、認定率は再計算中である。

(23) ケインズがこうしたグループ行動をモデルの基礎としたのは、もちろんモデルの操作性を考えてのことではなく、『貨幣改革論』で貨幣数量説に結びついた二分法の問題点の例示として、物価が変化するとき所得の源泉によって利益・不利益が分かれ、生産活動に影響を与えることを示すために、資産家・企業家・労働者の三階級によって経済社会を描こうとした彼のヴィジョンに由来する。

(24) ＳＴＥＬＬＡによるシミュレーション例は、吉田編（2001）第六章参照。

(25) 有効需要の原理を単純再生産の消費財部門側の条件として明解に説明したものに Bhaduri（1986）がある。

(26) 労働者が団結することの合理性をゲーム理論を用いて説明する Elster（1982）をはじめとして、マルクス・モデルの合理的なマイクロファウンデーションを考える分析的マルクス主義については、高増・松井編（1999）参照。これとは別に、定常過程そのものを支える在庫調整メカニズムについては、森岡真史（1993）や谷口和久（1997）が考察している。本書第2章10も参照せよ。

(27) Montrucchio（1992).

(28) loosely coupled system. その解説として田中政光（1981）参照。

(29) 不況になりシステムの出力が低下するときには効率的運用が叫ばれるが、実行されるのは組織の細部・末端における効率化で組織トップは相変らずであったり、社会運営の方針策定において合理的な学習が行われているように見えないにもかかわらず、社会システムが維持されていることへの驚異。

(30) Boxed Economy については www.boxed-economy.org を、SOARS については degulab.cs.dis.titech.ac.jp を参照。

(31) その全体像については出口弘（2000）、とくに第五章・第六章参照。

参考文献

浅野栄一（1987）：『ケインズ「一般理論」形成史』日本評論社。

Axelrod, R.（1997）：*The Complexity of Cooperation: Agent-based Models of Competition and Collaboration*, Princeton University Press.

Barro, R. J. and Grossman, H. I.（1971）："A General Disequilibrium Model of Income and Employment," *American Economic Review*, Vol. 51-1, March.（花輪俊哉監修（1975）所収）。

Clower, R. W.（1965）："The Keynesian Counter-Revolution: A Theoretical Appraisal," in Hahn, F. H., Brechiling, F. eds., *The Theory of Interest Rates*, Macmillan, pp. 103-125.（花輪俊哉監修（1975）所収）。

出口弘（2000）：『複雑系としての経済学：自律的エージェント集団の科学としての経済学を目指して』日科技連。

出口弘・田沼英樹・清水哲男（2004）：「SOARS: Spot Oriented Agent Role Simulator の設計と応用」第三二回システム工学部会資料、計測自動制御学会。

江頭進（1999）：『F・A・ハイエクの研究』日本経済評論社。

Elster, J.（1982）："Marxism, Functionalism and the Game Theory," in *Theory and Society*, vol. 11, no. 3, pp. 453-482.

花輪俊哉監修（1975）：『ケインズ経済学の再検討』東洋経済新報社。

Hashimoto, T. and Egashira, S.（2001）："Formation of social norms in communicating agents with cognitive frameworks," *Journal of Systems Science and Complexity*, vol. 14, no. 1, pp. 54-74.

Hicks, J. R. (1937)：“Mr. Keynes and the ‘Classics’: A Suggested Interpretation,” *Econometrica*, April, pp. 147–159.

平井俊顕（2003）：『ケインズの理論　複合的視座からの研究』東京大学出版会。

井庭崇ほか（2001）：「Boxed Economy の実現に向けて：エージェントベース経済シミュレーションのための基礎モデル」『情報処理学会報告 ICS-123』pp. 79–84。

Keynes, J. M. (1971)：Collected writings of John Maynard Keynes, vol. V. *A Treatise on Money*. I. The Pure Theory of Money (1930), Macmillan, London.（小泉明・長澤惟恭訳『貨幣論Ⅰ――貨幣の純粋理論』一九七九年）。

Keynes, J. M. (1971)：CWK vol. VII, *The General Theory of Employment, Interest and Money* (1936).（塩野谷祐一訳『雇用・利子および貨幣の一般理論』一九八三年）。

Keynes, J. M. (1973)：CWK vol. XIII, *The General Theory and After Part I, Preperation.*

吉川洋（2000）：『現代マクロ経済学』創文社現代経済学選書12、創文社。

Leijonhufvud, A. (1968)：*On Keynesian Economics and the Economics of Keynes: A Study in Monetary Theory*, Oxford Univ. Press.

Ljungqvist, L. and Sargent, T. J. (2000)：*Recursive Macroeconomic Theory*（第二版は二〇〇四年）, MIT Press.

Lucas, R. E. Jr. (1972)：“Expectation and the Neutrality of Money,” *Journal of Economic Theory*, April, pp. 103–124.

Lucas, R. E. Jr. (1973)：“Some International Evidence on Output-Inflation Tradeoffs,” *American Economic Review*, Vol. 63(3), pp. 326–334, June.

Lucas, R. E. Jr. (1976)：“Econometric policy evaluation: A critique, The Phillips Curve and Labor Markets,” *Carnegie-Rochester Conferences Series on Public Policy*, Vol. 1 pp. 19–46. North-Holland Publishing Company, Amsterdam.

Lucas, R. E. Jr. (1988)：“On the Mechanics of Economic Development,” *Journal of Monetary Economics*, Vol. 22(1), pp. 3–42, July.

Milgate, M. (1982)：*Capital and Employment: A Study of Keynes’ Economics*, Academic Press.

Montrucchio, L. (1992)：“Dynamical Systems that Solve Continuous-Time Concave Optimization Problems: Anything Goes,” Benhabib, J. ed. (1992)：*Cycles and Chaos in Economic Equilibrium*, Princeton University Press, 第一一章所収。

森岡真史（1993）：「多部門在庫調整過程の安定分析」『立命館国際研究』Vol. 6(2)。

Muth, J.（1961）："Rational Expectations and the Theory of Price Movements," *Econometrica*, July.

西村和雄（1999）：「複雑系経済学とその周辺・第一回「総論」」『数理科学』No. 427、七五〜八〇頁。

小原英隆（2000）：「ケインズ体系と複雑系――吉田雅明氏の『プロセス集積体系』としてのケインズ解釈への批判」『明治大学社会科学研究所紀要』三九巻一号、二〇〇〇年一〇月。

小野﨑保（2003）：「非線形経済動学の可能性」吉田編（2003）第二章所収。

Patinkin, D.（1976）：*Keynes' Monetary Thought; A Study of Its Developement.*（川口弘・吉川俊雄・福田川洋二訳『ケインズ貨幣経済論――その展開過程――』マグロウヒル好学社、一九七九年）。

Pigou, A. C.（1933）：*The Theory of Unemployment,* Macmillan.（篠原泰三訳『失業の理論』実業之日本社、一九五一年）。

Rapoport, A.（1999）："Game Theory: Contributions to the Study of Human Cognition,"（大坪庸介訳）『認知科学』Vol. 6, No. 2（佐伯・亀田編（2002）第三章に収録）。

Romer, D.（1996）：*Advanced Macroeconomics,* The McGraw-Hill Companies, Inc.（堀雅博・岩成博夫・南城隆訳『上級マクロ経済学』日本評論社、一九九八年）。

Rymes, T. K.（1989）：*Keynes' Lectures 1932-1935,* Macmillan.（平井俊顕訳『ケインズの講義 1932-1935』東洋経済新報社、一九九三年）。

佐伯胖・亀田達也編（2002）：『進化ゲームとその展開』共立出版。

塩沢由典（1997）：『市場の秩序学　反均衡から複雑系へ』筑摩書房。

Simon, H. A.（1947）：*Administrative Behavior,* Free Press.（松田武彦・高柳暁・二村敏子訳『経営行動』ダイヤモンド社、一九六五年、新版一九八九年）。

Sraffa, P.（1960）：*Production of commodities by means of commodities; prelude to a critique of economic theory,* University Press.（菱山泉・山下博訳『商品による商品の生産』有斐閣、一九七八年）。

高増明・松井暁編（1999）：『アナリティカルマルキシズム』ナカニシヤ出版。

田中政光（1981）：「ルース・カップリングの理論」『組織科学』Vol. 15, No. 2。

谷口和久（1997）：『移行過程の理論と数値実験』啓文社。
Weick, K. E.（1976）："Educational Organization as Loosely Coupled Systems," *Administrative Science Quarterly*, Vol. 21, pp. 1–19, March.
吉田雅明（1997）：『ケインズ――歴史的時間から複雑系へ』日本経済評論社。
吉田雅明編（2003）：『複雑系社会理論の新地平』専修大学出版局。

Tideman, T. N. (1983) : "An Experiment in the Demand-Revealing Process," *Public Choice*, 41, pp. 387–401.

Van Damme, E. (1996) : *Stability and Perfection of Nash Equilibria*, Second, Revised and Enlarged Edition, Springer Verlag.

Vega-Redondo, F. (1996) : *Evolution, Games, and Economic Behavior*, Oxford University Press.

von Neumann, J. and O. Morgenstern (1944) : *Theory of Games and Economic Behavior*, Princeton University Press.

Walker, M. and J. Wooders (2001) : "Minimax Play at Wimbledon," *American Economic Review*, 91, pp. 1521–38.

Weibull, J. W. (1995) : *Evolutionary Game Theory*, The MIT Press.

Conflict Resolution, 1, pp. 19-36.

Scherr, B. A. and E. M. Babb (1975) : "Pricing Public Goods : An Experiment with Two Proposed Pricing Systems," *Public Choice*, 23, pp. 35-48.

Segel, U. and J. Sobel (1999) : "Tit for Tat : Foundations of Preferences for Reciprocity in Strategic Settings," mimeo.

Selten, R. (1998) : "Axiomatic Characterization of the Quadratic Scoring Rule," *Experimental Economics*, 1, pp. 43-62.

Selten, R., M. Mitzkewitz, and G. R. Uhlich (1997) : "Duopoly Strategies Programmed by Experienced Player," *Econometrica*, 65, pp. 517-555.

Selten, R., A. Sadrieh, and K. Abbink (1999) : "Money Does Not Induce Risk Neutral Behavior, but Binary Lotteries Do Even Worse," *Theory and Decision*, 46, pp. 211-49.

Shleifer, A. (2000) : *Inefficient Markets*, Oxford University Press. (兼広崇明訳『金融バブルの経済学』東洋経済新報社、2001年)。

Siegel, S. and L. E. Fouraker (1960) : *Bargaining and Group Decision Making : Experiments in Bilateral Monopoly*, McGraw-Hill.

Slonim, R. and A. E. Roth (1998) : "Learning in High Stakes Ultimatum Games : An Experiment in the Slovak Republic," *Econometrica*, 66, pp. 569-596.

Smith, V. L. (1962) : "An Experimental Study of Competitive Market Behavior," *Journal of Political Economy*, 70, pp. 111-37.

Smith, V. L. (1976) : "Experimental Economics : Induced Value Theory," *American Economic Review*, 66, pp. 274-279.

Smith, V. L. (1982) : "Microeconomic Systems As An Experimental Science," *American Economic Review*, 72, pp. 923-55.

Sober, E. and D. S. Wilson (1998) : *Unto Others The Evoluition and Psychology of Unselfish Behavior*, Harvard University Press.

Stahl, D. O. and P. W. Wilson (1995) : "On Players' Models of Other Players : Theory and Experimental Evidence," *Games and Economic Behavior*, 10, pp. 218-54.

Suppes, P. and R. C. Atkinson (1960) : *Markov Learning Models for Multiperson Interactions*, Stanford University Press.

Thaler, R. H. (1993) : *Advances in Behavioral Finance*, Russell Sage Foundation.

Thurstone, L. L. (1931) : "The Indifference Function," *Journal of Social Psychology*, 2, pp. 139-67.

Palacios-Huerta, I. (2003) : "Professionals Play Minimax," *Review of Economic Studies*, 70, pp. 395–415.

Payne, J. W., J. R. Bettman, and E. J. Johnson (1993) : *The Adaptive Decision Maker*, Cambridge University Press.

Poundstone, W. (1992) : *Prisoner's Dilemma*, Bantam Doubleday Dell Publishing Group. (松浦俊輔訳『囚人のジレンマ　フォン・ノイマンとゲームの理論』青土社、1995年)。

Rabin, M. (1993) : "Incorporating Fairness into Game Theory and Economics," *American Economic Review*, 83, pp. 1281–1302.

Rapoport, A. (1990) : *Experimental Studies of Interactive Decisions*, Kluwer Academic Publishers.

Rapoport, A. and R. B. Boebel (1992) : "Mixed Strategies in Strictly Competitive Games: A Further Test of the Minimax Hypothesis," *Games and Economic Behavior*, 4, pp. 261–83.

Rapoport, A. and C. Orwant (1962) : "Experimental Games : A Review," *Behavioral science*, 7, pp. 1–37.

Roth, A. E. and I. Erev (1995) : "Learning in Extensive-Form Games : Experimental Data and Simple Dynamic Models in the Intermediate Term", *Games and Economic Behavior*, 8, pp. 164–212.

Roth, A. E. and M. W. K. Malouf (1979) : "Game-Theoretic Models and the Role of Bargaining," *Psychological Review*, 86, pp. 574–594.

Rousseas, S. W. and A. G. Hart (1951) : "Experimental Verification of A Composite Indifference Map," *Journal of Political Economy*, 59, pp. 288–318.

Salmon, T. C. (2001) : "An Evaluation of Econometric Models of Adaptive Learning," *Econometrica*, 69, pp. 1597–1628.

Samuelson, L. (1997) : *Evolutionary Games and Equilibrium Selection*, The MIT Press.

Samuelson, P. A. (1947) : *Foundations of Economic Analysis*, Enlarged Edition, Harvard University Press.

Sarin, R. and F. Vahid (2001) : "Predicting How People Play Games : A Simple Dynamic Model of Choice," *Games and Economic Behavior*, 34, pp. 104–122.

Satterthwaite, M. A. and S. R. Williams (2002) : "The Optimality of a Simple Market Mechanism," *Econometrica*, 70, pp. 1841–63.

Schelling, T. C. (1957) : "Bargaining, Communication, and Limited War," *Journal of nomic Behavior and Organization*, 25, pp. 373–389.

北山忍（1998）：『自己と感情―文化心理学による問いかけ』共立出版。

Kreps, D. M., P. Milgrom, J. Roberts and R. Wilson（1982）："Rational Cooperation in the Finitely Repeated Prisoners' Dilemma," *Journal of Economic Theory*, 27, pp. 245–252.

Krishna, V.（2002）：*Auction Theory*, Academic Press.

Levine, D. K.（1998）："Modeling Altruism and Spitefulness in Experiments," *Review of Economic Dynamics*, 1, pp. 593–622.

Louviere, J. J., D. A. Hensher, and J. D. Swait（2000）：*Stated Choice Methods Analysis and Application*, Cambridge University Press.

Mazur, J. E.（1994）：*Learning and Behavior*, Prentice-Hall.（磯博行・坂上貴之・川合信幸訳：『メイザーの学習と行動』二瓶社、1996年）。

McKelvey, R. D. and T. R. Palfrey（1995）："Quantal Response Equilibria for Normal Form Games," *Games and Economic Behavior*, 10, pp. 6–38.

McKelvey, R. D. and T. R. Palfrey（1996）："A Statistical Theory of Equilibrium in Games," *Japanese Economic Review*, 47, pp. 186–209.

McKelvey, R. D. and T. R. Palfrey（1998）："Quantal Response Equilibria for Extensive Form Games," *Experimental Economics*, 1, pp. 9–41.

McKelvey, R. D., T. R. Palfrey, R. A. Weber, Roberto（2000）："The Effects of Payoff Magnitude and Heterogeneity on Behavior in 2 x 2 Games with Unique Mixed Strategy Equilibria," *Journal of Economic Behavior and Organization*, 42, pp. 523–48.

Nagel, R.（1995）："Unraveling in Guessing Games : An Experimental Study," *American Economic Review*, 85, pp. 1313–26.

Neilson, W.（2000）："An Axiomatic Characterization of the Fehr-Schmidt Model of Inequality Aversion," mimeo.

Nyarko, Y. and A. Schotter（2002）："An Expermental Study of Belief Learning Using Elicited Belief," *Econometrica*, 70, pp. 971–1005.

Ochs, J.（1995）："Games with Unique, Mixed Strategy Equilibria : An Experimental Study," *Games and Economic Behavior*, 10, pp. 202–17.

奥野正寛（2002）：「社会的関係と内生的文化」大塚・中山・福田・本多編『現代経済学の潮流2002』東洋経済新報社、第１章、３～22頁。

O'Neill, B.（1987）："Nonmetric Test of the Minimax Theory of Two-Person Zerosum Games," *Proceedings of National Academy of Sciences*, 84, pp. 2106–2109.

Ultimatum Bargaining," *Journal of Economic Behavior and Organization*, 3, pp. 367–388.

Ho, T.-H., C. Camerer, and K. Weigelt（1998）："Iterated Dominance and Iterated Best Response in Experimental 'p-Beauty Contents'," *American Economic Review*, 8, pp. 947–969.

Hofbauer, K. and J. Sigmund（1998）：*Evolutionary Games and Population Dynamics*, Cambridge University Press.

Hoffman, E., K. McCabe, K. Schachat, and V. Smith（1994）："Preferences, Property Rights, and Anonymity in Bargaining Games," *Games and Economic Behavior*, 7, pp. 346–380.

Irwin, J. R., G. H. McClelland, M. McKee, W. D. Schulze, and N. E. Norden（1998）："Payoff Dominance vs. Cognitive Transparency in Decision Making," *Economic Inquiry*, 36, pp. 272–85.

Johnson, E.C., C. Camerer, S. Sen, and T. Rymon（2002）："Detection Failure of Backward Induction : Monitoring Information Search in Sequential Bargaining," *Journal of Economic Theory*, 104, pp. 16–47.

Kagel, J. H., R. C. Battalio, L. Green（1995）：*Economic Choice Theory : An Experimental Analysis of Animal Behavior*, Cambridge University Press.

Kagel, J. H. and A. E. Roth（1995）：*Handbook of Experimental Economics*, Princeton University Press.

Kahan, J. P. and A. Rapoport（1984）：*Theories of Coalition Formation*, Lawrence Erlbaum Associates.

Kahneman, D. and A. Tversky（1979）："Prospect Theory：An Analysis of Decision Under Risk," *Econometrica*, 47, pp. 263–91.

Kahneman, D. and A. Tversky eds.（2000）：*Choices, Values, and Frames*, Cambridge University Press.

Kalisch, Milnor, Nash, and Nering（1954）："Some Experimental n-Person Games," in Nash, J. F.（1996）: *Essays on Game Theory*, Edward Elgar.

加藤一彦・川越敏司・山森哲雄（2003）：「公平性と互恵性のゲーム理論」mimeo。

Kawagoe, T. and T. Mori（2001）："Can the Pivotal Mechanism Induce Truth-Telling? An Experimental Study," *Public Choice*, 108, pp. 331–354.

川越敏司（2003）：「経済学のキーワード・実験経済学　社会科学総合化の基礎づくりを目指す」『経済セミナー 4月号』26～27頁。

Kirchsteiger, G.（1994）："The Role of Envy in Ultimatum Games," *Journal of Eco-*

Learning in Experimental Games with Unique, Mixed Strategy Equilibria," *American Economic Review*, 88, pp. 848-81.

Falk, A., E. Fehr and U. Fischbacher (2003)：“On the Nature of Fair Bahavior," *Economic Inquiry*, 41, pp. 20-26.

Falk, A. and U. Fischbacher (2000)：“A Theory of Reciprocity," mimeo.

Fehr, E. and K. M. Schmidt (1999)：“A Theory of Fairness, Competition and Cooperation," *Quarterly Journal of Economics*, 114, pp. 817-868.

Fehr, E. and K. M. Schmidt (2000)：“Theories of Fairness and Reciprocity-Evidence and Economic Applications," mimeo.

Feltvich, N. (2000)：“Reinforcement-Based vs. Belief-Based Learning Models in Experimental Asymmetric-Informatio Games," *Econometrica*, 68, pp. 605-641.

Flood, M. M. (1958)：“Some Experimental Games," *Management Science*, 5, pp. 5-26.

Friedman, D. and S. Sunder (1994)：*Experimental Methods : A Primer for Economists*, Cambridge University Press.（川越敏司・内木哲也・森徹・秋永利明訳『実験経済学の原理と方法』同文舘出版、1999年）。

Frohlich, N., J. Oppenheimer, and J. B. Moore (2001)：“Some Doubts about Measuring Self-Interest using Dictator Experiments : The Costs of Anonymity," *Journal of Economic Behavior and Organization*, 46, pp. 271-290.

船木由喜彦・川越敏司・瀧澤弘和・濱口康代（2003）：『実験経済学リファレンス　実験経済学手法の革新とその成』平成14年度内閣府経済社会総合研究所委託調査報告書。http://www.epa.or.jp/Ee/EE.html

Gale, J., K. G. Binmore and L. Samuleson (1995)：“Learning to be Imperfect : The Ultmatum Game," *Games and Economic Behavior*, 8, pp. 56-90.

Geanakoplos, J., D. Pearce and E. Stacchetti (1989)：“Psychological Games and Sequential Rationality," *Games and Economic Behavior*, 1, pp. 60-79.

Gintis, H. (2000)：*Game Theory Evolving*, Princeton University Press.

Gilovich, T., D. Griffin, and D. Kahneman eds. (2002)：*Heuristics and Biases*, Cambridge University Press.

Gode, D. K. and S. Sunder (1993)：“Allocative Efficiency of Markets with Zero-Intelligence Traders : Market As A Partial Substitute for Individual Rationality," *Journal of Political Economy*, 101, pp. 119-137.

Granovetter, M. (1985)：“Economic Action and Social Structure : The Problem of Embeddedness," *American Journal of Sociology*, 91, pp. 481-510.

Güth, W., R. Schmittberger and B. Schwarze (1982)：“An Experimental Analysis of

Public Good Provision Experiments : An International Comparison," *Experimental Economics*, 5, pp. 133–153.

Chamberlin, E. H. (1948) : "An Experimental Imperfect Market," *Journal of Political Economy*, 56, pp. 95–108.

Charness, G. and M. Rabin (2002) : "Understanding Social Preferences with Simple Tests," *Quarterly Journal of Economics*, 117, pp. 817–869.

Chen, H.-C., J. W. Friedman and J.-F. Thisse (1997) : "Boundedly Rational Nash Equilibrium : A Probabilistic Choice Approach," *Games and Economic Behavior*, 18, pp. 32–54.

Chen, Y. and C. R. Plott, Charles (1996) : "The Groves-Ledyard Mechanism : An Experimental Study of Institutional Design," *Journal of Public Economics*, 59, pp. 335–64.

Chen, Y. and F.-F. Tang (1998) : "Learning and Incentive-Compatible Mechanisms for Public Goods Provision : An Experimental Study," *Journal of Political Economy*, 106, pp. 633–62.

Cheung, Y. W. and D. Friedman. (1997) : "Individual Learning in Normal Form Games : Some Laboratory Results," *Games and Economic Behavior*, 19, pp. 46–76.

Cosmides, L. (1989) : "The logic of Social Exchange : Has Natural Selection Shaped How Humans Reason? Studies with the Wason Selection Task," *Cognition*, 31, pp. 187–276.

Costa-Gomes, M., V. P. Crawford, and B. Broseta (2001) : "Cognition and Behavior in Normal-Form Games : An Experimental Study," *Econometrica*, 69, pp. 1193–1235.

Cox, J. C. and R. L. Oaxaca (1995) : "Inducing Risk-Neutral Preferences : Further Analysis of the Data," *Journal of Risk and Uncertainty*, 11, pp. 65–79.

Davis, D. D. and C. A. Holt (1992) : *Experimental Economics*, Princeton University Press.

Debreu, G. (1959) : "Topological Methods in Cardinal Utility Theory," in *Mathematical Economics : Twenty Papers of gerard Debreu*, Cambridge University Press.

Dufwenberg, M. and G. Kirchsteiger (2003) : "A Theory of Sequential Reciprocity," mimeo.

Duffy, J. and R. Nagel (1997) : "On the Robustness of Behaviour in Experimental 'Beauty Contest' Games," *Economic Journal*, 107, pp. 1684–1700.

Erev, I. and A. E. Roth (1998) : "Predicting How People Play Game : Reinforcement

Anomalous Behavior : What to Do when the Nash Equilibrium Says One Thing and the Data Say Something Else," in *Handbook of Experimental Economics Results*, forthcoming.

Anderson, S. P., J. K. Goeree and C. A. Holt（1998b）："The Logit Equilibrium A Perspective on Intuitive Behavioral Anomalies," mimeo.

Andreoni, J. A. and J. H. Miller（1993）："Rational Cooperation in the Finitely Repeated Prisoners Dilemma : Experimental Evidence," *Economic Journal*, 103, pp. 570–85.

Andreoni, J. and J. H. Miller（2002）："Giving According to GARP : An Experimental Study of Rationality and Altruism," *Econometrica*, 70, pp. 737–753.

青木昌彦（2001）：『比較制度分析に向けて』NTT 出版。

Barkow, J. H., L. Cosmides, and J. Tooby（1992）：*The Adpted Mind : Evolutionary Psychology and the Generation of Culture*, Oxford University Press.

Becker, G. M., M. H. DeGroot, and J. Marschak（1964）："Measuring Utility by A Single-Response Sequential Method," *Behavioral Science*, 9, pp. 226–32.

Becker, G.（1974）："A Theory of Social Interactions," *Journal of Political Economy*, 82, pp. 1063–1093.

Berg, D., J. Dickhaut and B. O'Brien（1986）："Controlling Preferences for Lotteries on Units of Experimental Exchange," *Quarterly Journal of Economics*, 101, pp. 281–306.

Bergstrom, T. C.（2002）："Evolution of Social Behavior : Individual and Group Selection," *Journal of Economic Perspectives*, 16, pp. 67–88.

Bolton, G.（1991）："A Comparative Model of bargaining : Theory and Evidence," *American Economic review*, 81, pp. 1096–1136.

Brandts, J. and G. Charness（2000）："Hot vs. Cold : Sequential Responses and Preference Stability in Experimental Games," *Experimental Economics*, 2, pp. 227–238.

Brosig, J., J. Weimann, and C.-L. Yang（2003）："The Hot Versus Cold Effect in a Simple Bargaining Experiment," *Experimental Economics*, 6, pp. 75–90.

Brown, J. N. and R. W. Rosenthal（1990）："Testing the Minimax Hypothesis : A Reexamination of O'Neill's Game Experiment," *Econometrica*, 58, pp. 1065–81.

Camerer, C.（2003）：*Behaviroal Game Theory*, Princeton University Press.

Camerer, C. and T. H. Ho（1999）："Experience-weighted Attraction Learning in Normal Form Games," *Econometrica*, 67, pp. 827–874.

Cason, T. N., T. Saijo, and T. Yamato（2002）："Voluntary Participation and Spite in

見失わせる危険性があることは皮肉なことである。だから、むしろ人間行動が深く制度や社会規範の影響を受けていることを積極的に認めて、その影響のあり方を探求していくべきである（奥野 2002；川越 2003)。さらに、人間行動が制度や社会規範を形成・維持している側面も見逃せない。文化心理学者の北山(1998) はこうした両面的プロセスを「心と社会の相互構成過程」と呼んでいる。また、青木 (2001) は結合されたゲームという概念でもってこうした状況をモデル化する方向性を示している。

それゆえ、実験経済学の未来の方向性の１つとして、実験統制により制度や社会規範の影響を排除するのではなく、むしろ制度や社会規範を積極的に実験室に取り組み、制度や社会規範が人間行動を規定するとともに、人間行動が制度や社会規範を形成・維持する態様を明らかにするような実験計画を生み出していくことが必要であろう。こうした方向性を探求するにあたっては、実験経済学は今後ますます社会学や文化人類学、文化心理学との共同作業を進めていく必要があろう。

謝辞

1節の内容は、船木・川越・瀧澤・濱口 (2003) の第１章および第２章をもとに加筆・訂正・削除を行って編集したものである。委託研究の成果物の一部を本章に掲載することを快く承諾してくださった内閣府経済社会総合研究所および共著者に感謝申し上げる。また、２節および３節の内容は、著者が諸大学の大学院における「実験経済学」の授業を行ったさいの講義ノートをもとに改訂を進めている加藤・川越・山森 (2003) の一部を編集したものである。快く掲載を許可していただいた共著者に感謝申し上げる。

参考文献

Allais, M. (1953)：“Le Comportement de l'Homme Rationnel devant le Risque : Critique des Postulats et Axiomes de l'Ecole Americaine,” *Econometrica*, 21, pp. 503–46.

Anderson, S. P., J. K. Goeree and C. A. Holt (1997)：“Stochastic Game Theory : Adjustment and Equilibrium with Bounded Rationality,” mimeo.

Anderson, S. P., J. K. Goeree and C. A. Holt (1998a)：“Logit Equilibrium Models of

れる。すでに2節でみたように、二重盲検法によって独裁者ゲームの実験を行ったホフマン他（1994）によれば、二重盲検法を採用することでサブゲーム完全均衡の予測により近い結果が得られたのである。このように、被験者間の匿名性を保持することで、被験者が実験室に入ってくるまでに身に付けた公平感の影響を実験的に統制し、経済的インセンティヴに従わせることで、均衡予測と一致する結果が得られたわけである。

しかし、フローリッヒ他（2001）は、この実験結果に対して次のような疑問を投げかけた。つまり、独裁者ゲームでは応答者は何も選択する余地がないので、提案者と応答者とを別々の部屋に隔離することで、実はこの実験には応答者は存在しないという疑念を提案者に抱かせ、いかに実験者のウソを見破って多くのお金を獲得できるかを試されているゲームだと提案者に勘違いされた結果、サブゲーム完全均衡の予測により近い結果が得られたのではないかというのである。フローリッヒ他（2001）は、被験者にゲームでの意思決定と同時にアンケート調査を実施し、上記のような疑念を示す被験者ほど、応答者に与える金額が少ないことを示した。つまり、被験者が実験室に入ってくるまでに身に付けた公平感の影響を実験的に統制した結果、被験者は実験者の意図とはまったく異なるゲームをプレイするように方向付けられてしまったのである。

一般に、人間行動は歴史的・進化的に形成・維持されてきた制度や社会規範の影響を受けている。交渉ゲームに現れる公平感もそうした社会規範の1つであろう。進化心理学の知見によれば、人間の認知や思考様式は、人間が進化の過程で直面した社会的状況に特定的な仕方で獲得されてきており、そうした社会的状況と切り離しては考えられない（Cosmides 1989；Barkow et al. 1992；Granovetter 1985）。

このことは、実験統制を重視しすぎると、人間の本来の認知や思考様式を見失わせる結果になりかねないことを示している。そして、実際にフローリッヒ他（2001）の実験は、そうした危険があることを示している。実験経済学が独立した科学としての地位を築いていくにあたって重要であった実験統制が、逆に本来制度や社会規範の影響を受けながら行動している人間行動をゆがませ、

5　実験経済学の課題

2節に見たように、実験経済学の方法論の基礎は選好統制である。ヴァーノン・スミス（1976, 1982）の価値誘発理論およびその発展形をもちいて被験者に金銭報酬を適切に支払うことで、実験者の望む選好を実験室内に実現する。これにより、検討したい経済理論や経済制度のインセンティヴ構造を実験室内に実現するのである。こうして経済環境を特定するさまざまな要因を実験的に統制することで、実験者は統制されていない要因である被験者の行動原理や行動規範が実験結果にどのような影響を与えるのかを明確にすることができる。

一方で、二重盲検法をはじめとした選好統制を徹底することが、結果として被験者の行動を歪ませ、実験環境と現実世界との対応が取れなくなり、実験結果の生態学的妥当性が失われる危険性をはらんでいることが指摘されてきている。ここでは、独裁者ゲームの実験を行ったフローリッヒ他（2001）の研究を取り上げてみよう。

独裁者ゲームとは次のようなゲームである。まず、一方のプレイヤー（提案者）にお金が渡される。次に、お金を受け取った提案者がもう一方のプレイヤー（応答者）にそのうちのいくらを分け与えるかを決める。そして、提案者の提案どおりの配分が行われてゲーム終了である。応答者に選択の余地はない。このゲームのサブゲーム完全均衡では、提案者が何も応答者に与えずにすべてを手にすることになる。

独裁者ゲームに関するこれまでの実験研究では、サブゲーム完全均衡の予測と異なり、正の金額が提案者から応答者に分けられるという結果が得られている（Kagel & Roth 1995 ; Camerer 2003）。これは、被験者が本来身に付けている公平感の現れであると考えられている。この公平感に基づく均衡からの乖離は、被験者がペアになる相手が誰であるかを知ることで、実験後その相手から悪く思われることを嫌うといったことが影響すると考えられるので、そうした影響を排除するため、被験者間の匿名性を保持するために二重盲検法が用いら

$$\Delta x_{as} = x'_{as} - x_{as} = \frac{-c}{b-c} - \frac{1}{2} = \frac{-(b+c)}{2(b-c)}$$

となる。これから、プライス方程式の第2項目の期待値は

$$E[\pi, \Delta x] = \sum_{i \in \{aa,\, as,\, ss\}} f_i \pi_i \Delta x_i = -\frac{b+c}{2} f(1-f)(1-r)$$

となる。これは負であり、便益 b やコスト c が上がるほどよりマイナスになり、r が上昇するほど0に近づく。次に、

$$\bar{x} = \sum_{i \in \{aa,\, as,\, ss\}} f_i x_i = f$$

であることから、プライス方程式の第1項目の共分散は、

$$\sum_{i \in \{aa,\, as,\, ss\}} f_i \bar{\pi}(x_1 - \bar{x}) = 0$$

結局、

$$Cov[\pi, x] = \sum_{i \in \{aa,\, as,\, ss\}} f_i (\pi_i - \bar{\pi})(x_i - \bar{x}) = (1+r)(1-f) f \frac{b-c}{2}$$

となる。これは、同じタイプと出会う確率 r が高いほど、利他主義による便益 $b-c$ が高いほど増加する。人口中の利他主義者の個体 a が増加するための必要十分条件は、プライス方程式より、$Cov[\pi, x] + E[\pi \Delta x] > 0$、すなわち、$r > c/b$ となる。このように、混成マッチングのもとでは、利他主義による便益 $b-c$ が十分高いならば（c/b が十分小さいならば）、利他主義者が利己主義者の人口に侵入することが可能になる。これは進化生態学ではハミルトンの法則と呼ばれている。

表6-7　囚人のジレンマ・ゲーム

1 \ 2	C	D
C	$b-c, b-c$	$-c, b$
D	$b, -c$	0, 0

ここで、各プレイヤーは毎回違う相手と出会って上記の囚人のジレンマ・ゲームをプレイするのであるが、このときどの個体とも完全にランダムに出会うのではなく、自分と同じタイプの個体と確率rで出会い、確率$1-r$で完全にランダムな出会いをするものとする。すなわち、$r=0$ならば通常のランダム・マッチングになっている。このようなマッチングを混成マッチング（assortative matching）という。

マッチングのあり方としては、aa, as, ssの３通りが考えられる。それぞれのグループの平均適応度は、利得表から、$\pi_{aa}=b-c$、$\pi_{as}=(b-c)/2$、$\pi_{ss}=0$と計算される。それぞれのグループの人口中に占める比率をそれぞれ、f_{aa}、f_{as}、f_{ss}とする。人口中の個体aの比率をfとすると、ペアaaが生じる確率は$f_{aa}=f(r+(1-r)f)$となる。なぜなら、まず１人目の個体がaである確率はfで、この個体は確率rで同じaの個体と出会い、確率$1-r$でランダム・マッチングとなって確率fでaの個体と出会えるからである。同様にして、ペアssが生じる確率は$f_{ss}=(1-f)(r+(1-r)(1-f))$となり、これらからペア$as$が生じる確率は$f_{as}=1-f_{aa}-f_{ss}=2f(1-f)(1-r)$となる。当然、$(f_{aa}+f_{as})/2=f$かつ$(f_{ss}+f_{as})/2=1-f$となっている。

各グループ中でaの特性をもった個体の比率は、それぞれ$x_{aa}=1$、$x_{as}=1/2$、$x_{ss}=0$となる。外部からの進入がないので、これより$\Delta x_{aa}=\Delta x_{ss}=0$となることがわかる。一方、ペア$as$における$a$の個体の次期の適応度は、$a$の個体がグループ中に1/2おり、$a$の個体の平均適応度が$-c$で、グループの平均適応度が$\pi_{as}=(b-c)/2$なので、$-c/(b-c)$となる。

したがって、ペアasにおけるaの個体の比率の変化は

$$\bar{x}'-\bar{x}=\sum_i f_i'\cdot x_i'-\sum_i f_i x_i=\sum_i f_i\frac{\pi_i}{\bar{\pi}}x_i'-\sum_i f_i x_i$$
$$=\sum_i f_i\frac{\pi_i}{\bar{\pi}}(x_i+\Delta x_i)-\sum_i f_i x_i=\sum_i f_i(\frac{\pi_i}{\bar{\pi}}-1)x_i+\sum_i f_i\frac{\pi_i}{\bar{\pi}}\Delta x_i)$$

ここで、$\Delta\bar{x}=\bar{x}'-\bar{x}$ とおき、上式の両辺に $\bar{\pi}$ を掛けると、

$$\bar{\pi}\Delta\bar{x}=\sum_i f_i(\pi_i-\bar{\pi})x_i+\sum_i f_i\pi_i\Delta x_i \quad\cdots\cdots(2)$$

となる。この右辺の第2項目は $\pi\Delta x$ の（重み付け）期待値 $E[\pi\Delta x]$ そのものである。π と x との共分散は

$$Cov[\pi,x]=\sum_i f_i(\pi_i-\bar{\pi})(x_i-\bar{x})$$

である。ここで、$\sum_i f_i(\pi_i-\bar{\pi})\bar{x}=0$ であることから、(2)式の右辺第1項目は $Cov[\pi,x]$ に等しい。よって、(2)式は

$$\bar{\pi}\Delta\bar{x}=Cov[\pi,x]+E[\pi\Delta x]$$

となる。これは進化生態学においてプライス方程式（Price's equation）と呼ばれている。

次に、このプライス方程式をもちいて具体的なゲームを分析してみよう。

①囚人のジレンマ・ゲーム

人口中には「利己主義者（s）」と「利他主義者（a）」の特性をもった2種類の個体が存在する。純戦略Cを選ぶことで相手の適応度を b（>0）だけ上げることができるが、それにはコスト c（$<b$）が必要であるとする。また、純戦略Dをもちいると相手の適応度をまったく上げることができず、コストもかからないとする。これは表6-7のような囚人のジレンマ・ゲームと考えることができる。

あるといえる。

最後通牒ミニゲームの進化ダイナミクスでは、平衡点 $(x, y) = (0, 1)$ のみ、$tr(J) = -2 < 0$ かつ $J = 1 > 0$ なので漸近安定である。それ以外の平衡点は漸近安定ではない。

ゲール他（1995）は、さらにある割合で個体が本来プログラムされた戦略とは異なる戦略を選ぶ可能性を考慮したノイズのあるモデルをも検討し、最後通牒ゲームではプレイヤー2のノイズがプレイヤー1のノイズより大きいときにサブゲーム完全均衡からの乖離が見られることを示している。

(4) 群選択（Group Selection）

群選択に関する進化理論によれば、同じ個体でもそれが属するグループの人口構成によって適応度が異なり、グループ内の個体の平均適応度がより高いグループが進化的に選択されていく。この理論に従えば、たとえば囚人のジレンマ・ゲームにおいて、合理的な選択（裏切り）をする個体ばかりのグループよりも、利他的（協力する）個体がいるグループの方が、グループとしての平均適応度が高くなる結果、利他的個体からなるグループが進化的に安定になる可能性がある。ここでは、バーグストローム（Bergstrom 2002）、ギンティス（Gintis 2000）、ソーバーとウィルソン（Sober & Wilson 1998）に従って、実験で見られる正の互恵性の発生の根拠を、こうした群選択の理論を用いて調べてみよう。

n 個のグループがあり、それぞれのグループの人口に占める割合を f_i とする。π_i をグループ i の平均適応度とすると、人口全体の平均適応度は $\bar{\pi} = \sum_i f_i \pi_i$ となる。各グループは相対的な適応度の高さに従って成長するものと考えると、次期のグループ i の人口比率は $f'_i = f_i \pi_i / \bar{\pi}$ となる。

次に、グループ i 中においてある特性をもった個体の比率を x_i とすると、そうした特性をもった個体の人口全体に占める比率は $\bar{x} = \sum_i f_i x_i$ となる。π'_i および x'_i をそれぞれ次期のグループ i の適応度およびグループ i 中においてある特性をもった個体の比率とすると、$\bar{x}' = \sum_i f'_i \cdot x'_i$ となる。$\Delta x_i = x'_i - x_i$ とおくと、

図６－７

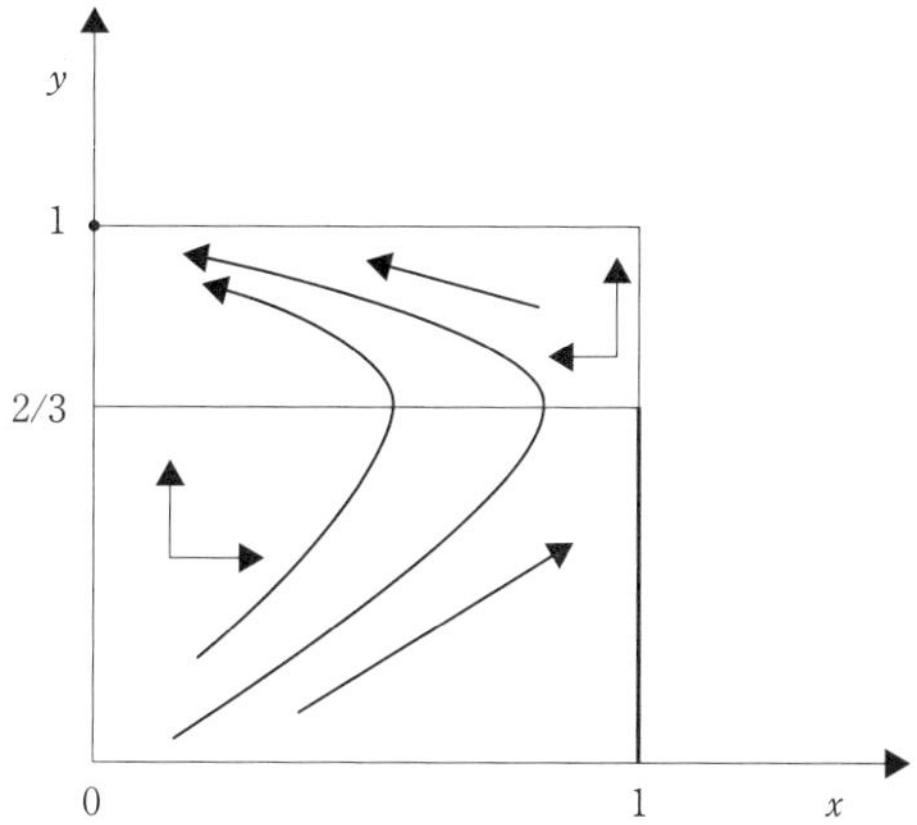

平衡点の安定性は力学系を平衡点の近傍で線形近似することによって調べられる。力学系を線形近似した場合、力学系の挙動はヤコビ行列Jの固有値によって決まる。ヤコビ行列Jとは力学系の１階微係数からなる行列で、最後通牒ミニゲームの場合、具体的には次のようになる。

$$J=\begin{pmatrix} a_{11} & a_{12} \\ a_{21} & a_{22} \end{pmatrix}=\begin{pmatrix} \dfrac{\delta f}{\delta x} & \dfrac{\delta f}{\delta y} \\ \dfrac{\delta g}{\delta x} & \dfrac{\delta g}{\delta y} \end{pmatrix}=\begin{pmatrix} (1-2x)(2-3y) & -3x(1-x) \\ -y(1-y) & (1-x)(1-2y) \end{pmatrix}$$

このヤコビ行列Jに平衡点の座標の値を代入した際に、固有値の実部がすべて負ならば平衡点は漸近安定であることが知られている。一般に、ヤコビ行列Jが２次正方行列の場合、固有方程式に対する解と係数の関係から、２つの固有値の和$\lambda_1+\lambda_2$はヤコビ行列Jのトレース$tr(J)=a_{11}+a_{22}$で、その積$\lambda_1\lambda_2$はヤコビ行列の行列式$|J|=a_{11}a_{22}-a_{12}a_{21}$となっている。よって、２つの固有値$\lambda_1$と$\lambda_2$がともに実数の場合、$tr(J)<0$かつ$|J|>0$であるときのみ２つの固有値の実部はともに負であり、２つの固有値が共役複素数の場合、その積は常に正で、その和が負のときのみ２つの固有値の実部はともに負になる。まとめるとヤコビ行列Jのトレースが負で、その行列式が正のときのみ、平衡点は漸近安定で

$$\begin{cases} \dfrac{dx}{dt} = f(x, y) = x(\pi_H(y) - \bar{\pi}_1) \\ \dfrac{dy}{dt} = g(x, y) = y(\pi_Y(x) - \bar{\pi}_2) \end{cases}$$

ここで、具体的にそれぞれの平均適応度をもとめてみると $\pi_H(y) = 2$ 、$\pi_L(y) = 3y$、$\pi_Y(x) = x + 1$、 $\pi_N(x) = 2x$、 $\bar{\pi}_1 = 2x + 3y(1-x)$、 $\bar{\pi}_2 = y(x+1) + 2x(1-y)$ となる。これを先の複製子力学に代入して整理すると、

$$\begin{cases} \dfrac{dx}{dt} = x(1-x)(2-3y) \\ \dfrac{dy}{dt} = y(1-x)(1-y) \end{cases}$$

となる。次にこの複製子力学の平衡点の安定性を調べてみよう。平衡点は $dx/dt = 0$ かつ $dy/dt = 0$ を解くことで得られる。すると、平衡点は点 $(x, y) = \{(0, 0), (0, 1)\}$ および集合 $C = \{(x, y) \mid x = 1, y \in [0, 1]\}$ 内の点となる。$x \in (0, 1)$ である領域で考えると $x(1-x) > 0$ なので、$y < 2/3$ ならば $dx/dt > 0$ で $y > 2/3$ ならば $dx/dt < 0$ であることがわかる。一方、$y \in (0, 1)$ である領域で考えるとどの $x \in (0, 1)$ についても $dy/dt > 0$ である。これから、位相図（phase diagram）を描けば、平衡点 $(x, y) = (0, 1)$ が漸近安定（asymptotically stable）で、集合 $D = \{(x, y) \mid x = 1, y \in [0, 2/3]\}$ 内の点がリャプノフ安定（Liapunov stable）であると予想できる（図６－７）。

なお、力学系の平衡点がリャプノフ安定であるとは、その平衡点に対するどんな小さな摂動に対しても、系の状態がその平衡点の近傍から離れていかないことをいう。また、力学系の平衡点が漸近安定であるとは、その平衡点へのどんな小さな摂動に対しても、系の状態がその平衡点に戻る運動を起こすときをいう。定義により、平衡点が漸近安定ならばリャプノフ安定である。一般に、複製子力学の平衡点がリャプノフ安定ならばそれはナッシュ均衡であり、平衡点が漸近安定ならそれは完全均衡であることが知られている（Hofbauer & Sigmund 1998 ; Vega-Redondo 1996 ; Weibull 1995参照）。

表６－６　最後通牒ミニゲーム

1＼2	Y	N
H	2, 2	2, 2
L	3, 1	0, 0

まず、プレイヤー１がＨを確率x、Ｌを確率$1-x$で選び、プレイヤー２がＹを確率y、Ｎを確率$1-y$で選ぶと考えて、混合戦略を含めたナッシュ均衡をもとめると、点 $(x, y)=(0, 1)$ および集合 $C=\{(x, y)\,|\,x=1, y\in[0, 2/3]\}$ となる。なお、前者だけがサブゲーム完全均衡である。

ここで、進化ゲームに従って、プレイヤー１と２の役割を行う無限母集団が存在し、それぞれから無作為に選ばれた個体が対戦するランダム・マッチングを考える。各プレイヤーはいずれかの純戦略をプレイするようにプログラムされている（遺伝形質をもっている）。プレイヤー１の役割を行う集団中ではＨをプレイする個体の比率はx、Ｌをプレイする個体の比率は$1-x$であるとし、プレイヤー２の役割を行う集団中ではＹをプレイする個体の比率はy、Ｎをプレイする個体の比は$1-y$であるとする。

次に、こうした個体比率の進化を進化生態学における複製子力学（replicator dynamics）によって調べてみよう。複製子力学では、ある特性をもった個体の成長率は、その特性をもった個体の平均適応度と人口全体の平均適応度の差で決まり、人口全体の平均適応度より高い平均適応度を持つ個体の比率は増加し、逆に人口全体の平均適応度より低い平均適応度を持つ個体の比率は減少していくと考える。$\pi_H(y)$、$\pi_L(y)$ をそれぞれプレイヤー１の役割を行う集団においてＨをプレイする個体およびＬをプレイする個体の平均適応度、$\pi_Y(x)$、$\pi_N(x)$ をそれぞれプレイヤー２の役割を行う集団においてＹをプレイする個体およびＮをプレイする個体の平均適応度とする。最後に$\bar{\pi}_1$、$\bar{\pi}_2$をそれぞれプレイヤー１の役割を行う集団およびプレイヤー２の役割を行う集団における人口全体の平均適応度とすると、複製子力学は次の非線形微分方程式系となる。

$+x$ と更新され、それ以外の純戦略 j は $q_{nj}(t+1)=(1-\phi)q_{nj}(t)$ と更新されることになる。

なお、$\mu=\varepsilon=\phi=0$ ならば基本モデルと同一であることに注意する。また、初期強度は同じ役割のプレイヤーの間では同じであるとする。たとえば、同じ役割をするプレイヤー m、n の純戦略 k に対する初期強度は $q_{mk}(1)=q_{nk}(1)$ であるとする。各純戦略に対する初期強度の和 $S(1)=\sum_j q_{nj}(1)$ は学習の速度を決めるパラメータであり、これが大きいと学習速度は遅くなる。

強化学習は、クールノー学習や仮想プレイ学習（fictitious play learning）と違い、相手プレイヤーの行動に関する予測を行ったりしない単純なモデルであるが、多くの実験結果の説明に成功している。ロスとイレヴ（1995）、イレヴとロス（1998）は、この強化学習モデルを用いて最後通牒ゲームや市場ゲームの実験データを分析している。なお、シミュレーションにおいては、$S(1)=10$ とし、切り捨てを考慮したモデルの場合には、$\mu=0.01$、$\varepsilon=\phi=0$ とし、試行錯誤を考慮したモデルの場合には $\varepsilon=0.05$ あるいは $\varepsilon=0.1$ で $\mu=\phi=0$ としている。最後に、試行錯誤に忘却を加えたモデルでは $\varepsilon=0.05$ あるいは $\varepsilon=0.1$ で、$\phi=0.001$ および $\mu=0$ としている。

(3) 進化ダイナミクス

ゲール他（Gale et al. 1995）は、最後通牒ゲームの実験においてサブゲーム完全均衡からの乖離がなぜ生じるのか、進化ダイナミクスをもちいた説明を試みている（Samuelson 1997、Vega-Redondo 1996も参照）。分析にあたっては、最後通牒ミニゲームと呼ばれる簡略された最後通牒ゲームが用いられている。まずプレイヤー1は全部で4のパイを与えられ、それをプレイヤー2と平等に（2, 2）で分けるか、（3, 1）で自分の方が多く取るかの選択を行う。前者の提案をH、後者の提案をLと呼ぶ。プレイヤー2はHの提案は必ず受け入れるが、Lの提案は受け入れ（Y）か拒否（N）かを選べるものとする。2が受け入れた場合は提案のとおりの配分が行われ、拒否した場合は両者の利得はともに0となる。このゲームの戦略形は表6-6のようになる。

(2)　強化学習（reinforcement learning）

ロスとイレヴ（Roth & Erev 1995）、イレヴとロス（1998）は、最後通牒ゲームや市場ゲームなどの実験データを統一的に説明するモデルとして強化学習モデルを提唱している。まず、基本モデルから説明する。

各プレイヤー n ははじめに各純戦略 k に対する初期強度（initial propensity）$q_{nk}(1)$ をもつ。プレイヤー n が t 期に純戦略 k をもちいることで利得 x を得た場合、次期には純戦略 k に対する強度は $q_{\mathrm{nk}}(t+1)=q_{nk}(t)+x$ と更新されるが、他の純戦略 j は $q_{nj}(t+1)=q_{nj}(t)$ となる。毎回のプレイで得た利得に従ってこのように強度が更新されていく。プレイヤー n が純戦略を t 期に用いる確率は、各純戦略に対する強度の比として

$$p_{nk}(t)=\frac{q_{nk}(t)}{\sum_j q_{nj}(t)}$$

で与えられる。

この基本モデルに「切り捨て（cutoff）」パラメータ μ、「試行錯誤（experimentation）」パラメータ ε、および「忘却（forgetting）」パラメータ ϕ を導入する。切り捨てパラメータは、$p_{nk}(t)<\mu$ ならば $p_{nk}(t)=q_{nk}(t)=0$ とすることで、低い確率で生じる出来事が学習結果に影響することを排除する。

試行錯誤パラメータ ε は、プレイヤー n が純戦略 k を t 期に用いることで利得 x を得た場合に、純戦略 k だけでなくそれと類似の（近傍の）純戦略も同時に強化する。たとえば、プレイヤー n が純戦略 k を t 期に用いて利得 x を得たとき、純戦略 k に対する強度は $q_{nk}(t+1)=q_{nk}(t)+(1-\varepsilon)x$ と更新され、純戦略 k と類似の m 個の純戦略 j は $q_{nj}(t+1)=q_{nj}(t)+(\varepsilon/m)x$ と更新される。それ以外の残りの純戦略 i は更新されず $q_{ni}(t+1)=q_{ni}(t)$ となる。

最後に、忘却パラメータ ϕ は、各純戦略の強度が更新されるときに過去の強度を割引するために用いられる。具体的には、プレイヤー n が純戦略 k を t 期にもちいて利得 x を得たとき、純戦略 k に対する強度は $q_{nk}(t+1)=(1-\phi)q_{nk}(t)$

図 6 - 5　プレイヤー P の QRE 対応

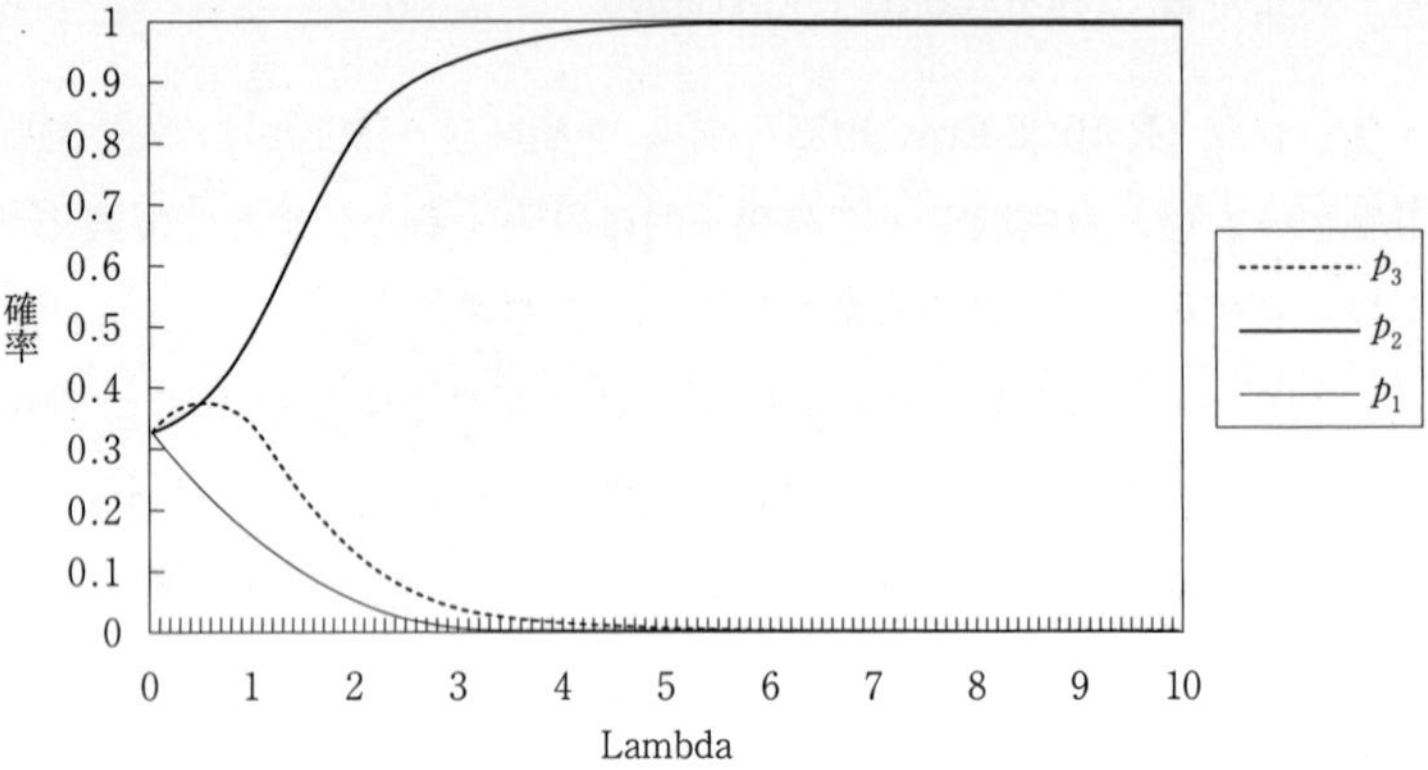

図 6 - 6　プレイヤー R の QRE 対応

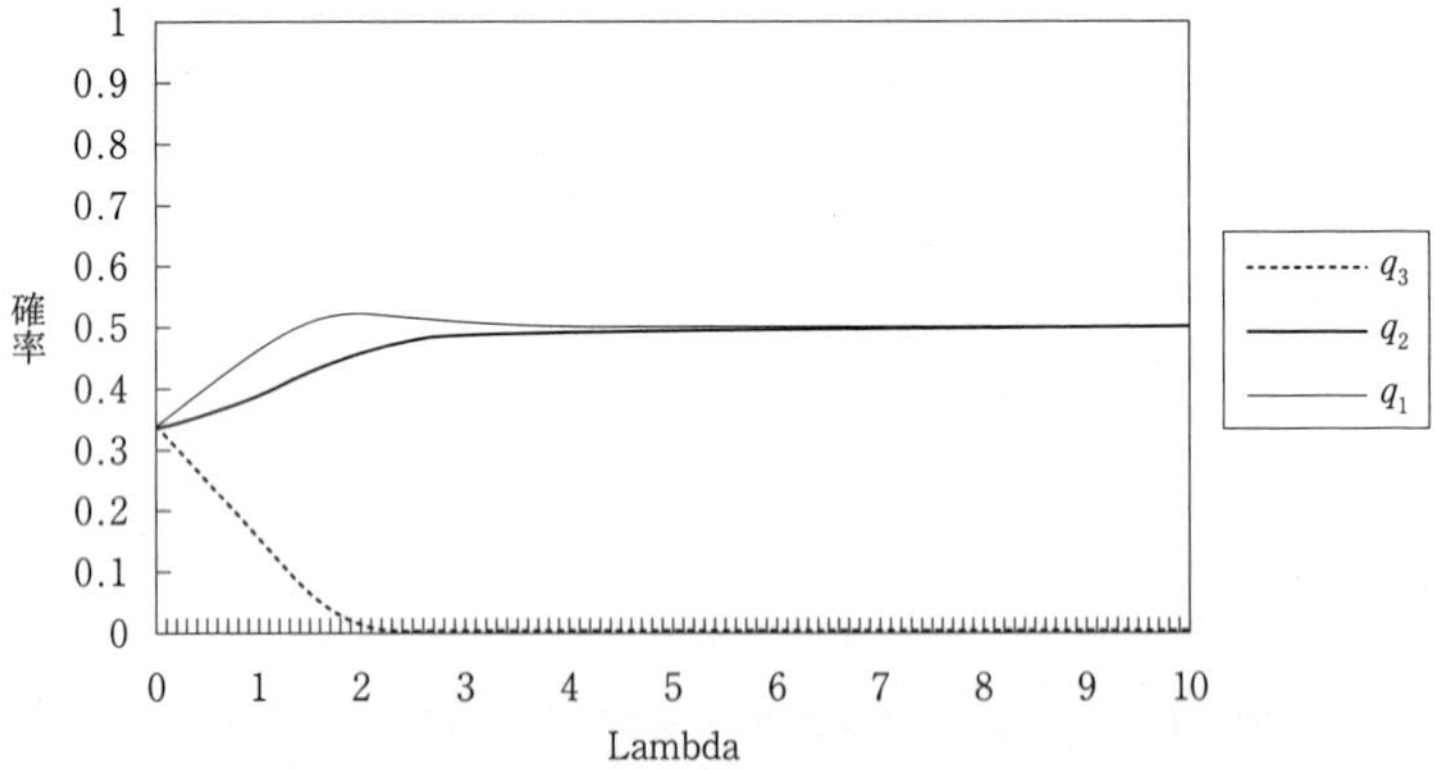

が limit QRE になる。すなわち、P は平等より若干少ない提案をし、それを R が受け入れることになるが、震える手完全均衡（L, L）は limit QRE にはならないのである。このように、QRE では最後通牒ゲームの実験でよく見られる完全均衡からの逸脱を予測できるのである。

なお、QRE の戦略集合が連続な場合への拡張はアンダーソン他（Anderson et al. 1998a, 1998b）が行っており、戦略集合が連続な場合の QRE の選択確率を導くような学習プロセスはアンダーソン他（1997）に示されている。

$$p_2=\frac{1}{1+\exp(\lambda(q_1-4q_2))+\exp(\lambda(-q_1-q_2+3q_3))}$$

$$p_3=\frac{1}{1+\exp(\lambda(2q_1-3q_2-3q_3))+\exp(\lambda(q_1+q_2-3q_3))}$$

また、プレイヤーＲが純戦略Ｌを用いるときの期待効用は $u_{21}=p_1+2p_2+3p_3$ で、純戦略Ｍを用いるときの期待効用は $u_{22}=2p_2+3p_3$ で、純戦略Ｈを用いるときの期待効用は $u_{23}=3p_3$ なので、QRE のもとでプレイヤーＲが各純戦略を用いる確率は次のようになる。

$$q_1=\frac{1}{1+\exp(-\lambda p_1)+\exp(\lambda(-p_1-2p_2))}$$

$$q_2=\frac{1}{1+\exp(\lambda p_1)+\exp(-2\lambda p_2)}$$

$$q_3=\frac{1}{1+\exp(\lambda(p_1+2p_2))+\exp(2\lambda p_2)}$$

一般に非線形連立方程式の不動点を計算して QRE を求めるには数値計算を行わざるをえない。そこで、上記の QRE 最適反応に関して、各 λ ごとに QRE を求めて $\lambda=0$ に連結した QRE 対応を各プレイヤーごとにグラフ化したのが図６－５、図６－６である。計算の結果、$\lambda=10$ 程度で十分 limit QRE に収束しているとみなせるので、$\lambda\in[0, 10]$ の範囲における QRE 対応だけをグラフ化している。ここで、$p_1=p_3=0$、$p_2=1$、$q_1=q_2=1/2$、$q_3=0$ という混合戦略のナッシュ均衡が limit QRE となることがグラフからわかる。つまり、この簡略化された最後通牒ゲームでは、プレイヤーＰが純戦略Ｍを確率１で用い、プレイヤーＲが純戦略Ｌ, Ｍを等確率でもちいる混合戦略のナッシュ均衡のみ

表6－5

P＼R	H	M	L
H	3, 3	3, 3	3, 3
M	0, 0	4, 2	4, 2
L	0, 0	0, 0	5, 1

案し、Rは同時に最小の受け入れ額を決める。もしPの提案がRの最小受け入れ額以上なら提案どおりパイが分けられ、最小受け入れ額以下なら両者とも何も得られない。$J=3$とし、Rの取り分をそれぞれ、H＝3, M＝2, L＝1と表すと、このゲームは表6－5のような標準形ゲームになる（McKelvey and Palfrey 1996）。

まず、このゲームには純粋戦略のナッシュ均衡が（H, H)、(M, M)、(L, L）の3つある。Rにとっては純戦略Lが他の純戦略を弱支配しているので、ナッシュ均衡（L, L）のみが震える手完全均衡（trembling hand perfect equilibrium）になる（一般に、2人ゲームにおけるナッシュ均衡が完全均衡になるための必要十分条件は、すべてのプレイヤーの戦略が弱支配されていないことである（van Damme 1996)）。

ここで、プレイヤーPが純戦略L, M, Hをそれぞれ選ぶ確率をp_1、p_2、p_3とし、プレイヤーRが純戦略L, M, Hをそれぞれ選ぶ確率をq_1、q_2、q_3とする。

すると、プレイヤーPが純戦略Lを用いるときの期待効用は$u_{11}=5q_1$で、純戦略Mを用いるときの期待効用は$u_{12}=4q_1+4q_2$で、純戦略Hを用いるときの期待効用は$u_{13}=3q_1+3q_2+3q_3$なので、QREのもとでプレイヤーPが各純戦略を用いる確率は次のようになる。

$$p_1=\frac{\exp(\lambda u_{11})}{\sum_j \exp(\lambda u_{1j})}=\frac{1}{1+\exp(\lambda(-q_1+4q_2))+\exp(\lambda(-2q_1+3q_2+3q_3))}$$

$$p_{ij}=\frac{\exp(\lambda u_{ij}(p))}{\sum_k \exp(\lambda u_{ij}(p))} \quad \cdots\cdots(1)$$

ここで、u_{ij} はプレイヤー i が純戦略 j を選んだときの期待効用を表す。$p_i=(p_{i1}, p_{i2},\ldots, p_{im_i})$ はプレイヤー i の m_i 個の純戦略の選択確率ベクトル（QRE 最適反応）で、$p=(p_1, p_2,\ldots, p_n)$ は n 人のプレイヤーの QRE 最適反応のプロファイルである。また、λ はすべてのプレイヤーに共通な定数であるとする。ただし、$\lambda\in[0, \infty)$ である。

QRE はすべてのプレイヤーの QRE 最適反応の不動点である。プレイヤー i の期待効用 u_{ij} が n 人のプレイヤーの QRE 最適反応プロファイルに依存していることに注意すると、QRE は、与えられた λ の値に対して、すべてのプレイヤーのすべての純戦略に関して(1)式を連立させて解く（不動点を求める）ことで得られる。こうして得られた QRE 最適反応の不動点を QRE と呼び、λ に応じて QRE を与える写像を QRE 対応という。与えられた λ の値に対して QRE 最適反応の不動点は一般に複数個存在するが、$\lambda=0$ に連結した QRE 対応は一般に1つしかないので、とくにこの QRE 対応上で λ を無限大にした場合に収束していく QRE を limit QRE という。

一般に、$\lambda=0$ のとき $p_{ij}=1/m_i$ となり、すべての純戦略を等確率で用いるランダム戦略になり、λ を無限大にした場合の limit QRE はナッシュ均衡になる。したがって、λ の値はプレイヤーの合理性の程度を表現しているといってよい。また、仮想プレイ（fictitious play）学習に似た学習プロセスが QRE の選択確率(1)を導くことは、チェン他（Chen et al. 1997）に示されている。

それでは、具体的なゲームについて QRE 対応および limit QRE を求めてみよう。

①簡略化された最後通牒ゲーム

パイの大きさを $2J$（$J>0$）とする。提案者（P）は応答者（R）の取分を提公理化を行っている。

4　限定合理性・学習理論・進化ゲーム

3で紹介した公平性と互恵性の理論はすべて、これまでの経済学・ゲーム理論における利己的かつ合理的なプレイヤー像から離れて、必ずしも利己的ではないがあくまでも合理的なプレイヤーを考えている。それに対し、ここでは必ずしも合理的ではないがあくまで利己的なプレイヤーを考える限定合理性の理論や学習理論・進化ゲームについて見ていく。なお、ここで取り上げなかったものに、チュンとフリードマン（Cheung & Friedman 1997）の一般化仮想プレイ学習、カメラーとホー（1999）のEWA学習、ザリンとヴァヒッド（Sarin & Vahid 2001）の学習モデル、スタールとウィルソン（Stahl & Wilson 1995）の限定合理性の階層モデルなどがある。また、これらの限定合理性・学習理論について、実験データを用いながら比較評価した研究にサモン（Salmon 2001）、フェルトヴィッチ（Feltvich 2000）がある。

⑴　質的応答均衡 Quantal Response Equilibrium（QRE）

マッケルビーとパルフレイ（McKelvey & Palfrey 1995, 1998）のQREは、McFadden流のランダム効用モデルに基づく確率選択モデルによって最適反応対応を連続関数で近似することを基本アイデアとした均衡概念である。QREでは、完全にランダムな選択から完全に合理的な選択にいたるまで、幅広い行動を1つのパラメータによって表現しており、数多くの実験結果をよく説明できるものとして、実験経済学者の間で広く用いられている（Camerer 2003を参照)。

戦略形ゲームにおいてプレイヤーiが純戦略jを選ぶ選択確率が次の多項ロジット関数で与えられるとする。

していくわけである。このモデルでは、好意的でない行動には好意的でない行動で答える負の互恵性を表現できるが、好意的な行動には好意的に答える正の互恵性を表現できないという欠点がある。

レバイン（Levine 1998）は、相手の境遇を悪くしようという選好を表すスパイト性と利他性を両方考慮できる以下のようなモデルを考えた。

$$u_1 = x_1 + \frac{a_1 + \lambda \cdot a_2}{1 + \lambda} x_2$$

ここで$0 \leqq \lambda \leqq 1$かつ$-1 < a_1, a_2 < 1$である。レバイン（1998）では、利他性とスパイト性を表すパラメータa_1、a_2をいくつかの実験データをもちいて誘因両立性を満たす制約条件から推定し、このモデルが実験結果と整合的な均衡予測を生み出すことを示している。

帰結主義的な不平等回避の理論と意図に基づく互恵性の理論の統合する試みとしては、フォークとフィッシュバッハー（Falk & Fischbacher 1999）のモデルがある。ここでは、もう1つの試みとしてチャーネスとラビン（2002）のモデルを紹介する。ρ_1、ρ_2を各プレイヤーの過失（demerit）と呼び、この値が少ないほどこのプレイヤーが相手の効用関数に考慮されるものと考える。プレイヤー1の効用関数は

$$\begin{aligned} u_1(x_1, x_2) = (1-\gamma)x_1 + \gamma[\delta \cdot \min\{x_1, x_2 + d\rho_2\} + (1-\delta) \cdot x_1 \\ + \max\{1 - k\rho_2, 0\} \cdot x_2) - f\rho_2 x_2] \end{aligned}$$

ここで$d, k, f \geqq 0$はパラメータである。チャーネスとラビン（2002）はさまざまな選択課題をもちいて、このモデルに含まれるパラメータを推定する試みを行っている.

ニールソン（Neilson 2000）は、ドブリュー（Debreau 1959）の分離可能な効用関数の公理系から出発して、フェアとシュミット（Fehr & Schmidt 1999）の不平等回避の効用関数を含む効用関数を導く公理系を示している。一方、シーゲルとソーベル（Segel & Sobel 1999）は、互恵的選好を示す効用関数の

うなロールズのマキシミン基準と功利主義的社会厚生関数（utilitarian welfare function）の凸結合であるとする。

$$W(x_1, x_2,..., x_n) = \delta \cdot \min\{x_1, x_2,..., x_n\} + (1-\delta)\cdot(x_1, x_2,..., x_n)$$

ここで$\delta \in (0, 1)$ は重み付けである。利他的な効用関数は、自分の金銭的利得から得られる効用とこの擬マキシミン選好の凸結合であると定義する。

$$u_1(x_1, x_2,..., x_n) = (1-\gamma)x_1 + \gamma \cdot W(x_1, x_2,..., x_n)$$

ここで$\gamma \in (0, 1)$ は重み付けである。２人ゲームの場合にはこれは次のようになる。

$$u_1(x_1, x_2) = \begin{cases} x_1 + \gamma(1-\delta)x_2 & if \quad x_1 < x_2 \\ (1-\gamma\delta)x_1 + \gamma x_2 & if \quad x_1 \geqq x_2 \end{cases}$$

これらのモデルでは、好意的な行動には好意的に答える正の互恵性を表現できるが、好意的でない行動には好意的ではない行動で答える負の互恵性を表現できないという欠点がある。

他人が自分より良い境遇にあることには嫉妬するが、自分が相手より良い境遇にあることは気にしないという羨望のモデルにはボルトン（Bolton 1991）、キルヒシュタイガー（Kirchsteiger 1994）などがある。ここではボルトン（1991）の定式化に従って、プレイヤーは次のような効用関数を抱いているとする。

$$u_1\left(x_1, \frac{x_1}{x_2}\right), u_{11} > 0, \quad u_{12} \begin{cases} > 0 & if \quad x_1 < x_2 \\ = 0 & if \quad x_1 \geqq x_2 \end{cases}$$

ここで、u_{11}, u_{12}はそれぞれu_1の第１および第２変数に関する偏微係数を意味する。この効用関数では、自分自身の金銭的利益が増えれば効用は増加し、相手の方が金銭的利益が多い場合には、相手と利得が同じになるまで効用は増加

同様にして、プレイヤー２のプレイヤー１への好意度に関するプレイヤー１の確信は、対称的なので

$$\tilde{f}_2(C, C) = \frac{1}{2}$$

となる。したがって、プレイヤー１の効用は

$$u_1(C, C, C) = \pi_1(C, C) + \tilde{f}_2(C, C)[1 + f_1(C, C)] = 4X + \frac{3}{4}$$

となる。これが最適反応であることを確かめるには、プレイヤー１が、$b_2 = C$, $c_1 = C$ という確信のもとで D を選ぶ（$a_1 = D$）誘因がないことを示せばよい。まず、プレイヤー１の２に対する好意度は $f_1(D, C) = -1/2$ となる。したがって、プレイヤー１の効用は $u_1(D, C, C) = 6X + 1/4$ となる。よって、$4X + 3/4 > 6X + 1/4$ であるなら、すなわち $X < 1/4$ ならば、$u_1(C, C, C) > u_1(D, C, C)$ となり、$b_2 = C$、$c_1 = C$ という確信のもとでプレイヤー１が C を選ぶことが最適反応となる。プレイヤー２についても対称的なので、同様に、$b_1 = C$, $c_2 = C$ という確信のもとではプレイヤー２が C を選ぶことが最適反応になるので、結局 $X < 1/4$ ならば（C, C）は公平均衡になる。このように各プレイヤーが正の互恵性を示す戦略プロファイルも公平均衡になりうるが、X が十分大きくなれば（C, C）は公平均衡ではなくなることは、２の⑶の②で述べた公平均衡に関する命題３と整合的である。

⑶　公平性に関するその他のモデル

他人の効用を自分の効用関数に取り入れた素朴な利他性のモデルはベッカー（Becker 1974）、アンドレオーニとミラー（Andreoni & Miller 2002）、チャーネスとラビン（Charness & Rabin 2002）などに見られる。

ここではチャーネスとラビン（2002）の定式化に従って利他性を表現してみよう。まず、擬マキシミン選好（quasi-maximin preferences）とは、以下のよ

表6-4

1 \ 2	C	D
C	$4X, 4X$	$0, 6X$
D	$6X, 0$	X, X

$$f_1(C, D) = \frac{1}{2}$$

なので、$b_2 = D,\ c_1 = D$という確信のもとで$a_1 = C$としたときのプレイヤー1の効用は

$$u_1(C, D, D) = \pi_1(C, D) + \tilde{f}_2(D, D)[1 + f_1(C, D)] = -\frac{3}{4}$$

となる。よって、どんな$X > 0$についても$u_1(D, D, D) > u_1(C, D, D)$となり、$b_2 = D,\ c_1 = D$という確信のもとではプレイヤー1が$D$を選ぶことが最適反応になる。プレイヤー2についても対称的なので、同様の議論により、$b_1 = D,\ c_2 = D$という確信のもとではプレイヤー2がDを選ぶことが最適反応になるので、結局（D, D）は公平均衡になることがわかる。

次に正の互恵性を示す戦略プロファイル（C, C）が公平均衡となるかどうかをチェックしてみる。

最初にプレイヤー1の立場になって考えてみる。プレイヤー2がCを選ぶという確信（$b_2 = C$）のもとでパレート効率的な利得の組は$(4X, 4X)$と$(6X, 0)$であるので、$\pi_2^h(C) = 4X$かつ$\pi_2^l(C) = \pi_2^{\min}(C) = 0$である。よって、$\pi_2^e(C) = 2X$となり、プレイヤー1が$C$を選ぶとき、プレイヤー1の2に対する好意度は次のようになる。

$$f_1(C, C) = \frac{1}{2}$$

③囚人のジレンマ・ゲーム

囚人のジレンマ・ゲームの利得表は表６‐４のとおりである。分析のため、利得を $X>0$ 倍している。

まず、戦略プロファイル（D, D）は強ナッシュ均衡であるとともに、各プレイヤーが負の互恵的選好を示しているので、２の(3)の②で述べた公平均衡に関する命題から、(D, D) は公平均衡になると予想できる。これを確かめてみよう。

最初にプレイヤー１の立場になって考えてみる。プレイヤー２がＤを選ぶという確信（$b_2=D$）のもとでパレート効率的な利得の組は（X, X）と（$0, 6X$）であるので、$\pi_2^h(D)=6X$ かつ $\pi_2^l(D)=\pi_2^{\min}(D)=X$ である。よって、$\pi_2^e(D)=(6X+X)/2=3.5X$ となり、プレイヤー１が D を選ぶとき（$a_1=D$）、プレイヤー１の２に対する好意度は次のようになる。

$$f_1(D, D)=\frac{X-3.5X}{6X-X}=-\frac{1}{2}$$

同様にして、プレイヤー２のプレイヤー１への好意度に関するプレイヤー１の確信は、対称的なので

$$\tilde{f}_2(D, D)=-\frac{1}{2}$$

となる。これより、プレイヤー１の効用は

$$u_1(D, D, D)=\pi_1(D, D)+\tilde{f}_2(D, D)[1+f_1(D, D)]=X-\frac{1}{4}$$

となる。これが最適反応であることを確かめるには、プレイヤー１が、$b_2=D$, $c_1=D$ という確信のもとで C を選ぶ（$a_1=C$）誘因がないことを示せばよい。まず、プレイヤー１の２に対する好意度は

もとで最適反応であることを意味し、(2-2) の２つの式は各プレイヤーの抱く確信が互いに合理的期待であることを意味している。展開形ゲームにおける意図に基づく互恵性に関する理論は、デューフェンバーグとキルヒシュタイガー (Dufwenberg & Kirchsteiger 2003) によって研究されている。

②公平均衡の性質

Rabin (1993) では公平均衡について、いくつか一般的な命題が示されているので、ここにまとめてみよう。

命題１. すべての公平均衡は厳密に正であるか非正である。

ここで、ゲームの結果が厳密に正であるとは $f_1 > 0$ かつ $f_2 > 0$ を満たすときで、ゲームの結果が非正であるとは $f_1 \leqq 0$ かつ $f_2 \leqq 0$ を満たすときである。すなわち、公平均衡においては、各プレイヤーが正の互恵的選好を示すか、負の互恵的選好を示すことになる。

命題２. すべてのゲームについて、非正の公平均衡が存在する。

また、各プレイヤーが負の互恵的選好を示すような公平均衡はつねに存在するわけである .

命題３. (a_1, a_2) が強ナッシュ均衡であるなら、ゲームの利得を十分大きく正１次変換すると (a_1, a_2) は公平均衡になる。また、(a_1, a_2) がナッシュ均衡でないなら、ゲームの利得を十分小さく正１次変換すると (a_1, a_2) は公平均衡にならない。

すなわち、互恵的選好による効用に比べて金銭的利益から得る効用が十分大きくなれば、公平均衡は強ナッシュ均衡だけになるわけである。

それでは、以下で具体的なゲームの公平均衡を計算してみよう。

ときには（好意度が負のときには）好意的でないというわけである。

さらに、プレイヤー１はプレイヤー２の自分に対する好意度に関する確信をも抱く。それは以下のように定義される。

$$\tilde{f}_2(c_1, b_2) = \frac{\pi_1(c_1, b_2) - \pi_1^e(c_1)}{\pi_1^h(c_1) - \pi_1^{\min}(c_1)} \quad (\pi_1^h(c_1) - \pi_1^{\min}(c_1) = 0 \text{ のときには } \tilde{f}_2(c_1, a_2) = 0)$$

ただし、これらはすべてプレイヤー１の確信のもとで定義されていることに注意する。ここで、$f_1, \tilde{f}_2 \in [-1, 1/2]$ であることがわかる。というのは、たとえばf_1について言えば、この値が最大になるのは$\pi_2(a_1, b_2) = \pi_2^h(b_2)$ かつ$\pi_2^l(b_2) = \pi_2^{\min}(b_2)$ のときで、最小になるのは$\pi_2(a_1, b_2) = \pi_2^{\min}(b_2)$ かつ$\pi_2^h(b_2) = \pi_2^l(b_2)$ のときだからである。最後に、プレイヤー１の効用関数は次のようになる。

$$u_1(a_1, b_2, c_1) = \pi_1(a_1, b_2) + \tilde{f}_2(c_1, b_2)[1 + f_1(a_1, b_2)]$$

ここで、第２項の角括弧内に１が加えられているのは、仮にプレイヤー２が自分に対して好意的でないならば（$\tilde{f}_2 < 0$）、金銭的利益よりも低い効用を得ること（$u_1 \leqq \pi_1$）を表現したいからである。この効用関数では、プレイヤー２が好意的ならば（$\tilde{f}_2 > 0$）、自分も好意的（$f_1 > 0$）であった方が効用が高く（正の互恵性 positive reciprocity）、また、プレイヤー２が好意的でないならば（$\tilde{f}_2 < 0$）、自分も好意的でない（$f_1 < 0$）方が効用が高い（負の互恵性 negative reciprocity）という互恵的選好が表されている。

プレイヤー２も同様の効用関数を抱いているとして、次の条件 (2-1)、(2-2) を満たすような純戦略の組を公平均衡という。

(2-1)　$a_1 \in \arg\max_a u_1(a, b_2, c_1), \qquad a_2 \in \arg\max_a u_2(a, b_1, c_2)$

(2-2)　$a_1 = b_1 = c_1, \qquad a_2 = b_2 = c_2$

ここで、(2-1) の２つの式は各プレイヤーの選ぶ純戦略がそれぞれの確信の

図6-4

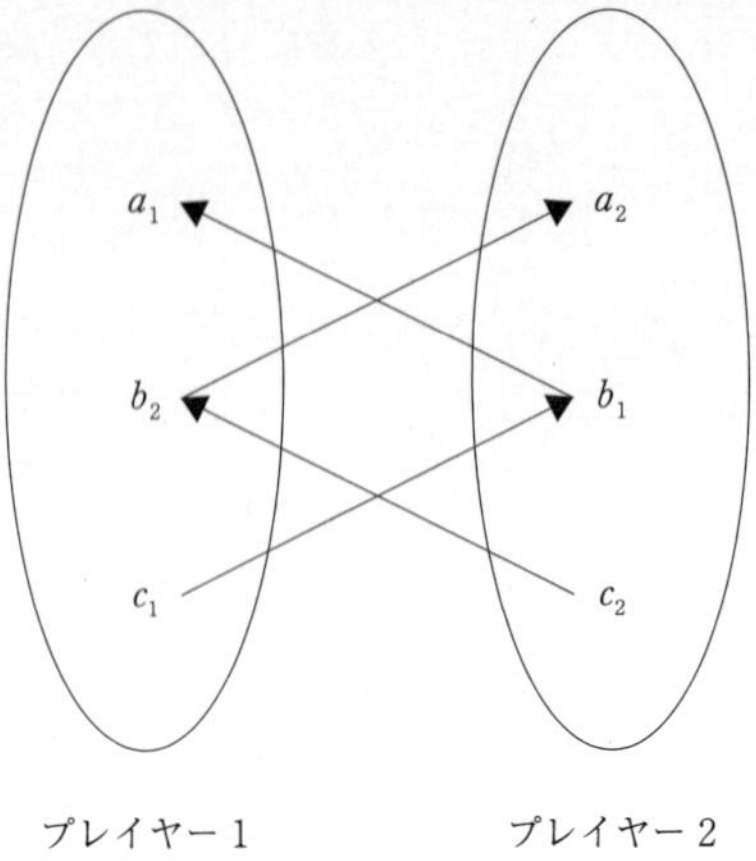

こうした高階の確信を抱く各プレイヤーは、相手プレイヤーに対する好意度（kindness）および相手プレイヤーの自分に対する好意度について、以下のような確信を抱くと考える。以下では説明の便宜のため、プレイヤー1の立場になって説明する。まず、プレイヤー1はプレイヤー2の選ぶ純戦略に対する確信 b_2をもとに実現可能な利得の組の集合 $\Pi(b_2)$ を定めることができる。次に、この $\Pi(b_2)$ 中のプレイヤー2にとって最小の利得を $\pi_2^{\min}(b_2)$, $\Pi(b_2)$ 中のパレート効率的な利得の組のうち、プレイヤー2にとって最大と最小の利得をそれぞれ $\pi_2^h(b_2)$、$\pi_2^l(b_2)$とする。

さらに、プレイヤー2にとって公平な利得を $\pi_2^e(b_2)=(\pi_2^h+\pi_2^l)/2$とする。このとき、プレイヤー2に対するプレイヤー1の好意度は次のように定義される。

$$f_1(a_1, a_2)=\frac{\pi_2(a_1, b_2)-\pi_2^e(b_2)}{\pi_2^h(b_2)-\pi_2^{\min}(b_2)} \quad (\pi_2^h(b_2)-\pi_2^{\min}(b_2)=0 \text{ のときには } f_1(a_1, a_2)=0)$$

つまり、公平な利得より高い利得をプレイヤー2に与えるときには（好意度が正のときには）好意的で、公平な利得より低い利得をプレイヤー2に与える

図６－３

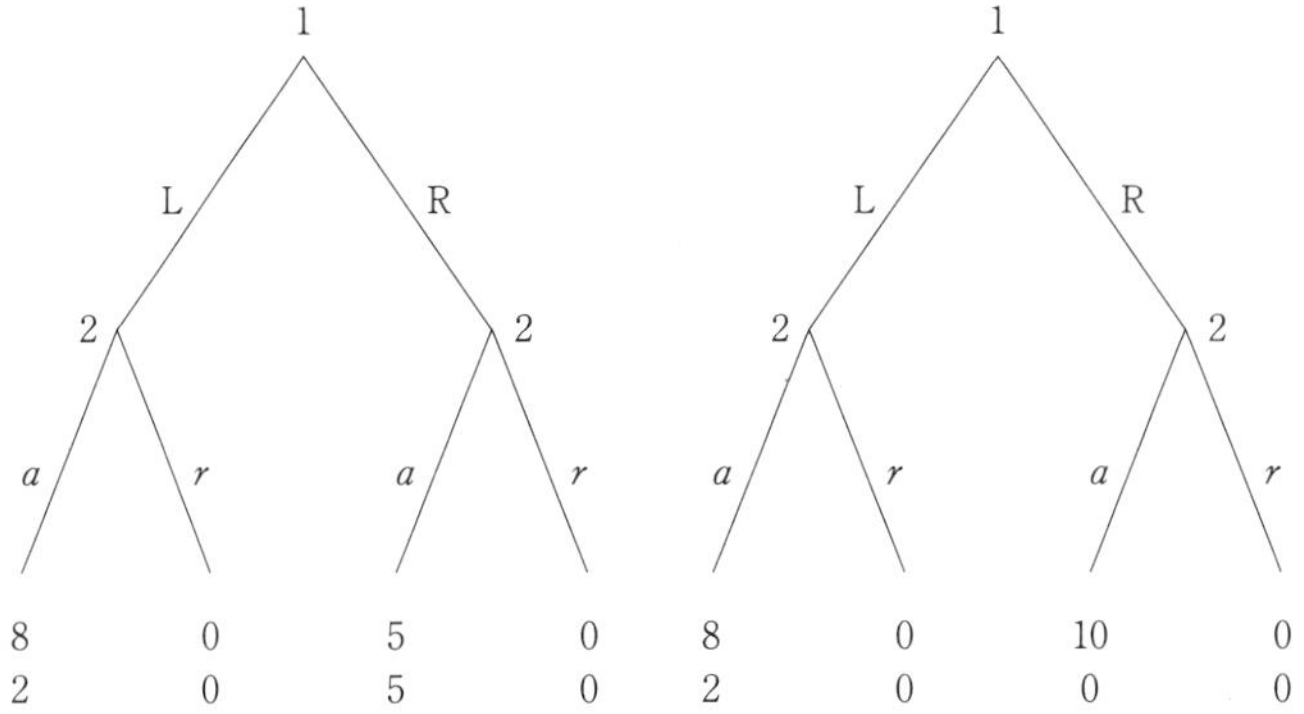

ゲームA　　ゲームB

率であることが示されている（Falk et al. 2003）。これは、ゲームＡでの（8, 2）の提案が平等な（5, 5）の提案の代わりになされたのに対し、ゲームＢでの（8, 2）の提案はプレイヤー１がすべてのパイを取る利己的な（10, 0）の提案の代わりになされており、プレイヤー２にとっては前者の行動の方が後者に比べてプレイヤー１の不公平な意図（intention）を感じるからだと考えられよう。このように、ゲームの結果が公平か否かであるかではなく、ゲームの結果を導く動機や意図が公平であったか否かに着目する必要がある。こうした公平性のモデルを意図に基づく互恵性（intentional reciprocity）という。

ラビン（Rabin 1993）では、２人・有限・戦略形（標準形）ゲームにおいて、こうした意図に基づく互恵性を取り入れた均衡概念として、公平均衡（fairness equilibrium）が提案されている。まず、a_1、a_2をそれぞれプレイヤー１および２の選ぶ純戦略とする。次に、プレイヤー２の選ぶ純戦略に対するプレイヤー１の確信（belief）をb_2、プレイヤー１の選ぶ純戦略に対するプレイヤー２の確信をb_1とする。さらに、プレイヤー１の選ぶ純戦略に対するプレイヤー２の確信に関するプレイヤー１の確信をc_1、プレイヤー２の選ぶ純戦略に対するプレイヤー１の確信に関するプレイヤー２の確信をc_2とする。このように、各プレイヤーはお互いの戦略に関する高階の確信を抱くものと考える。

するので $x=0.5$ が最適な提案になる。$\beta_p=0.5$ の場合、Pの効用は x に依存しなくなるので、Rが受け入れるどんな提案も無差別になる。すなわち、$x\in[\underline{x}, 0.5]$ はいずれも最適である。最後に、$\beta_p<0.5$ の場合を考えると、Pはなるべく提案額を小さくした方がよいので、Rが受け入れる最低の提案額を提案すること、すなわち $\underline{x}$ を提案するのが最適である。これをまとめるとPの最適な提案は次のようになる。

$$x\begin{cases}=0.5 & \text{if} \quad \beta_P>0.5\\ \in[\underline{x}, 0.5] & \text{if} \quad \beta_P=0.5\\ =\underline{x} & \text{if} \quad \beta_P<0.5\end{cases}$$

結局、サブゲーム完全均衡では、Pが上記のような提案を行いRがそれを受け入れることになる。このように、不平等回避の効用関数を考慮することで、最後通牒ゲームの実験結果と整合的な理論予測ができるようになる．

⑵ 意図に基づく互恵性（Intentional reciprocity）

①意図に基づく互恵性

フェアとシュミット（1999）の不平等回避のモデルでは、ゲームの結果集合上の選好に経済的利益以外の動機を持ち込んでいるものの、あくまで帰結主義に則った公平性をモデル化しているに過ぎない。そのため、たとえば、犯罪に対する刑罰を考えるさいに、その結果（たとえば、殺人）だけでなく、その動機（故意か過失か、正当防衛か）を考慮することが公正であると考えられるような状況では、不平等回避のモデルでは、結果にいたる背景にある動機の違いを区別できなくなってしまう。たとえば、図6-3のような2つの簡略化された最後通牒ゲームを考えてみよう。

ゲームA、Bともに、プレイヤー1がLを選択した後のプレイヤー2の選択から始まるサブゲームは同一なので、不平等回避の理論によれば、そのサブゲームでのプレイヤー2の選択する行動は同じになると予想される。しかしながら、実際にはゲームAでの方がゲームBにおけるよりもはるかに高い拒否は、Rがどんな正のxでも受け入れるので、ほとんどすべてをPが手元に残す提案をし、Rがそれを受け入れることになる。しかし、多くの実験では$x \in [0.4, 0.5]$であるような提案が頻繁になされる一方、$x \leqq 0.2$であるような提案はほとんどなされず、また提案額が低くなるほどRの拒否率が高くなることが知られている。

次に不平等回避の効用関数を考慮して均衡を考えていく。まず、Rの効用は次のとおりである。

$$u_R = \begin{cases} x - \alpha_R(1-2x) & if \quad x<0.5 \\ x & if \quad x=0 \\ x - \beta_R(2x-1) & if \quad x<0.5 \end{cases}$$

Pが$x \geqq 0.5$の提案をする限りRはこれを受け入れる。なぜなら、拒否した場合の効用は0であるのに対し、受け入れた場合の効用は$\beta_R < 1$であるかぎり正だからである。実際、この場合のRの効用は$u_R = (1-2\beta_R)x + \beta_R$である。$1-2\beta_R > 0$、すなわち$\beta_R < 1/2$ならば必ず正であり、また$\beta_R > 1/2$の場合には、Rの効用は$x$の増加にともなって減少していくので、$x=1$で最小値をとる。そのときのRの効用は$1-\beta_R$となり、これは$\beta_R < 1$であるかぎり正である。

また、Pが$x<0.5$の提案をする場合には、$x - \alpha_R(1-2x) > 0$、すなわち$0.5 > x > \alpha_R/(1+2\alpha_R)$である限り、受け入れることがRにとって最適反応である。ここで$\underline{x} = \alpha_R/(1+2\alpha_R)$とする。

こうしたRの最適反応を考慮してPは最適な提案をする。まず、Pは$x>0.5$の提案をすることはない。というのは、Pが$x \geqq 0.5$の提案をするかぎりRはこれを受け入れるので、$x=0.5$が$x>0.5$という提案を支配しているからである。したがって、Pが$x \leqq 0.5$の提案をするときのみを考えればよい。この提案をRが受け入れるとき、Pの効用は次のようになる。

$$u_p = 1 - x - \beta_p(1-2x) = (2\beta_P - 1)x + 1 - \beta_P$$

最初に$\beta_p > 0.5$の場合を考える。このときPの効用はxについて単調に増加

表6－2

1＼2	C	D
C	3，3	0，4
D	4，0	1，1

表6－3

1＼2	C	D
C	3，3	$-4\alpha_1, 4-4\beta_2$
D	$4-4\beta_1, -4\alpha_2$	1，1

このゲームでは純戦略Dが支配戦略なので、均衡は（D, D）のみとなる。ここで、不平等回避の効用関数をもつプレイヤーを想定すると、表6－2から表6－3が導出される。

なお、表6－2には各プレイヤーの利得が記されていたのに対して、表6－3の各セルには各プレイヤーの効用が記されていることに注意する。まず、$4-4\beta_i>3$、すなわち$\beta_i<1/4$ならば、純戦略Dが支配戦略なので、均衡は（D, D）のみとなる。逆に$\beta_i>1/4$ならば、（C, C），（D, D）がともに均衡となる。なお、$\alpha_i\geqq 0$より純戦略Cが支配戦略、すなわち（C, C）のみが均衡になることはありえない。

②最後通牒ゲーム（Ultimatum Game）

最後通牒ゲームはギュート（Güth et al. 1982）によって考案された交渉ゲームである。最後通牒ゲームに関する数多くの実験結果は、カメラー（2003）やケイゲルとロス（1995）に手際よくサーベイされている。このゲームでは、大きさ1のパイを2人のプレイヤーで分けることを考える。最初に提案者（P）が相手に渡す大きさxを選ぶ。次に応答者（R）がその提案を受け入れるか拒否するかを決める。Rが受け入れた場合、両者が提案どおりの分け前を得るが、Rが拒否した場合両者とも利得は0となる。このゲームのサブゲーム完全均衡

図6－2

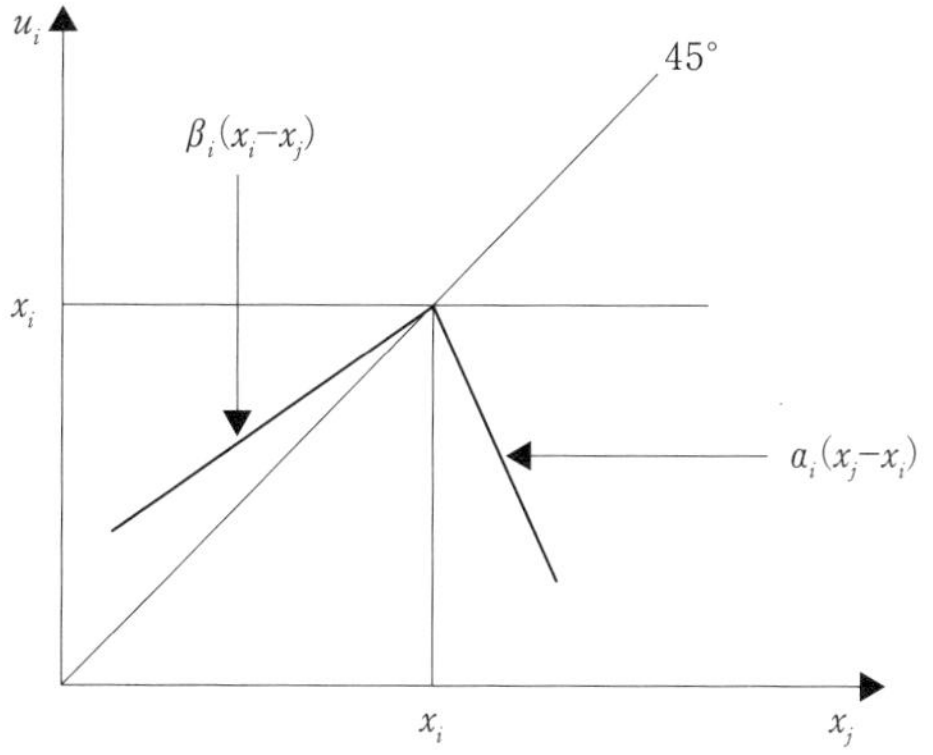

方が大きいと仮定されている。

また、$\beta_i \geqq 0$なので、自分が他人より多くの利得を稼いでいることから正の効用を感じる者はいないと仮定されている。実際には、自分が他人より多くの利得を稼いでいることから正の効用を感じる$\beta_i < 0$の効用関数をもつ被験者がいる可能性があるが、以下で考えるゲームではこうした被験者を想定しても均衡上で取られる行動に実質的な影響はない。一方、$\beta_i < 1$と仮定する意味は次のとおりである。いま自分の方が相手より利得が多いとする。仮に$\beta_i = 0.5$ならば、１ドル当たり0.5の不効用を得ていて、１ドルを相手に与えることで効用が１減る一方で0.5の不効用がなくなるので、１ドルを手元に残すことと相手に与えることは無差別になる。一方、$\beta_i = 1$ならば相手に１ドル与えることで、相手との利得の差がなくなるまで不効用が１ずつ減ることになるが、これは不自然である。それで$\beta_i < 1$と仮定するのである。

次に具体的なゲームについて、こうした不平等回避の効用関数のもとでの均衡を考えていこう。

①囚人のジレンマ・ゲーム

囚人のジレンマゲームのオリジナルの利得表は表6－2のとおりである。

コプロス他（Geanakoplos et al. 1989）の主観的ゲーム（Psychological Games）の理論に基づき、総和主義的ではない形で他者の効用を考慮に入れる理論となっている。(3)では素朴な利他性のモデルなどを取り上げる。従来の経済学・ゲーム理論が利己的動機をもった合理的主体を想定しているのに対して、本節で紹介するいずれのモデルも、主体は合理的だが利他的動機に基づいて行動する場合があることを前提としている。なお、こうした公平性や互恵性に関する理論と実験については、フェアとシュミット（Fehr & Schmidt 2000)、カメラー（Camerer 2003）が優れたサーベイ論文である。

(1) 帰結主義的フェアネス――不平等回避（Inequality Aversion）――

ここでは、フェアとシュミット（Fehr & Schmidt 1999）の不平等回避のモデルを説明する。n 人のプレイヤーの利得ベクトルを $x=(x_1,\dots, x_i,\dots, x_n)$ とするとき、プレイヤー i の効用関数は

$$u_i(x)=x_i-\alpha_i\cdot\frac{1}{n-1}\sum_{j\neq i}\max\{x_j-x_i, 0\}-\beta_i\cdot\frac{1}{n-1}\sum_{j\neq i}\max\{x_i-x_j, 0\}$$

となるものとする。なお、ここで、$\alpha_i\geqq\beta_i$ でかつ $0\leqq\beta_i<1$ であるとする。2人ゲームの場合には効用関数は

$$u_i(x)=x_i-\alpha_i\cdot\max\{x_j-x_i, 0\}-\beta_i\cdot\max\{x_i-x_j, 0\}$$

となる。また、もしすべてのプレイヤーが同じ利得を稼いでいるなら

$$u_i(x)=x_i$$

となり、効用関数は自分の利得のみに依存したものになる。つまり、この効用関数では、各プレイヤーはプレイヤー間で受け取る利得に違いがあれば不効用を感じることを表現しているわけである。

$\alpha_i\geqq\beta_i$ なので、自分が他人より多くの利得を稼いでいることから生じる不効用よりも、他人が自分より多くの利得を稼いでいることから生じる不効用の

こうした知性ゼロの取引者モデルで実現される市場の総余剰は90%を越えており、予算制約条件なしにランダムに取引させる場合の総余剰50%と比較して有意な差があるばかりか、売り手も買い手も人間の被験者の場合と大きな差がなかったのである。このように、ゴードとサンダー（1993）の研究は、たとえ経済主体は合理的に行動しなくても市場は効率的になりうることを示したのである。経済主体の合理性の程度が多少低くても、理論的に想定された性能を経済メカニズムが持ちうるかという問題は、現実の政策的決定や制度改革にとって重要な問題である。経済メカニズムの性能を経済主体の学習行動の観点によってとらえ、実験的に検討を行った研究にはチェンとプロット（Chen & Plott 1996)、チェンとタン（Chen & Tang 1998）などがある。

3　公平性と互恵性のゲーム理論

本節と次節では、囚人のジレンマ・ゲーム（公共財ゲームを単純化したものと考えることができる）や交渉ゲームにおいて観察されている、被験者行動のナッシュ均衡やサブゲーム完全均衡からの逸脱を説明するために近年発達しているさまざまな理論を紹介する。本節では公平性や互恵性といった社会的選好に基づく理論を紹介する。

アマルティア・センの用語法に従えば、行為のもたらす結果のみを用いて社会的状況を評価する立場を帰結主義（consequentialism）という。個人の効用によって社会的状況を評価する立場を厚生主義（welfarism）という。また、個人効用の総和をもって社会的状況を評価する立場を総和主義（sum-ranking）という。古典的功利主義は、これらの3つの立場をともに含んでいる。ここで紹介する公平性（fairness）と互恵性（reciprocity）の理論どれもが、基本的には厚生主義的なものである。また、(1)で紹介する不平等回避の理論は帰結主義的あり、かつ総和主義的である。(2)で紹介する意図に基づく互恵性の理論は、不平等回避の理論に見られる帰結主義を乗り越えることで、数々の実験事実をよりよく説明しようとする試みであるといえる。これらの理論はまた、ゲアナアンドレオーニ（Andreoni 1997）は、囚人のジレンマの有限繰り返しゲームの実験において、被験者に常にオウム返し戦略（Tit for Tat 戦略）をとり続けるプログラムと対戦させる可能性を与えることによって被験者の確信を変化させ、協力行動の形成にどのような影響が生じるかを調べている。囚人のジレンマの有限繰り返しゲームにおける評判形成の理論によれば、わずかでも相手プレイヤーの合理性に疑いがある場合（相手がオウム返し戦略をとる場合）には、ゲームの終盤近くまで互いに協調を維持することが逐次均衡になりうることが知られている（Kreps et al. 1985）。実験では、同じ相手と10回繰り返しゲームを行うパートナー条件、毎回対戦相手がランダムに変わるアウトサイダー条件、同じ相手と10回繰り返しゲームを行うが50％の確率でオウム返し戦略を用いるコンピュータと対戦するコンピュータ50条件、同じ相手と10回繰り返しゲームを行うが0.1％の確率でオウム返し戦略を用いるコンピュータと対戦するコンピュータ０条件の４つの条件が比較された。実験結果は、コンピュータ50条件、パートナー条件、コンピュータ０条件、アウトサイダー条件の順で協調の達成率が高く、評判形成理論の有効性が確かめられた。

⑦シミュレーション

実験で得られた観察結果だけでは、その結果が何に起因して成立しているのかを論じることが難しい場合がある。たとえば、市場メカニズムに関する数多くの実験結果は、総じて理論どおりの、総余剰を最大化するパレート最適な資源配分が実現することを示しているが、それが何に起因しているのかを同定するためには、被験者の行動や市場メカニズムの詳細に立ち入らなければならないであろう。

ゴードとサンダー（Gode & Sunder 1993）は、売り手・買い手をともにコンピュータ・プログラムにして市場実験を行った。売り手は費用以上の価格をランダムに、買い手は財の評価値以下の価格をランダムに値付けして取引を行う。こうして予算制約条件のみを考慮して、ランダムに行動する限定合理的プレイヤーを知性ゼロの取引者モデル（zero intelligence model）と呼ぶ。実際、被験者がそれぞれの終端ノード上にマウスを移動して利得を表示させた時刻や回数を100ミリ秒単位で記録して分析することにより、被験者がゲームツリー上をどのような経路で探索しているかを明らかにできる。これにより、サブゲーム完全均衡で予想されているような後ろ向きの帰納法が行われているか否かが検討された。情報探索の順序の分析によると、多くの場合、後ろ向き帰納法よりは、ゲームツリーの上側から前向き帰納法的な探索が行われていることが見いだされている。同様の手法により、戦略形ゲームにおける支配された戦略の逐次消去過程を調べた研究にはコスタ－ゴメスとクロフォード（Costa-Gomes & Crawford 2001）がある。

ネーゲル（Nagel 1995）、ダフィーとネーゲル（Duffy & Nagel 1997）、ホー他（Ho et al. 1998）は、プレイヤー i が選んだ数値 x_i の平均 $\bar{x}=(x_1+x_2+\ldots+x_n)/n$ にある倍数 p をかけた数 $w=p\bar{x}$ を目標値とし、その値にできるだけ近い値を選んだプレイヤーが勝利者となり利益 nw を得るようなゲーム（p－美人コンテストゲーム）の実験を行っている。このゲームは $p>1$ のときに、有限回の支配される戦略の逐次消去プロセスによりナッシュ均衡に到達する。また、$p<1$ のときには、無限回の支配される戦略の逐次消去プロセスによりナッシュ均衡に到達する。このようにナッシュ均衡に到達するためには、プレイヤーは互いに何段階も支配される戦略の逐次消去を行わねばならない。プレイヤーが逐次消去を行えば行うほど、平均値は $p>1$ のときにはより大きく、$p<1$ のときにはより小さくなる。したがって、平均値の大きさによりプレイヤーの逐次消去の回数が推定できる。実際には、逐次消去の過程は３、４段階行われるのが最も多く、そのためナッシュ均衡からの逸脱が見られることが明らかにされている。

⑥プログラムとの対戦

ある特定の行動を行うようにプログラムされたコンピュータと被験者を対戦させることにより、対戦相手についての被験者の確信を変化させたり、被験者に特定の行動パターンを学習させることができる。

能であるが、とくに事後的なアンケートやインタビューの場合、被験者が選択結果を自己正当化する後追い的説明を排除できないので、意思決定プロセスに関する信頼できる情報源となりえない場合がある。そこで被験者の意思決定プロセスを解明するいくつかの試みを以下で紹介しよう。

ゼルテン他（Selten et al. 1999）は、ゲームのプレイを何回か行ってゲームについて良く習熟した被験者たちに同じゲームをプレイするコンピュータ・プログラムを記述させ、そのプログラムどうしを対戦させる実験を行っている。この方法では、被験者にプログラムを記述させることで、どのような意思決定プロセスを行っているかが明示的になり、従来分析不可能であった、実際にはプレイされない均衡外の状況においてどのような意思決定を行う予定であったかが明らかにできる利点がある。このように、均衡外の行動も含めて生じうるすべての状況における戦略の選択を事前に記入させる実験法を戦略選択法（strategy method）という。なお、この論文では非対称クールノー複占モデルの20期間スーパーゲームの実験を行い、3回にわたるプログラミング・ラウンドを経過した後の最終的な戦略構造が示されている。ほとんどの戦略プログラムは、相手の戦略に関する予想を形成することがなく、また最適化行動を含んでもいない。そのかわりに、理想点と呼ばれる、ある公平性の規準に従った協力の目標点を定め、理想点からの逸脱に対しては報復的行動を取ることによって協力を達成しようと試みていることが示されている。なお、ブラントとチャーネス（Brandts & Charness 2000）、ブロージッヒ他（Brosig et al. 2003）は、実際に手番が来たときにのみ戦略を選択する従来の逐次選択法（sequential method）と戦略選択法とを比較する実験を行っている。

カメラー他（Camerer et al. 2002）は、認知心理学で用いられているMouselab（Payne et al. 1993）というソフトウェアを用いて被験者の意思決定プロセスの解明を試みている。実験では、はじめ被験者がプレイする展開形ゲームのツリー構造だけがソフトウェアの画面上に表示されており、各終端ノード上の利得は通常は隠されている。被験者が画面上で調べたい終端ノード上にマウスを移動したときにのみ、当該の終端ノード上の利得が表示される。こうして、

った分配すべきパイに対する所有権意識をもち、これが保有効果（endowment effect）を生み出すものと考えたこと、(2)実験中は提案者を売り手、応答者を買い手という中立的な言葉で呼び、実験内容に関する先入観をなるべく排除したこと、(3)二重盲検法を用いて、被験者間および被験者・実験者間の匿名性を保証したこと、以上の点にある。これらすべての実験計画はゲームの均衡に影響を与えるものではないが、こうした要素の有無が被験者の行動に有意な変化を与えることが実験で確認された。実際、最後通牒ゲームおよび独裁者ゲームの実験において、提案者になる権利を競争しないときに比べて、権利を競争した方が提案者の提案はより利己的なもの（サブゲーム完全均衡の予測に近いもの）であった。さらに驚くべきことは、通常の最後通牒ゲームの実験では、利己的な提案は高い確率で応答者に拒否される傾向にあるが、ホフマン他（1994）の実験では権利の競争をした場合としない場合との間で、提案者の利己的な提案に対する応答者の拒否率は有意に異ならなかったのである。つまり、権利の競争をした場合には、提案者だけではなく応答者も提案者がより多い分け前を取る権利（所有権）があることを当然と考え、利己的な提案を拒否する割合が低下したのである。独裁者ゲームの場合もほぼ同様の結果が得られた。これらの実験結果から、これまでの最後通牒ゲームおよび独裁者ゲームで観察された利他的な行動の大部分は、人々がそれぞれもっている公平性についての選好によるものではなく、他人との関係において互恵的に行動した結果生まれたものである可能性が示されたのである。一方、フローリッヒ他（Frohlich et al. 2001）は二重盲検法をもちいることで、被験者は本来のゲームとはまったく違うゲームと認識して行動する可能性があることを指摘している。

⑤意思決定プロセスの解明

経済学実験により得られたデータは、一般に被験者の意思決定から生ずる結果のみを表している。したがって、どのような意思決定プロセスに基づいてその結果が導かれたかが明らかではない。もちろん、アンケートや実験後のインタビューなどによって、意思決定プロセスに関する情報の一部を得ることも可されたのである。

④二重盲検法（Double Blind Method）

医学実験において、何らかの治療効果があることを信じ込ませることによって、実は何の治療効果もない偽薬を投与することが治療効果（プラシーボ効果）を生じることがある。また、単純な計算ができる「賢い馬ハンス」は、調教師の示すわずかの反応の違いから、どのような反応を行えば「正解」できるかを理解していた。このように、実験者が被験者の行動に与えうる影響力は、実験者が自覚するものと自覚しないものに分かれる。とくに、「賢い馬ハンス」の例のように、実験者が無自覚に実験で期待される行動を被験者に伝えてしまう実験者効果を避けるために取られる実験計画が二重盲検法である。二重盲検法では、被験者には行動に影響を与えうる実験条件の意味について知らされないのは当然のこととして、実験を実施する実験者さえも実験条件の被験者への割り当て方や、実験条件によって期待しうる行動を知らない条件で実験が実施される。言い換えれば、実験には研究者・実験者・被験者の３種類の人々が参加しており、すべての実験条件の割り当ておよびその期待される効果について知っているのは研究者のみであり、研究者は実験室に現れず被験者とも直接には対面しない。実験条件の割り当ておよびその期待される効果について知らない実験者が実験を手順どおりに実施し、同じく実験条件の割り当ておよびその期待される効果について知らない被験者が実験に参加する。これが二重盲検法の基本的な考えである。

最後通牒ゲームおよび独裁者ゲームの実験で観察されている人々の利他的行動が、個人がそれぞれもっている公平性についての選好に基づくものなのか、人々の間の互恵的行動によるものであるかについて実験的に検討したホフマン他（Hoffman et al. 1994）は、過去の最後通牒ゲームと独裁者ゲームの実験において、被験者に公平な分配を選ばせたと考えられるあらゆる要因を取り除くために、二重盲検法に従う実験計画を行った。彼らの実験計画の主な特徴は、⑴提案者になる権利を競争で獲得させる。権利を手に入れた被験者は、受け取従来研究に比べて、応答者が提案を拒否する割合が減少し、これにともなって提案者の提案もサブゲーム完全均衡に近づくという違いが見いだされている。

一方、ケイゲル他（Kagel et al. 1995）では、オペラント心理学や実験行動分析で行われているように、ヒト以外の被験体（ラット）を利用することで報酬の優越性を高めている。ヒト以外の被験体の利用は、言語による教示を与えることができず、また被験体の意思決定が2本のレバー間の選択（あるいは、迷路における2つのゴールの選択）などきわめて限られた手段でしか行えないという制約があるものの、経済学の基礎法則を高い経済的インセンティヴのもとで検証できるため、心理学ではこれまでも数々の実験が実施されてきており、行動経済学（Behavioral Economics）という確立した分野を形成している（Mazur 1994）。実験においては、被験体は、実験期間中は必要生活水準より低い栄養水準の状態で訓練され、さらに閉鎖経済（closed economy）という設定では、実験課題において獲得した餌しか与えられない。こうした実験環境では、報酬の優越性が十分満たされていることは明らかであろう。ケイゲル他（1995）が、こうした実験環境のもとで行った2つの実験について説明しよう。1つ目の実験では、期待値は等しいが分散が異なるくじ間の選択において、従来人間の被験者で観察されたような危険回避性や確率的推移性を満たす選択が見いだされるか否かが検討され、このどちらも実験的に確証された。もう1つの実験は、アレ・パラドックスとして知られる、期待効用理論における独立性公理からの逸脱を検討するものである。こうした期待効用理論からの逸脱に関しては、従来認知心理学で行われてきた実験が、報酬をまったく支払わないか、支払うとしても非常にわずかな額であったので報酬の優越性が満たされていないこと、および1回限りの選択課題が同時に多数課されているために、被験者が課題に習熟する機会がなかったことが批判されてきた。この実験ではヒト以外の被験体をもちいることで報酬の優越性を実現し、かつ同じ選択課題を繰り返し与えたので十分に課題に習熟する機会を与えていた。実験結果によれば、従来研究になされていた批判点を克服しても、なお期待効用理論からの逸脱が確証されたのである。すなわち、従来の実験研究と同様な独立性公理からの逸脱が観察これまでシェールとバブ（Scherr & Babb 1974）やタイドマン（Tideman 1982）による研究では支配戦略からの大きな乖離が報告されていた。そこで被験者の行動と利得との関係に関する情報量を操作することで、均衡行動の発生頻度に有意な差が生じるかどうかが検討された．具体的には、①ピボタル・メカニズムのルールのみを説明され、10回の繰り返しの間同じ評価値を割り当てられるグループ、②ピボタル・メカニズムのルールのみを説明され、10回の繰り返しの間異なる評価値を割り当てられるグループ、③ピボタル・メカニズムのルールを説明されたうえで詳細な利得表を与えられ、10回の繰り返しの間同じ評価値を割り当てられるグループの間の比較が行われ、とくに③のグループにおいて支配戦略のプレイ頻度が増加し、他の条件との間に有意な差が生じることがわかった。

③報酬の優越性の実現

価値誘発理論の要請のうち、優越性を満たすような実験報酬を与えることにはつねに困難が付きまとう。なぜなら、実験予算が限られているために、被験者の効用関数から意思決定に影響しうる他の要因の効果を相殺するに十分な額の実験報酬を与えることが難しいからである。

この優越性を実現する困難を解決するには次のような２つの方法がある。

まず、物価水準や貨幣価値の低い国で実験を行うという方法である。たとえば先進国では２時間分の報酬でも、途上国では数日分の報酬に相当するなら、限られた実験予算であっても、途上国で実験を実施することによって報酬の優越性を高めることができる。スローニムとロス（Slonim & Roth 1998）では、サブゲーム完全均衡の予測からの乖離が非常によく見られる最後通牒ゲーム(ultimatum game)の実験をスロバキア共和国で実施した。実験では、一度の交渉で分配される交渉のパイが、スロバキア共和国においてはそれぞれ約2.5、12.5、62.5時間分の賃金に相当する額とされた。この最初の額がアメリカ合衆国における１時間分の報酬に相当する。こうした額での交渉を10回繰り返し実施したので、報酬の優越性を十分に実現したといってよいだろう。この結果、てさらなる検討が加えられている。また、ウォーカーとウッダース（Walker & Wooders 2001）はウィンブルドンのプロ・テニスプレイヤーのデータからミニマックス解の実証を行っている。サッカーのPK戦のデータを使った研究にはパラチオス－ウエルタ（Palacios-Huerta 2003）がある。

②詳細な利得表の利用

価値誘発理論の要請のうち感応性を実現するにあたっては、被験者に実験中の利得に比例した報酬を支払うことのみならず、実験中に獲得される利得と報酬との関係を被験者に十分理解させる必要がある。そのためには、実験中に獲得される利得と被験者に支払われる報酬との関係を明示的に実験説明書に記述することが必要である。しかし、実験で採用される経済メカニズムやゲームが複雑になればなるほど、実験中に獲得する利得と支払われる報酬との関係を被験者が理解することは困難になる。そもそも、複雑なゲームでは、被験者は自分の行動と利得の関係でさえ十分に理解できないかもしれない。

この問題については、実験で使用されるゲームにおける利得関数の形状だけでなく、あらゆる戦略の組合せに対してすべての被験者の利得を具体的・明示的に示した詳細な利得表を提示することにより解決できる。詳細な利得表をもちいて周到に準備された実験をはじめて行ったケイソン他（Cason et al. 2002）は、公共財供給ゲームにおける人々の協調行動のあり方に関する国際間比較を日本とアメリカとで行っている。この実験では、日本人の被験者は自分の利得を最大にするような公共財の投資額を選ぶ代わりに、自分の利得を多少犠牲にすることによって相手の利得を大幅に減少させるような投資額を選ぶスパイト的（いじわる）行動を行う傾向があった。このような負の互恵的行動は経済的効率性を損なうものと通常は考えられているが、この実験では逆により社会的に効率的な結果をもたらす要因になりうることが示されている。

川越と森（Kawagoe & Mori 2001）は、公共財に対する真の評価を支配戦略で表明させるインセンティヴ両立的メカニズムの１つであるピボタル・メカニズムの実験に詳細な利得表を利用している。ピボタル・メカニズムについては、験者に支払って行われる。しかし、被験者は同じ金額に対して異なる効用を享受することがある。ゲーム理論においては、ゲームで得た利得はそのままプレイヤーの効用水準を表していると仮定される。しかし、たとえば100円の報酬の増加が、ある被験者にとってはほとんど無に等しく、別の被験者にとっては十分な額であることがありうる。したがって、実験において観察された行動が、ある均衡概念に基づいてなされた予測と一致しない場合、均衡概念の妥当性が問題なのか、被験者の効用関数が実験者の実現しようと望んでいたものと異なっていたのか、判断が下せないことになる。このように、理論のテストを行うためには、被験者の効用関数を統制しなければならないのである。

オニール（O'Neil 1987）では、ゲームの結果がただ２つのみ（勝ちと負け）であるゲームを用いることで、選好統制上の問題を回避している。ゲームにただ２つの結果しかない場合、被験者の効用関数がどのようなものであろうとも、それが利得に関して単調増加関数であるかぎり、高い利得のほうが低い利得より好ましいことは変わらない。こうした設定のもとでは、これまでに述べたような効用関数の統制そのものが不要になる利点がある。オニールは２人ゼロ和ゲームに関する実験を行い、ミニマックス解の妥当性に関して検討を行っている。ちなみに実験結果は、個々の被験者の行動は多様でミニマックス解と必ずしも一致しないが、すべての被験者の集計情報をみるかぎり、戦略の選択比率はミニマックス解に収束していくというものである。ミニマックス解の妥当性に関して多くの実験研究が存在するが、それらの結果は採用されるゲームの利得構造に依存するものであるという批判がなされてきた。たとえばオックス（Ochs 1995）やマッケルビー他（McKelvey et al. 2000）は、ミニマックス解（ナッシュ均衡）が利得の正１次変換に関して不変であるという理論的予測の検証を行い、被験者の行動が利得の正１次変換によって変化することを見いだしている。オニールはこうした批判を考慮して、効用関数の形状に依存しない実験計画を生み出したのである。オニールの実験は、その後ブラウンとローゼンタール（Brown & Rosenthal 1990）、ラポポートとベーベル（Rapoport & Boebel 1992）、ニャルコと ショッター（Nyarko & Schotter 2002）などによっ

$$\delta_{ij} = \begin{cases} 1 & i=j \\ 0 & i \neq j \end{cases}$$

なお、報酬は $S_i(r)=2r_i-\sum_j r_j^2$ と書き換えることができる。ここで、真の主観確率ベクトルが $p=(p_1, p_2,..., p_m)$ である被験者が $r=(r_1, r_2,..., r_m)$ を表明した場合の期待効用を

$$V(r|p)=\sum_i p_i S_i(r)=\sum_i p_i^2-\sum_i (p_i-r_i)^2$$

とする。また、真の主観確率ベクトル p を表明したときと、それ以外の確率ベクトル r を表明したときの被験者の効用の差を

$$L(r|p)=V(p|p)-V(r|p)$$

とし、これを期待損失関数と呼ぼう。ここで、スコアリング・ルールがインセンティヴ両立的であるとは、期待損失関数 $L(r|p)$ がつねに正であることである。すなわち、真の主観確率を表明することがつねに最適であることである。実際、

$$L(r|p)=\sum_i (p_i-r_i)^2$$

なので、期待損失関数はつねに正であり、インセンティヴ両立性を満たす。また、すべての i について $r_i=p_i$ となるとき、期待損失関数は最小になるから、真の主観確率を表明することが最適であることがわかる。なお、ゼルテン（Selten 1998）はプロパー・スコアリング・ルールの公理化を行っている。

(4)　その他の実験計画上の工夫

①効用関数の形状に依存しない実験計画

通常、ゲーム理論の実験においては、ゲームの利得に比例する金銭報酬を被

それより高い値 $X>CE$ を述べる戦略を支配していることになる。同様の議論により、真の確実性等価 CE を述べるという戦略がそれより低い値 $X<CE$ を述べる戦略を支配していることがわかる。したがって、BDM メカニズムのもとでは真の確実性等価 CE を述べることが支配戦略になっている。

BDM メカニズムの性能を検証したアーウィン他（Irwin et al. 1998）による実験研究では、買い手の価格の分布が一様分布の場合と正規分布の場合、および買い手の価格の分布に関する情報が既知か無知かに分けて実験が行われた。理論的には、買い手の価格の分布の形状やその情報が既知か無知かは、BDM メカニズムにおいて真の確実性等価 CE を述べることが支配戦略になることに影響を与えないはずである。

ところが、実験結果では、買い手の価格の分布が正規分布のように尖った分布の場合には、分布に関する情報が既知であろうと無知であろうと真の確実性等価を誘発できるが、買い手の分布が一様分布の場合には分布に関する情報が無知のときには真の確実性等価を誘発することに失敗しやすいことがわかったのである。

③主観確率の誘導：プロパー・スコアリング・ルール

不確実な事象に対する被験者の真の主観的確率を知るためのインセンティヴ両立的メカニズムとして、プロパー・スコアリング・ルールが知られている。

いま有限の m 個の事象（$i=1, 2,..., m$）に対して、被験者が主観確率ベクトル $p=(p_1, p_2,..., p_m)$ をもっているとする。実験者は被験者の抱いている真の主観確率を知りたいと思っているが、適切に動機づけられない限り、被験者が正直に主観確率を表明するかどうかわからない。ここで、被験者が表明する主観確率を $r=(r_1, r_2,..., r_m)$ とする。プロパー・スコアリング・ルールでは、次のようなルールで被験者に報酬を与えることで、真の主観確率を被験者から引き出す。

事象 i が生じたときに与える報酬を $S_i(r)=1-\sum_j(\delta_{ij}-r_j)^2$ とする。ただし、ここで δ_{ij} はクロネッカーのデルタで、次のように定義される。

表6-1　$X>CE$ の場合の利得表

	(1) $Z<CE$	(2) $CE<Z<X$	(3) $X<Z$
CE	p	$u(Z)$	$u(Z)$
$X>CE$	p	p	$u(Z)$

くじは販売できて被験者に Z の利益が入り、$Z<X$ ならばくじは販売できず被験者はくじ L を実際に引くことになり、その結果に従ってくじの賞金を受け取ることになる。

次に、このBDMメカニズムがインセンティヴ両立的であること、すなわち、真の確実性等価 CE を販売価格 X とすることが支配戦略になることを説明しよう。まず、被験者は真の確実性等価 CE を述べるか、それより高い値 $X>CE$ を述べるか、いずれの選択をすべきか考慮しているとしよう。このとき、くじ L に対する購入価格 Z の実現値は、(1) $Z<CE$、(2) $CE<Z<X$、(3) $X<Z$ の3通りが考えられる。そこで、それぞれの場合の利得を表にしたのが表6-1である。

まず、(1) $Z<CE$ の場合、真の確実性等価 CE を述べようと、それより高い値 $X>CE$ を述べようと、くじは販売できず、被験者はくじ L を実際に引くことになる。そのときの期待効用はともに $pu(1)=p$ である。次に、(2) $CE<Z<X$ の場合、真の確実性等価 CE を述べればくじは販売できて Z の利益が得られるが、それより高い値 $X>CE$ を述べるとくじは販売できない。前者では $u(Z)$ の効用が得られるが後者では $pu(1)=p$ である。ここで、確実性等価の定義から $u(CE)=p$ であり、効用関数は単調増加関数なので、$Z>CE$ ならば $u(Z)>u(CE)$ であることから、$u(Z)>p$ となる。よって、真の確実性等価 CE を述べた方が効用は高くなる。最後に、(3) $X<Z$ の場合、真の確実性等価 CE を述べようと、それより高い値 $X>CE$ を述べようと、くじは販売できて、いずれの場合も $u(Z)$ の効用を得ることになる。これら3つの場合を総合すると、真の確実性等価 CE を述べた方がそれより高い値 $X>CE$ を述べた場合よりも好ましいことがわかる。すなわち、真の確実性等価 CE を述べるという戦略が

図 6－1

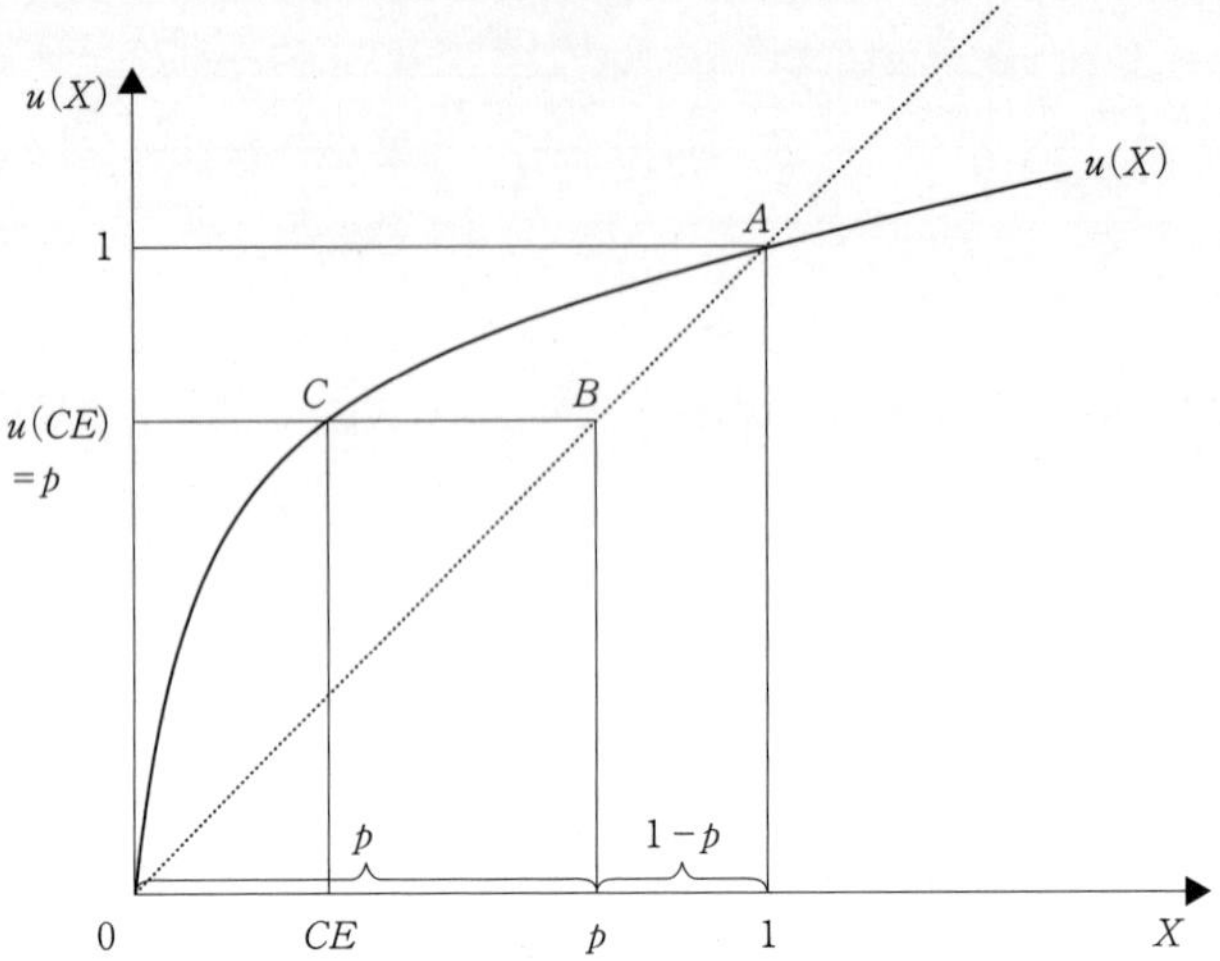

態度が危険回避的である被験者とは、リスク・プレミアムが正であるような被験者、リスクを避けるためならば進んでお金を支払う意志のある被験者のことを意味する。

逆に、リスク・プレミアムが負であるような被験者、すなわち利益 CE を確実に得るよりはリスクのあるくじ L に進んでお金を支払う意志のある被験者は、危険愛好的な効用関数をもっていることになる。よって、危険愛好的な効用関数は下に凸な形状をしていることになる。

そこで、被験者に対してくじ L に対する確実性等価 CE をたずね、それがくじの単純な期待値より小さければ危険回避的、同じであれば危険中立的、大きければ危険愛好的な効用関数をもっていることがわかる。では、どのようにして被験者の確実性等価を知ればよいのだろうか。

BDM メカニズムというインセンティヴ両立的メカニズムによって、被験者の確実性等価を知ることができる。先ほどのくじ L を例にとって説明しよう。BDM メカニズムでは、まず被験者にくじ L の販売価格 X を聞く。次に、実験者がそのくじに対する購入価格 Z をランダムに決める。もし $Z \geqq X$ ならば

② 確実性等価の誘導：BDM（Becker-DeGroot-Marschak）メカニズム

効用関数と危険に対する態度の関係を知る重要な概念に確実性等価（CE: certainty equivalent）およびリスク・プレミアムがある。ベッカー他（Becker et al. 1964）は、被験者から真の確実性等価を引き出すインセンティヴ両立的メカニズムを設計した。

いま確率pで賞金Xが得られ、確率$1-p$で賞金Yが得られるくじLがあるとする。被験者の効用関数をuとすると、このくじに対する被験者の期待効用は$pu(X)+(1-p)u(Y)$となる。このとき、ある確実な利益CEをもたらすくじL'があって、$u(CE)=pu(X)+(1-p)u(Y)$となるとき、CEを確実性等価という。つまり、リスクのあるくじLと同じ満足をもたらしてくれるリスクのないくじL'のもとでの確実な賞金額が確実性等価なのである。次に、この確実性等価からどのようにしてリスクに対する態度を測定するかを説明する。これ以降の議論では一般性を失うことなく、$X=1$, $Y=0$, $u(0)=0$および$u(1)=1$と仮定する。

図6-1では危険回避的な効用関数が太線で、危険中立的な効用関数が点線で描かれている。ここで、点Bは線分OAをp対$1-p$に内分する点、点Oの座標が（0, 0）でYの賞金額と効用の組、点Aの座標が（1, 1）でXの賞金額と効用の組をそれぞれ表しているので、点Bの座標は$(p, pu(X)+(1-p)u(Y)$ $=(p, p)$を表していることになる。言い換えれば、点Bのタテ座標はくじLの期待効用の値になっている。点Cは点Bからヨコ軸に水平に引いた線分と危険回避的な効用関数との交点である。したがって、点Cは危険回避的な効用関数上でくじLの期待効用とちょうど等しい効用を与える点を意味している。よって、点Cのヨコ座標が確実性等価CEということになる。

ここで、線分BCの長さ（すなわち、くじLの算術的期待値pから確実性等価CEを引いた額$p-CE$）に相当する値をリスク・プレミアムという。この値は、もし被験者がリスクのあるくじLをあきらめて利得CEを確実に得るためならば進んで払おうとする金額を意味する。すなわち、リスクに対する

能な２つの賞金額、$u(\cdot)$ を２つの賞金額に対する被験者の単調増加な効用関数、さらに、$p(x_k|q)$ は被験者が利得 q を得たときに賞金 x_k $(k=1, 2)$ を得る確率で、$p(x_1|q)+p(x_2|q)=1$ とする。

ここで、実験者が高い賞金が当たる確率 $p(x_1|q)$ をある関数 $g(q)$ の正１次変換となるように設定すれば、被験者はあたかも選好が $g(q)$ であるかのように行動することが次のように示される。実際、このとき期待効用を最大化する被験者が解くべき問題は、

$$\max_a \int_Q f(q|a)\,[p(x_1|q)u(x_1)+p(x_2|q)u(x_2)]\,dq$$

である。効用関数は正１次変換に関して一意に決まるから、$u(x_1)=1$, $u(x_2)=0$ としても一般性を失わない。したがって、被験者の問題は、

$$\max_a \int_Q f(q|a)p(x_1|q)\,dq$$

となる。さらに、$p(x_1|q)$ が $g(q)$ の増加線形関数として構成されているので、被験者の問題は、

$$\max_a \int_Q f(q|a)g(q)\,dq$$

と同等な問題となる。すなわち、被験者はあたかも効用関数 $g(q)$ を持っているかのように行動することになるはずである。ここで、$g(q)$ を q に関する線形・凸・凹関数とすれば、被験者はあたかもそれぞれ危険中立的・危険愛好的・危険回避的な選好をもっているかのように行動するはずである。このようにして、被験者の危険に対する態度を実験的に統制可能なのである。ただし、この手法によって危険中立的選好を誘発しようとしたいくつかの実験研究では、通常のくじを使わない報酬に比べて、危険中立的選好を誘発するのに失敗しやすいことが指摘されている（Selten et al. 1999 ; Cox and Oaxaca 1995）。

(3)　選好統制の諸手法

オークションや期待効用理論にかかわる実験を行うにあたっては、被験者の危険に対する態度を統制する必要に迫られる。なぜなら、これらの理論では、危険に対する態度の相違が異なる行動を生み出しうるので、危険に対する態度を計測するか実験的に統制しないと、実験結果を正しく解釈できないからである。以下では、まずくじによる報酬を支払うことで危険に対する態度を統制するバーグら（Berg et al. 1986）の手法を説明する。また、確実性等価（あるいはリスク・プレミアム）を知ることで被験者の危険に対する態度を知ることができるので、次に、被験者から真の確実性等価を引き出すインセンティヴ両立的メカニズムであるBDM（Becker-DeGroot-Marshak）メカニズムを説明する。最後に、不確実な事象に対する被験者の真の主観的確率を引き出すインセンティヴ両立的メカニズムであるプロパー・スコアリング・ルールを説明する。

①くじによる危険に対する態度の統制

実験環境において被験者に不確実性のある選択を行わせる場合には、実験者は被験者の危険に対する態度を統制する必要に迫られることがある。バーグ他（1986）は、ロスとマローフ（1979）が危険中立性を誘発するさいに用いたくじによる危険に対する態度の統制法を一般化し、どんな危険に対する態度をも誘発できる手法を開発した。この手法の要点は、被験者に利得に応じて直接報酬を支払うのではなく、2つの賞金のうちどちらかが当たるくじについて、高い賞金が当たる確率が利得に比例するようにすることである。このとき、利得の増加に対して高い賞金が当たる確率の増加率を実験者が実験的に統制することにより、実験者の望む任意の危険に対する態度を被験者に誘発することができるのである。このことを以下で説明しよう。

ここでまず、Aを行動の集合、aをその元である行動、Qを利得の集合、qをその元である利得とする。また、$f(q|a)$を行動aを取ったとき利得qを受け取る確率を表す確率密度関数、x_1, x_2（$x_1>x_2$）を被験者が受け取ることが可

者には観察不能なものであるとする。また、Δz は実験中に被験者が考慮に入れる金銭以外の要因とする。ここで、価値誘発理論の要請①から③が満たされれば、実験者が誘発したい効用関数 $u(x, y)$ の限界代替率と、被験者の真の効用関数 $w(x, y)$ の限界代替率とが一致することが、次のように示される。

$$\frac{w_x}{w_y} = \frac{v_1 u_x + v_2 \Delta z_x}{v_1 u_y + v_2 \Delta z_y} = \frac{v_1 u_x}{v_1 u_y} = \frac{u_x}{u_y}$$

ただし、添字付きの関数はその添字の変数（関数 v については第１および第２引数）について偏微分したことを意味する。はじめの等式は合成関数の微分公式から得られ、次の等式は完全な優越性から得られる。なぜなら、優越性の要請が完全に満たされているなら $v_2 = 0$ となるからである。最後の等式は単調性の要請 $v_1 > 0$ から得られる。

このように、価値誘発理論の要請①から③が満たされるように報酬を支払うことによって、被験者はあたかも実験者が望む効用関数 $u(x, y)$ をもって行動を選択するとみなすことが可能になる。

要請④は、他の被験者の利得にかかわる情報を秘匿することで、被験者が他の被験者の効用を考慮して行動することを防ぐために必要である。すなわち、実験者が望まない限り、被験者はあくまで、経済理論において要請されるように、自己の利得のみに基づいて行動することを保障するのである。要請⑤は、実験結果を現実の経済に一般化して適用できることを要請している。被験者は実際に金銭報酬を得て、現実の経済と同じ条件のもとで行動を選択していることを保障するためには、そこで働くインセンティヴ構造は現実の経済と類似していなければならない。そして、類似した経済環境のもとで選択を行う限り、他の条件が変わらないならば両者の間に類似した行動が見いだされることが予想される。

こうした価値誘発理論の要請を満たすことで、実験者が望むような選好統制を実現できるのであり、また実験結果を経済理論の検証や現実の経済における予測に用いることが保障されるのである。

(2)　価値誘発理論（Induced Value Theory）

ヴァーノン・スミス（1982）は、被験者に対する選好統制を実現するための十分条件として、次の５つの要請をあげた。

①非飽和性（non-satiation）：被験者は与えられる報酬が高ければ高いほど高い効用を得なければならない。つまり、被験者の実験報酬に対する効用関数は単調増加関数でなければならない。
②感応性（saliency）：実験での結果が望ましいものであるほど被験者は高い報酬を受け取らなければならない。つまり、実験報酬は実験で得た利得に比例したものでなければならない。また、被験者は利得と報酬との関係について十分理解していなければならない。
③優越性（dominance）：被験者の選択は実験報酬以外の要因に左右されてはならない。
④情報の秘匿（privacy）：被験者が利得に関して得る情報は他の被験者に知られてはいけない。
⑤類似性（parallelism）：被験者の行動や実験において検討される経済制度に関する実験結果は、他の条件が等しい限り、現実の経済にも適用可能でなければならない。

要請①から③までを実現することにより、実験者は被験者の選好統制が可能であることは次のようにして示される。まず、実験者は２つの財 x, y（たとえば、私的財と公共財）に関するある効用関数 $u(x, y)$ を被験者に誘発しようとしているものとしよう。実験においては、x と y の値に応じて被験者に報酬 $u(x, y)$ を支払い、被験者にも報酬がこのようにして決定され支払われることを明示的に説明する（感応性）。しかし、被験者の真の効用関数は $w(x, y)=v(m+u(x, y), z+\Delta z)$ であるとする。ここで、m は実験前に被験者が所持している所得、z は実験前に被験者の行動を左右している金銭以外の要因であり、ともに実験

くれた被験者の多くが実験者の望んでいる危険中立的な選好をもっていない場合には、実験に必要な人数を確保できないことである。もう1つの問題点は、数々の心理実験で明らかにされているように、同じ被験者がある課題では危険回避的であるが、別の課題では危険愛好的になるなど、被験者の選好が課題に応じて変化することがあげられる（Payne et al. 1993）。したがって、ある課題に対する心理テストによって選び出された被験者が、実験の課題においては実験者の望まない選好を示すかもしれないのである。被験者の選好の特定化については、従来から顕示選好理論（revealed preference theory）と表明選好理論（stated preference theory）が知られている。顕示選好理論では、たとえば与えられた消費者の選択行動の結果から、顕示選好の公理系に合致する選好関係を推定する（Samuelson 1947）。これに対し表明選好理論では、被験者に各選択肢に対する価値評価を質問紙などを通じて表明させる（Louviere et al. 2000）。いずれの方法も上記の方法と同様の問題をはらんでいる。

もう1つ別の方法は、被験者がどのような選好をもっていようとかかわりなく、実験者の望む選好を被験者がもつように何らかの手段で被験者の選好を実験的に統制することである。たとえ被験者が危険回避的な選好をもっていようとも、被験者の選好が実験者の望む危険中立的な選好になるように導く、適切な選好統制手段を実験者が採用するのである。いわば、統制選好理論（controlled preference theory）と呼ぶべきものである。ヴァーノン・スミス（1976, 1982）は、こうした選好統制の手法を価値誘発理論（induced value theory）として定式化した。これは、はじめリスクのない決定論的状況に対してのみ考えられていたが、その後、ロスとマローフ（Roth & Malouf 1982）の手法にヒントを得て、バーグ他（Berg et al. 1986）によって危険に対する態度の統制手段に一般化された。以下では、こうした選好統制手法について説明していく。なお、実験手法全体に関する教科書としては、フリードマンとサンダー（1994）、デイビスとホルト（Davis & Holt 1992）があるので参照して欲しい。

実験経済学の歴史についてさらに知りたい場合は、ケイゲルとロス（1995）の第1章およびフリードマンとサンダー（Friedman & Sunder 1994）の第9章にいくつかの重要な文献が紹介されているので参照して欲しい。

2　実験経済学の原理と方法

(1)　はじめに

実験経済学と心理学の実験との違いはどこにあるのだろうか。何が実験経済学を独自なものにしているのだろうか。実験経済学では被験者に実験中に稼いだ利得に比例した金銭報酬を支払うが、心理学では報酬が支払われないか、実験中での選択にかかわりなく一定の報酬が支払われるという点が違う、というのがその1つの解答であろう。では、なぜ実験経済学では利得に比例した報酬を支払うのだろうか。現実の経済環境で作用している金銭的動機づけを与えるためである、というのがその1つの解答であろう。しかし、実験経済学の方法論を基礎づけたヴァーノン・スミスによれば、実験経済学を独自なものとしているのは、利得に比例した金銭報酬を支払うことで被験者の選好を統制する点である。被験者の選好を実験的に統制する手法を編み出したこと、これが他の実験科学と区別される実験経済学の手法の独自性なのである。

実験に参加する被験者は、必ずしも実験者が実現しようと考えている経済環境で要請されるような選好を持っていないかもしれない。たとえば、実験者が危険中立的な選好をもった経済主体からなる経済環境を実現したいと考えていたとしても、実際に実験に参加する被験者は危険回避的な選好を持っているかもしれない。このままでは、はじめから理論の前提と異なる被験者が参加しているので、経済学的には無意味な実験になりかねない。

こうした問題に対処するには2つの方法がありうる。1つの方法は、何らかの心理テストによって被験者の危険に対する態度を測定し、危険中立的な被験者のみを採用することである。ただ、この方法の問題点は、実験参加に応じてプレイさせている。1つの条件ではそもそも被験者に相手とゲームをしていることを知らせない条件で行い、別の条件では相手とゲームをプレイしていることは伝えるが利得表は知らせない条件で行い、最後に相手とゲームをプレイしていることを伝えるとともに利得表も知らせる条件で実験を行っている。実験結果は、ミニマックス解からの乖離が見られて、ゲーム理論の予測よりも、強化学習理論の説明力の方が高いことが示されている。スッピスとアトキンソン（1960）の研究はその後、実験経済学においてはイレヴとロス（Erev & Roth 1998）、カメラーとホー（Camerer & Ho 1999）の学習理論などに影響を与え、強化学習理論の研究は現在もさかんに行われている。

産業組織論の分野における開拓的業績は、チェンバリン（Chamberlin 1948）による市場実験である。チェンバリン（1948）は、買い手・売り手とも分割不能な1財を取引するものとして、買い手の財に対する評価値および売り手の財の生産コストを実験者が定めた需要・供給曲線に従ってそれぞれに割り当てた。買い手・売り手がそれぞれ相対取引を行った結果、チェンバリンの予想したように、ワルラス的競り人が不在で価格が再契約されない環境では、取引価格も取引数量も市場均衡から乖離することとなった。これに対し、当時チェンバリンのもとで大学院生として学んでいたヴァーノン・スミスは、その後チェンバリンの実験を改良して、買い手・売り手の希望価格を共有情報にするダブル・オークション市場を開発し実験を行った結果、チェンバリン（1948）とは逆に実験室内の取引は市場均衡に収束することを見いだした（Smith 1962）。なぜダブル・オークション市場が実験室において高い市場効率性を実現できるのかという点に関しては、サタースウェイトとウィリアムズ（Satterthwaite & Williams 2002）やゴードとサンダー（Gode & Sunder 1993）による研究などによって解明が進められている。ジーゲルとフォーレイカー（Siegel & Fouraker 1960）は、双方独占や複占に関する一連の実験を行っている。ジーゲルとフォーレイカー（1960）では、実験中の利得に比例した報酬を支払っており、これがその後の実験経済学の基本的な方法論（Vernon Smith 1976, 1982の価値誘発理論）の基礎を作ったと言われている。

選択実験の分野における実験研究の成果は、カーネマンとトベルスキー（2000）、ギロヴィッチ他（Gilovich et al. 2002）それぞれの論文集によくまとめられている。

ゲーム理論実験における開拓的な業績は、ドレッシャーとフラッドが1950年にランド研究所で行った囚人のジレンマ・ゲームに関する実験である（Flood 1958；Poundstone 1992）。彼らは囚人のジレンマ・ゲームを100回繰り返す実験を行い、ナッシュ均衡の予測と異なり互いに協力する割合が高いことを見いだした。この研究はその後、膨大な数の囚人のジレンマ・繰り返しゲームに関する理論・実験研究を生み出すきっかけとなった。初期のゲーム理論実験については、ラポポートとオーウァント（Rapoport & Orwant 1962）にサーベイされている。カリッシュ他（Kalisch et al. 1954）は、n 人協力ゲームに関する先駆的研究を行っている。協力ゲームに関する実験はそれほど盛んではないが、A. ラポポートが引き続き協力ゲームの実験を行っている（Kahan & Rapoport 1984；Rapoport 1990）。シェリング（Schelling 1957）は協調問題と焦点（focal point）にかかわる実験を行っている。１つは、２人が同時に０ドルから100ドルまでの額を１つ選び、２人の選んだ額の合計が100ドル以下ならば選んだ通りの額が配分されるが、100ドルを超えると２人とも何ももらえないという実験である。この実験では互いに50ドルずつ選ぶことが多く、それが焦点であったと考えられる。シェリング（1957）の行ったもう１つの実験では、A、B、C の３人のプレイヤーが同時に文字 A、B、C についての全部で６通りの並べ方のうち１つを選ぶ（たとえば、ABC、BCA、CAB など）。３人の選んだ並べ方がすべて一致すれば（仮に ABC とすると）、その一致した並べ方の最初の文字（A）に対応するプレイヤー（A）に３ドル、次の文字（B）に対応するプレイヤー（B）に２ドル、最後の文字（C）に対応するプレイヤー（C）には１ドルが与えられ、３人の選んだ選び方が一致しなかった場合は何ももらえない。実験結果では、A、B、C どのプレイヤーも ABC という文字の並べ方を選ぶことが頻繁に見られた。スッピスとアトキンソン（Suppes & Atkinson 1960）は、さまざまな情報条件のもとで被験者にゼロ和ゲームを繰り返し

費しなければならない環境で実験を行った。しかし、無差別曲線を個人ごとに推定するのではなく、同様の選好を示す被験者グループの集計データから推定した点が批判されている。この間に、フォン－ノイマンとモルゲンシュテルン（von Neumann & Morgenstern 1944）による『ゲームの理論と経済行動』が出版され、期待効用理論が定式化されると、この理論に関する実験研究が数多く実施されるようになった。そうした初期の研究の中でもとくに著名となったのは、アレ（Allais 1953）による実験である。アレ（1953）は次のような一連のくじに関する選択を被験者に行わせた。

くじＡ：確実に10億フランもらえる
くじＢ：10％の確率で50億フラン、89％の確率で10億フランもらえるが、
　　　　1％の確率で何ももらえない
くじＣ：11％の確率で10億フランもらえるが、89％の確率で何ももらえない
くじＤ：10％の確率で50億フランもらえるが、90％の確率で何ももらえない

はじめにくじＡとＢを提示すると多くの被験者がＡを選ぶが、次にくじＣとＤを提示すると多くの被験者がＤを選ぶことがわかった。しかし、期待効用理論によれば、これらの選択は互いに整合的ではないのである。これをアレのパラドックスという。アレ（1953）の実験も、サーストン（1931）と同様に、選択したくじの賞金は実際にはもらえない仮想的選択なのであるが、その後の一連の研究で、実際にくじの結果に応じた報酬が支払われる場合にも Allais のパラドックスが同様に生じることが確かめられている（たとえば、Kagel et al. 1995）。こうした期待効用理論の予測からの逸脱に対して、カーネマンとトベルスキー（Kahneman & Tversky 1979）のプロスペクト理論をはじめとした、期待効用理論を一般化したり修正したりする理論が数多く現れている。また、こうした期待効用理論からの逸脱を前提とした不確実性下の意思決定理論は、現在金融分野へ盛んに応用されて、行動ファイナンス（Behavioral Finance）という大きな研究分野を形成している（Shleifer 2000；Thaler 1993）。個人的

述べる。2節では、実験経済学の原理と方法について述べ、実験経済学の方法論上の特徴が被験者の選好統制という側面にあることを明らかにし、実験経済学の研究において標準的に用いられているさまざまな選好統制手段とその理論的根拠をていねいに記述した。3節と4節では、これまで積み上げられてきたさまざまな実験事実から、とくに囚人のジレンマ・ゲームや交渉ゲームを取り上げて、これらの実験において観察されるナッシュ均衡やサブゲーム完全均衡からの逸脱を説明するために、近年発達している公平性と互恵性のゲーム理論や限定合理性と学習のゲーム理論の紹介を行う。最後に、5節では、選好統制の徹底が社会的状況に埋め込まれた人間行動の本質を見失わせる危険性もあることを指摘する。これを受けて、実験経済学の今後の展開にとって、進化的に形成されてきた制度や社会規範が人間行動に影響を与えていることを直視し、実験室環境に制度や社会規範の形成過程を取り込む新しい方法論が必要であることを述べる。

1　実験経済学の歴史

ケイゲルとロス（Kagel & Roth 1995）によれば、初期の実験経済学の歴史において重要な貢献がなされた分野には、個人的選択実験・ゲーム理論実験・産業組織論における実験の3分野がある。このそれぞれについて簡単に展望してみよう。

個人的選択実験の分野における開拓的な業績はサーストン（Thurstone 1931）による無差別曲線の推定実験である。サーストン（1931）は一連の消費バンドルを被験者に提示し、被験者の選択した消費バンドルから無差別曲線を推定する手法を考案した。サーストン（1931）の実験では、被験者は選択した消費バンドルを実際に消費するのではなく、ただ仮想的に選択したに過ぎない。そのため、その実験結果に対する信頼性が疑われた。ルウシアスとハート（Rousseas & Hart 1951）は、サーストン（1931）の実験に対する批判に答えて、消費バンドルとして朝食メニューを用い、被験者は選択したメニューを実際に消

はじめに

本論文は、実験経済学の方法論的基礎と近年の研究動向の一端を紹介することを目的としている。かつては、経済学において、物理学のような統制された科学的実験は不可能であるといわれてきた。しかし、ヴァーノン・スミスが経済学における実験の方法論的基礎を価値誘発理論（induced value theory）として取りまとめたことにより、実験は経済学にとって必要不可欠な研究手段となった。このことは、2002年度のノーベル経済学賞が、実験経済学の基礎を築きあげたヴァーノン・スミスとダニエル・カーネマンに授与されたことからも明らかである。

実験経済学の方法論的特徴は、被験者の選好を実験的に統制する点にある。たとえば、リスクのある選択状況（オークションなど）においては、被験者の危険に対する態度の相違が理論的予測の違いを生み出すことがよく知られている（Krishna 2002）。この場合、被験者の危険に対する態度が統制されていなければ、無意味な実験になりかねない。そこで、実験経済学では被験者の選好や危険に対する態度を実験的に統制する手法を開発してきた。また、利他性や公平性、互恵性といった社会的選好を統制するために医学実験などでもちいられる二重盲検法をゲーム理論的実験に適した形に応用した手法も開発されている。

経済環境やゲームの構造を規定する被験者の選好をはじめとするさまざまな要因を実験的に統制することで、理論的に想定されている状況をなるべく精密に作り出し、そのもとで被験者がどのような行動規範や行動原理をもって行動するのか、その法則性を観察することが実験経済学の方法論の核心である。本論文では、こうした実験経済学の方法論的基礎を述べる。また、実験経済学が積み上げてきた数々の実験的法則性を取り込んだ経済理論やゲーム理論が近年発達しているが、これらの新しい理論の概要をも述べていく。

本論文の構成は以下のとおりである。１節では、実験経済学の歴史について

第６章　実験経済学の現在

川越 敏司

【執筆者紹介】（執筆順）

吉田文和（よしだ・ふみかず）

1950年生まれ
京都大学大学院経済学研究科博士課程修了
現在、北海道大学大学院経済学研究科教授
主な業績：『環境と技術の経済学』（青木書店、1980年）、『廃棄物と汚染の政治経済学』（岩波書店、1998年）、『循環型社会』（中公新書、2004年）

松原隆一郎（まつばら・りゅういちろう）

1956年生まれ
東京大学大学院経済学研究科博士課程修了
現在、東京大学大学院総合文化研究科教授
主な業績：『消費資本主義のゆくえ』（ちくま新書、2000年）、『失われた景観』（PHP 新書、2002年）、『長期不況論』（NHK ブックス、2003年）

山田鋭夫（やまだ・としお）

1942年生まれ
名古屋大学大学院経済学研究科単位取得退学
現在、名古屋大学大学院経済学研究科教授
主な業績：『レギュラシオン・アプローチ』（増補新版、藤原書店、1994年）、『20世紀資本主義』（有斐閣、1994年）、*Japanese Capitalism in Crisis*, Routledge, 2000.（R. ボワイエと共編著）

吉田雅明（よしだ・まさあき）

1962年生まれ
京都大学大学院経済学研究科博士課程単位取得退学
現在、専修大学経済学部教授
主な業績：『ケインズ――歴史的時間から複雑系へ』（日本経済評論社、1997年）、“From ‘Historical Time’ to the Economics of Complexity,” in Y. Aruka ed., *Evolutionary Controversies in Economics*, Springer-Verlag Tokyo, 2001. 編著『複雑系社会理論の新地平』（専修大学出版局、2003年）

川越敏司（かわごえ・としじ）

1970年生まれ
大阪市立大学大学院経済学研究科前期博士課程修了
現在、公立はこだて未来大学システム情報科学部複雑系科学科講師
主な業績：Toshiji Kawagoe and Toru Mori (2001): “Can the Pivotal Mechanism Induce Truth-Telling? An Experimental Study”, *Public Choice*, 108, Issue 3/4, pp. 331-354. 「ランダムカット式指名競争入札の実験経済学的検討」（『公正取引』2003年 8 月号、86～93頁）、D. フリードマン・S. サンダー著／川越敏司・内木哲也・森徹・秋永敏明訳『実験経済学の原理と方法』（同文舘出版、1997年）

【編者紹介】

塩沢由典（しおざわ・よしのり）
1943年生まれ
1968年京都大学理学研究科修士課程修了
現在、大阪市立大学大学院創造都市研究科教授
主な業績：『マルクスの遺産』（藤原書店、2002年）、『複雑さの帰結』（NTT出版、1997年）、『複雑系経済学入門』（生産性出版、1997年）、『市場の秩序学』（筑摩書房、1990年）

経済学の現在 1　　経済思想第1巻

2004年11月30日　第1刷発行　定価（本体2800円＋税）

編　者　塩　沢　由　典
発行者　栗　原　哲　也

発行所　株式会社　日本経済評論社
〒101-0051　東京都千代田区神田神保町3-2
電話　03-3230-1661　FAX　03-3265-2993
nikkeihy@js7.so-net.ne.jp
URL：http://www.nikkeihyo.co.jp
印刷＊文昇堂・製本＊美行製本
装幀＊渡辺美知子

乱丁落丁はお取替えいたします。　Printed in Japan

ISBN4-8188-1708-2

経済思想　全11巻

◎編集委員

鈴木信雄（千葉経済大学）　塩沢由典（大阪市立大学）　八木紀一郎（京都大学）
大田一廣（阪南大学）　大森郁夫（早稲田大学）　坂本達哉（慶応大学）
吉田雅明（専修大学）　橋本　努（北海道大学）

【第Ⅰ部】

第1巻「経済学の現在　1」
編集責任＊塩沢由典

環境経済学の現在
複雑系経済学の現在
社会経済学の現在
レギュラシオンの経済学
マルチ・エージェント・ベースの経済学
実験経済学の現在

第2巻「経済学の現在　2」
編集責任＊吉田雅明

進化経済学の現在
経済人類学の現在
経済学から歴史学中心の社会科学へ
社会経済史の現在
市民社会論の現在
厚生経済学の系譜

【第Ⅱ部】

第3巻「黎明期の経済学」
編集責任＊坂本達哉

ペティ
マンデヴィル
ロック
カンティロン
ヒューム
ケネー
ベッカリーア

第4巻「経済学の古典的世界　1」
編集責任＊鈴木信雄

ステュアート
スミス
ベンサム
リカードウ
マルサス
セー
ミル（J. S.）

第5巻「経済学の古典的世界　2」
編集責任＊大森郁夫

ジェヴォンズ
ワルラス
マーシャル
シュンペーター
ケインズ
ヒックス
スラッファ

第6巻「社会主義と経済学」
編集責任＊大田一廣

サン－シモン
シスモンディ
マルクス（1）
マルクス（2）
ヒルファデング
レーニン
ルクセンブルク

第7巻「経済思想のドイツ的伝統」
編集責任＊八木紀一郎

リスト
シュモラー
メンガー
ベーム－バヴェルク
ヴェーバー
ジンメル

第8巻「20世紀の経済学の諸潮流」
編集責任＊橋本　努

ヴェブレン
カレツキ
サミュエルソン
ガルブレイス
フリードマン
ハイエク

【第Ⅲ部】

第9巻「日本の経済思想　1」
編集責任＊大森郁夫

福沢諭吉
田口卯吉
福田徳三
柳田国男
左右田喜一郎
高田保馬
石橋湛山
小泉信三
河合栄治郎

第10巻「日本の経済思想　2」
編集責任＊鈴木信雄

山田盛太郎
宇野弘蔵
東畑精一
柴田　敬
大塚久雄
内田義彦
森島通夫
宇沢弘文
廣松　渉

第11巻「非西欧圏の経済学
―土着・伝統的経済思想とその変容」
編集責任＊八木紀一郎

土着・伝統的思想と経済学
西欧経済思想導入以前の日本経済思想（1）
西欧経済思想導入以前の日本経済思想（2）
中国の伝統的経済思想
中国の近代化と経済思想
韓国・朝鮮の経済思想と経済学
イスラムの経済思想
南アジアの経済思想と経済学

Ａ５判　上製カバー
平均300頁
各巻　2800円（本体）